HORST STAHL

BONSAI

—— Vom Grundkurs zum Meister

KOSMOS

INHALT

Ein gut gestalteter Bonsai lädt den Betrachter zu einer besonderen Reise in die Natur ein.

LIEBE LESERIN, LIEBER LESER,

das Ihnen vorliegende Buch basiert auf den Erfahrungen, die ich in mehr als 40 Jahren Beschäftigung mit Bonsai gesammelt habe. Der „Grundkurs" von 1992 und „Der Weg zum Meister" von 1994 wurden 2001 in einem gemeinsamen Buch veröffentlicht. Der große Erfolg über all die Jahre hat den Entschluss reifen lassen, das Buch zu überarbeiten und zu einem in sich schlüssigen Werk zusammenzufassen.

Das war mehr Arbeit als zunächst gedacht. Die beiden Ursprungsbücher bauten zwar von Anfang an aufeinander auf, waren aber zwei eigenständige Bücher. Texte mussten überarbeitet, aufeinander abgestimmt und eine neue logische Reihenfolge der einzelnen Kapitel gefunden werden.

Hier war die fruchtbare Zusammenarbeit mit meiner Lektorin Carolin Küßner besonders wichtig. Viele Ideen wurden ausgetauscht und auf ihre Realisierbarkeit hin überprüft – ein gemeinsames Konzept wurde entwickelt.

Die Themenbereiche im Grundkurs sollen Ihnen das Rüstzeug geben, Ihre Bonsai zu pflegen und in Form zu halten. Die notwendigen gärtnerischen Fertigkeiten und erste gestalterische Schritte stehen hier im Mittelpunkt.

Das Kapitel „Ein Kunstwerk wird geschaffen" soll Ihre Fertigkeiten so erweitern, dass Ihre eigene Gestaltungen im Laufe der Jahre zu beachtenswerten Bonsai werden. Meisterschaft bedeutet hier, die Fähigkeit zu entwickeln, das im Laufe von mehreren Jahren erreichbare Gestaltungsziel bei dem konkreten Bonsai vorauszuplanen und schließlich zu realisieren. Meisterschaft meint hier aber nicht, dass man mithilfe dieses Buches automatisch zum Bonsai-Meister wird. Ich wünsche Ihnen viel Freude mit diesem Buch und bei der Umsetzung mit Ihren Bonsai.

Horst Stahl
Haltern, im Mai 2021

BONSAI
— *wie alles begann*

Der Weg aus Trittsteinen führt zu einem Pavillon für die Teezeremonie.

BONSAI – VIEL MEHR ALS NUR EIN KLEINER BAUM

Einen Bonsai kann man grundsätzlich aus jeder sich verholzenden Pflanze gestalten. Entsprechend handelt es sich bei Bonsai auch nicht um spezielle Züchtungen.

Erst die verschiedenen gärtnerischen Maßnahmen lassen aus einem potenziell groß wachsenden Baum seine miniaturisierte Form werden. Die Kunst, einen Baum klein zu halten und ihn dennoch wie seinen großen Bruder erscheinen zu lassen, ist für jeden Menschen zu erlernen.
Es ist aber nicht nur der kleine Baum, der einen Bonsai ausmacht. Untrennbar gehört die angemessene Schale zu dem Baum wie der Rahmen zum Bild. Erst Baum und Schale gemeinsam machen das Gesamtkunstwerk Bonsai aus. Passen Form, Größe oder Farbe der Schale nicht zu der Baumart oder Wuchsform des Baumes, ist das Kunstwerk gestört, wenn nicht sogar zerstört.

BONSAI – AUCH EINE PHILOSOPHIE

Die Formung von Bäumen zu Bonsai hat eine lange Geschichte. So sollen in China vor gut 2000 Jahren die ersten Bäume in Schalen gepflanzt worden sein. Der mythischen Überlieferung nach lebte zur Zeit der Han-Dynastie (206 v. Chr. bis 220 n. Chr.) der Zauberer Jiang-feng. Ihm wurde die Fähigkeit zugeschrieben, ganze Landschaften mit Gebirgen, Bäumen, Flüssen, Häusern, Tieren und Menschen verkleinert auf ein Tablett zaubern zu können. Noch heute nennt man in China solche Miniaturlandschaften auf Tabletts Penjing.
Die miniaturisierte Gestaltung von Bäumen nennt man in China Pensai. Dabei werden in einigen Provinzen die charakteristischen Wuchsformen der Baumvegetation als Pensai nachgestaltet. In anderen Provinzen Chinas werden Pensai eher in bizarren, symbolhaften Formen gestaltet, wie zum Beispiel in Drachengestalt. Eine Größenbegrenzung bei Pensai gibt es nicht. Bäume von zwei und mehr Metern Höhe werden in den chinesischen Gärten als Akzente gesetzt. Sie werden entweder in die Gartenerde gepflanzt oder in sehr großen Schalen gepflegt.

Der Kies symbolisiert das Meer, die Steine stellen Inseln dar.

01

02

DIE PHILOSOPHIE DES ZEN

Der Buddhismus ist vom westlichen Standpunkt aus betrachtet nur bedingt eine Religion. Buddhismus ist keine Glaubensrichtung, in der einem etwas beigebracht wird. Entsprechend sind auch die Übungen des Zen keine religiösen Handlungen. Buddhismus und damit auch Zen können vielmehr als Wege auf der Suche nach der Selbsterkenntnis bezeichnet werden. Ziel der Selbsterkenntnis ist die Befreiung des Geistes von allem Emotionalen und fragwürdig Erscheinenden.

Zur Gestaltung von Bonsai sollte der Künstler die unterschiedlichsten Fähigkeiten und Fertigkeiten entwickeln.

1. Da ist als Erstes das gärtnerische Können zu nennen. Der gestaltete Baum muss richtig versorgt werden, damit er gesund bleibt und sich weiterentwickeln kann. Auch sind die gestalterischen Maßnahmen unter Berücksichtigung der biologischen Erkenntnisse vorzunehmen, um dem Baum nicht zu schaden.
2. Als Zweites sollte der Bonsai-Künstler alle anzuwendenden Techniken so gut beherrschen, dass sie der Realisation seiner gestalterischen Intentionen dienen. Schneiden, Drahten, Umtopfen, Anwendung der Entrindungstechniken und Wundversorgung sollten sicher beherrscht und zum genau richtigen Zeitpunkt angewendet werden. Nur so wird das einmal gesteckte gestalterische Ziel auch wirklich erreicht.
3. Als Drittes sollte der Bonsai-Künstler sein künstlerisches Empfinden schulen. Schon zu Beginn einer Gestaltung sollte das endgültige Gestaltungsziel vor dem geistigen Auge erscheinen, das schließt selbstverständlich die Auswahl der passenden Schale mit ein. Im Laufe der Zeit wird sich bei dem Bonsai-Schaffenden dieser künstlerische Bereich immer mehr vom bewussten zum intuitiven Handeln wandeln.

Je nach Entwicklungsgrad des Bonsai-Liebhabers nehmen die drei Bereiche einen unterschiedlichen Stellenwert ein. Der Bonsai-Anfänger wird hauptsächlich mit den gärtnerischen Problemen zu kämpfen haben und sich die grundsätzlichen Bonsai-Tech-

03

01 Die Mädchen-Kiefer (Pinus parvifolia) beeindruckt mit einem mächtigen Stamm.

02 Ein japanischer Garten geht, wenn möglich, nahtlos in die umgebende Natur über.

03 Auf diesem historischen Holzschnitt betrachtet eine Geisha einen blühenden Kirschbaum, der als Bonsai gestaltet wurde.

niken erschließen. Die Schulung des künstlerischen Empfindens wird hier noch überwiegend im Betrachten guter Bonsai-Kunstwerke bestehen. Der bereits fortgeschrittene Bonsai-Liebhaber wagt sich zunehmend an anspruchsvollere Gestaltungstechniken heran und macht damit auch erste Schritte in der Umsetzung von eigenen künstlerischen Intentionen, ohne darin aber Perfektion erlangt zu haben.
Für den Bonsai-Meister sind die gärtnerischen Maßnahmen selbstverständliche Fertigkeiten und die Gestaltungstechniken sicheres Handwerkszeug zur Schaffung von Kunstwerken. Der Bonsai-Meister ist also nur noch zum geringeren Teil Gärtner, überwiegend aber gestaltender Künstler.
Der Weg zum Meister ist für jeden Menschen unterschiedlich lang und ist niemals beendet. Mit jeder neuen Bonsai-Gestaltung beginnt auch ein neuer Weg. Ebenso wenig wie ein Bonsai jemals als fertig zu betrachten ist, kann auch die Entwicklung zum Bonsai-Meister niemals als abgeschlossen gelten. Hier wie dort ist der Weg, nicht das Ziel, wichtig.

Ein besonderer Aspekt des Zen ist der tiefe Sinn für die Schönheit und ihre Gesetzmäßigkeiten. Doch während die westliche Kunst danach strebt, die Form zu vollenden, vermeidet der Zen-Künstler sorgsam die Perfektion. Er idealisiert nicht eine Welt, deren Existenz ihm fragwürdig erscheint. Ein Zen-Kunstwerk ist niemals überladen und bis ins letzte ausgefeilt, jede Übertreibung wird vermieden. Besonders deutlich zeigt sich diese Haltung in einem japanischen Garten. Der Garten ist immer so angelegt, dass er dem Betrachter immer wieder neue Aspekte seiner Schönheit eröffnet, so oft er ihn auch anschaut. Selbst in der Leere eines Steingartens zeigt sich bald eine verborgene Fülle. Die architektonischen europäischen Gärten hingegen bieten ihre ganze Pracht und Schönheit gleich offen dar, schnell lässt sich nichts Unverhofftes mehr entdecken.
Um die ideale Wirkung eines Zen-Kunstwerkes zu entwickeln, muss der Zen-Künstler seine Techniken so vollkommen beherrschen, dass sie intuitiv angewendet werden können und dabei der Realisierung der Gestaltung nicht im Wege stehen. Das bedeutet, dass man beispielsweise die Techniken des Schneidens und Drahtens der Triebe so perfekt beherrschen lernt, dass man darüber nicht mehr nachdenken muss. Das zukünftige Bild des Bonsai muss vor Beginn der Gestaltung in fast allen Einzelheiten vor dem geistigen Auge erscheinen, der Gestaltungsvorgang wird damit nur zur dinglichen Realisation des Kunstwerkes.

Der Ficus in Floßform wurde in für chinesische Bonsai typischer Weise gestaltet.

CHINESISCHE PENSAI WERDEN ZU JAPANISCHEN BONSAI

China hatte traditionell einen großen Einfluss auf die kulturelle Entwicklung Japans. So konnte neben der Staatsreligion des Shinto der Buddhismus recht früh in Japan Fuß fassen.

Wandernde Mönche des Zen-Buddhismus brachten um 600 n. Chr. auch die ersten Pensai nach Japan. In der kulturell sehr aufgeschlossenen Kaiserstadt Kyoto beschäftigten sich schon bald adlige Damen und Herren, neben der Kunst des Blumensteckens (Ikebana) und der Teezeremonie, mit den „kleinen Bäumen".

ENTWICKLUNG DER BONSAI-KUNST IN JAPAN

Die chinesischen Schriftzeichen für Pensai werden in Japan als Bonsai gelesen. Aber nicht nur der Begriff änderte sich, sondern auch die Gestaltung der Bäume. Die Formen, die man in Japan den Bäumen gab,

wurden den Vorbildern in der Natur noch genauer nachgestaltet. Auch hier findet man wieder die Synthese zwischen Buddhismus und Shintoismus.
Typisch für die Japaner ist, dass ein Mensch oft nicht nur einer Religion angehört, sondern mehrere Religionen nebeneinander praktizieren kann. Der Buddhismus wurde als allgemeinverbindlicher Grundsatz anerkannt und der Shinto, die alte japanische Naturreligion, als seine typisch japanische Erscheinungsform betrachtet. Japaner, die shintoistische Heiligtümer aufsuchen, fühlen sich, wenn sie in die Hände klatschen, intuitiv in vollkommener Harmonie mit der Natur und der Gottheit.
In der nachfolgenden langen Periode der Abgeschlossenheit des Landes führten die Japaner die Bonsai-Kunst zur höchsten Vollendung. Aus der Armut des Landes an Bodenschätzen entwickelte sich bei den Japanern die Liebe zur Einfachheit. Die Suche nach Perfektion in der Einfachheit und nach Schönheit in der Schlichtheit wurde idealisiert. Deutlich wird diese Einstellung an einer auf den ersten Blick so profanen Verrichtung wie der Teezubereitung, die die Japaner zu einer eigenen Kunstform stilisierten. Aber gerade in der Teezeremonie findet man einen wichtigen Aspekt für die Bonsai-Gestaltung. Selbst der Unruhigste muss sich in Geduld fassen und der Feurigste sich zur Ruhe bringen.

GEDULD UND LIEBE

Geduld muss auch aufgebracht werden, will man dem Bonsai Zeit lassen, sich zu einem Kunstwerk zu entwickeln. Ruhe muss einkehren bei allen Arbeiten, die an dem Baum verrichtet werden, um ihn auf seinem Weg zur Vollkommenheit zu unterstützen.
Andererseits spiegelt Bonsai einen wichtigen Aspekt des japanischen Kunstverständnisses wider: Bei einem Kunstwerk machen nicht die Größe oder das Gewicht des Materials die Schönheit aus, sondern die Liebe, mit der sich der Künstler über sein Werk neigt. Der Bonsai-Künstler gibt dem Baum während jahrelanger Arbeit etwas von seiner Seele. Er bringt sich selbst in das Kunstwerk Bonsai ein, was der erfahrene Betrachter zu erkennen vermag. Bonsai ist somit auch

Chinesische Landschaftspflanzung mit Sageretien

Mittler zwischen den Menschen. Es kann niemals der materielle Wert sein, der einen Bonsai wertvoll macht, sondern der ideelle Wert ist es, den er für seinen Gestalter darstellt.
Die Harmonie zwischen der Schale (jap. bon) und der Pflanze (jap. sai) ist höchstes Ziel der Gestaltung. Nur in der perfekten Abstimmung zwischen Baum und Schale zeigt sich der wahre Bonsai-Meister. Aber auch hier gilt nicht richtig oder falsch, sondern immer nur ein mehr oder weniger gut geeignet. Entscheidend ist die gefühlvolle Ausdruckskraft, die es zu entdecken heißt.

BONSAI UND DIE WELT

Seit Ende des vergangenen Jahrhunderts trat die Bonsai-Kunst ihren Siegeszug über die ganze Welt an. In Europa erregten Bonsai anlässlich der Weltausstellung in Paris (1878) zum ersten Mal Aufsehen. Im japanischen Pavillon standen die Menschen staunend vor den kleinen Kunstwerken.

Die Laubpolster der europäischen Wald-Kiefer wurden fein herausgearbeitet.

BONSAI-CLUBS

Erst nach dem Zweiten Weltkrieg fand Bonsai größere Verbreitung in der Welt. Clubs wurden nach und nach in allen Ländern Europas gegründet. Nicht zuletzt die unermüdliche Öffentlichkeitsarbeit der Clubs machte Bonsai auch in breiteren Bevölkerungskreisen populär. 1970 haben sich sogar die nationalen Bonsai-Clubs der ganzen Welt unter dem Dach einer großen Organisation, der World-Bonsai-Friendship-Federation, zusammengefunden. Auf allen Kontinenten hat Bonsai viele Anhänger gefunden. Bonsai ist somit eine friedliche, die Welt umspannende Bewegung geworden. Der Begriff Bonsai kann mittlerweile als allgemeinverständlicher Begriff betrachtet werden. Selbst in den Duden ist der Begriff Bonsai seit Jahrzehnten aufgenommen.

JAPANISCHE UND EUROPÄISCHE KÜNSTLER

Man darf aber nicht vergessen, dass es bei der Bonsai-Kunst in Europa zu einem Aufeinanderprallen von zwei sich widersprechenden Kulturen kam. Das westliche Kunstverständnis hat nichts mit Bonsai zu tun. Man kann zwar auch auf Bonsai die Prinzipien des Goldenen Schnitts oder das Zahlensystem des Fibonacci anwenden. Während aber europäische Künstler eher kopfgesteuerten Prinzipien folgen, arbeitet der japanische Künstler intuitiv nach dem Vorbild der Natur.
Deutlich wird das bei der Gartengestaltung. In einem Garten im französischen Stil begegnet man auf Schritt und Tritt der Schaffenskraft des Menschen. Ein Japaner ist erst mit seinem Werk zufrieden, wenn man seine Lenkung der Natur nur erahnt. Im japanischen Garten ist jeder Baum und Strauch gestaltet, aber dennoch ist er ein überzeugender Teil der Natur und nicht die bloße Darstellung von Natur.

Ein sehr alter Igel-Wacholder mit Jin- und Shari-Bereichen strahlt Würde aus.

GRUNDSTIL-ARTEN

Fächer-Ahorn in Besenform

Dreispitz-Ahorn in frei aufrechter Form

Mädchen-Kiefer als Kaskade

Streng aufrechte Form (Hainbuche)

Bonsai-Wald aus Mädchen-Kiefern

DIE GRUNDPRINZIPIEN DER BONSAI-GESTALTUNG

In der Bonsai-Gestaltung hat man sich im Laufe der Zeit auf die Definition von 16 grundsätzlichen Baumformen, den sogenannten Grundstilarten, geeinigt.

Je nachdem, welche speziellen klimatischen und standortspezifischen Bedingungen nachempfunden werden, die den einzelnen Baum geformt haben sollen, wird eine Grundstilart in reiner Form oder einer Kombination aus Elementen verschiedener Grundstilarten gestaltet.

DER STANDORT PRÄGT DIE FORM

In der freien Natur finden wir, je nach Standort und den dort herrschenden klimatischen Bedingungen, von ein und derselben Baumart die unterschiedlichsten Baumgestalten. So sieht eine Rot-Buche in einem dichten Wald ganz anders aus als eine gleichalte Rot-Buche mitten auf einer Wiese, und noch anders sieht der Baum in einer windexponierten Höhenlage aus. Während die erstgenannte Buche einen langen geraden Stamm hat, der nur in seinem oberen Drittel eine Krone ausbildet, zeigt die zweitgenannte Buche eine dichte Beastung auf ihrer ganzen Stammlänge, und der dritte Baum wiederum hat sein Hauptastwerk auf der windabgewandten Seite seines Stammes entwickelt.

Jeder Baum erhält so im Laufe seines Lebens eine individuelle Gestalt. Im Grunde ist somit jeder Baum ein einzelnes, unverwechselbares Individuum. Dennoch lassen sich die vielen verschiedenen Baumgestalten auf einige wenige Baumformen zurückführen, deren Einzigartigkeit dann in der speziellen Ausprägung besteht.

DIE NATUR ALS LEHRMEISTER

Wie der jeweilige Bonsai gestaltet wird, hängt sowohl von den Fertigkeiten des Gestalters als auch von den Gegebenheiten des Ausgangsbaumes ab. Ein guter Lehrmeister ist die Natur selbst. Für die naturgemäße Bonsai-Gestaltung findet man die Vorbilder in der freien Natur. Man sollte immer versuchen, einen Bonsai so zu gestalten, dass man das Typische der jeweiligen Baumart grundsätzlich wiedererkennen kann, auch wenn das Gestaltungsvorbild an einem Extremstandort gestanden haben kann.
Die fünf Basis-Grundstilarten sind von jedermann nach einiger Übung zu gestalten. Die Beherrschung dieser Formen stellt die Grundlage der Bonsai-Gestaltung dar.

Im laublosen Zustand im Winter kann man bei dieser Zelkove sowohl Stilelemente aus der streng aufrechten Form als auch aus der Besenform gut sehen.

FÜR ALLE GRUNDSTILE GELTENDE PRINZIPIEN

Aber nicht nur technische Fertigkeiten, sondern auch künstlerisches Empfinden sind bei der Bonsai-Gestaltung gefragt. Ein Baum kann ohne Weiteres unter Anwendung aller technischen Fertigkeiten gestaltet sein und dennoch als Bonsai keine Aussagekraft haben. Die erste Aussage, die der Bonsai haben muss, ist die überzeugende Darstellung eines großen Baumes in seiner Miniaturisierung. Hier ist die Kunst des Weglassens gefragt. Ein Zuviel an Ästen verbirgt den Stamm, ohne den kein Baum als solcher erkannt wird. Das Thema der Gestaltung wird vom Stamm vorgegeben, welches die Äste in Variationen aufnehmen. Die Äste bilden optische Dreiklänge. Immer drei Äste beziehen sich in ihrer Stellung aufeinander und bilden eine Einheit. So entspringt der unterste Ast einer frei aufrechten Form an der Außenseite der ersten starken Stammbiegung, nimmt den Schwung auf und führt ihn zu einer Seite nach außen.

Der nächste Ast liegt etwas höher und zeigt im Winkel von etwa 150 Grad zum Hauptast leicht nach hinten. Der dritte Ast entspringt wieder etwas höher und steht im Winkel von etwa 60 Grad zum Hauptast schräg nach hinten. Die Spitzen der drei Äste bilden von oben betrachtet ein ungleichschenkliges Dreieck. In ähnlicher Weise stehen die nächsten drei Äste zueinander. Wobei dieses ungleichschenklige Dreieck zum untersten leicht verschoben ist. Die Abstände zwischen den Ästen werden von unten nach oben immer geringer, sodass in der Krone die Astdreiklänge nicht mehr voll einzuhalten sind. Eine mehr oder weniger große Anzahl von kurzen, dünnen Ästen bildet den oberen Abschluss des Baumes. Jeder einzelne Ast ist gemäß seiner Länge und Dicke mehr oder weniger stark verzweigt und übernimmt das Hauptthema der Gestaltung. Die Äste stellen jeweils für sich einen kleinen, aber mehr zweidimensionalen Baum dar. Die Hauptausdehnung des jeweiligen Astes liegt in der Fläche. Kurze Zweige geben dem Ast mit ihrer Belaubung nach oben Volumen; keine Zweige weisen aber nach unten. Von oben betrachtet, bildet die Verzweigung des Astes wiederum ein ungleichschenkliges Dreieck. Von der Seite betrachtet gilt das auch für die Oberseite des Astes, nur eben sehr flach.
Äste, die zur Seite oder nach vorn weisen, geben dem Baum Volumen. Nach hinten zeigende Äste geben der Gestaltung optische Tiefe. In ihrer Addition lassen die Äste und der Stamm den Baum zu einer dreidimensionalen Skulptur werden.
Mit Ausnahme der Besenform werden alle Grundstilarten asymmetrisch gestaltet. Symmetrie widerspricht dem natürlichen Prinzip und lässt die Gestaltung künstlich erscheinen.

WAHL DER SCHALE

Im Zusammenhang mit den Grundstilarten gehe ich nur auf die Formen und Proportionen der Schalen ein. Die Wahl der Schalenformen und Schalenfarben hängt von der jeweiligen Baumart und der beabsichtigten Aussage des Gesamtkunstwerkes Bonsai ab.

Mit nur 15 cm Höhe zeigt der Dreispitz-Ahorn die Illusion eines großen Baumes.

Auch bei der streng aufrechten Form sind leichte Stammbiegungen erlaubt.

DIE FÜNF BASIS-GRUND-STILARTEN

Die meisten Baumarten kann man schon von Weitem an ihrer typischen Gestalt erkennen. Der jeweilige Standort beeinflusst dabei die individuelle Formvariation des Baumes.

Eine Fichte hat beispielsweise in der Regel einen geraden Stamm, an dem die Äste gleichmäßig nach allen Seiten angeordnet sind. Die Form der Äste ist leicht abwärts geneigt mit einer aufstrebenden Spitze. Eine Eiche im freien Stand hat zwar auch einen geraden Stamm, ihre Äste bilden jedoch in der Krone eine fächerartige Silhouette. Die grundsätzliche Gestalt ist im Erbgut der jeweiligen Baumart festgelegt. Von der Grundform abweichend beeinflussen standorttypische Umweltfaktoren die Form unterschiedlich stark.

DIE STRENG AUFRECHTE FORM

Wie der Name schon sagt, wird diese Grundstilart durch einen vom Wurzelansatz bis zur Spitze durchgehenden geraden Stamm definiert (jap.: Chokkan). Der Stamm verjüngt sich gleichmäßig von unten nach oben hin, bis er schließlich in einer dünnen Spitze endet.

ASTANORDNUNG

Die Astanordnung ist nach allen Seiten hin gleichmäßig, wobei gerade in den unteren beiden Stammdritteln kein Ast direkt auf den Betrachter zeigen sollte. Schaut man sich die Astanordnung von der Spitze nach unten an, sollte kein Ast einen anderen Ast von oben verdecken. Nur so können alle Äste das lebensnotwendige Licht für die Fotosynthese bekommen. An einem Ast, der ständig von anderen Ästen beschattet wird, werden bald keine Blätter mehr gebildet, und der Ast stirbt ab.

Von vorn betrachtet bildet die Astsilhouette ein ungleichschenkliges Dreieck und der Gesamtbaum gleicht einem Kegel. Der unterste Ast ist nicht nur der längste, sondern auch der dickste Ast und zeigt zu einer der beiden Seiten. Die nächsten Äste sind spiralförmig nach oben gehend angeordnet. Dabei nehmen die Äste von unten nach oben stetig an Länge und Dicke ab. Im Gegensatz zum Stamm sollten die einzelnen Äste, vor allem bei Bonsai aus Laubbäumen, sparsame, aber markante Biegungen aufweisen. Lediglich

Der Stamm geht bei der streng aufrechten Form vollkommen gerade bis zur Baumspitze durch. Der Baum steht sicher auf einem ausladenden Stammfuß.

bei manchen Nadelbaumarten, zum Beispiel Fichten oder Tannen, findet man auch bei den Ästen gerade Formen.
Streng genommen sollten niemals zwei Äste in gleicher Höhe dem Stamm entspringen, dies lässt sich aber manchmal nicht ganz vermeiden. Auf keinen Fall sollten die unteren Hauptäste in gleicher Höhe stehen.
Im oberen Drittel des Stammes findet man nur noch kürzere Äste, die die Krone bilden. Hier dürfen einzelne Äste auch auf den Betrachter weisen oder in gleicher Höhe entspringen. Sehr künstlich sieht es in jeder Baumhöhe aus, wenn mehrere Äste in gleicher Höhe wie die Speichen eines Rades angeordnet sind. Bei einer solchen Speichenanordnung von Ästen sind alle Äste bis auf einen oder zwei zu entfernen.
Jeder Ast sollte sich seiner Länge entsprechend mehr oder weniger stark verzweigen. Schaut man von oben auf die Zweige eines Astes, bilden auch sie ein ungleichschenkliges Dreieck. Gleiches gilt für das Laubpolster auf der Astoberseite. Von der Seite betrachtet, bilden die sehr kurzen, auf dem Ast stehenden Zweige mit ihrem Laub ein von vorn nach hinten leicht ansteigendes Dreieck. Nach unten wachsende Zweige werden sofort entfernt.

DER STAMM

Die Ansätze der Äste am Stamm sind frei von Laub und feinen Zweigen. Nur so bleibt die Illusion eines alten, sturmerprobten Baumveteranen gewahrt. Bei einem alten Baum kommt es im Kroneninnenbereich nur noch zu spärlichem Neuaustrieb, da dieser Bereich vom Kronendach beschattet wird. Das Innere der Krone sollte aber nicht völlig leergeräumt werden, weil auch das wieder künstlich wirkt. Hier und da sollte der Stamm auch von feinen Zweigen verdeckt werden. Die größte Breite der Astkonstruktion entspricht maximal zwei Dritteln der Gesamtbaumhöhe.

DER WURZELANSATZ

Der Wurzelansatz breitet sich mit gut sichtbaren, dickeren Wurzeln sternförmig nach allen Seiten hin aus. Zur Unterstreichung der optischen Tiefe sind die Wurzelansätze auf der Vorderseite deutlich kürzer als auf der Rückseite des Bonsai.

AUSWAHL DER SCHALE

Als Schalenformen kommen für diese Grundstilart nur flache Schalen infrage, die länger als breit sind. Die Schalen können oval oder rechteckig sein. Eine der beiden längeren Seiten ist die Vorderseite für die Bonsai-Gestaltung (siehe S. 31).
Die Schalentiefe entspricht in der Regel dem Stammdurchmesser an der dicksten Stelle. Lediglich bei sehr dünnen Stämmen muss wegen des sonst zu geringen Wurzelraumes auf etwas tiefere Schalen ausgewichen werden. Die größte Breite der Schale entspricht maximal der Höhe des Baumes. Die Schale steht auf sehr niedrigen Füßen, die die ausgewogenen Proportionen der Schale betonen sollen.
Die Stellung des Baumes ist niemals genau in der Mitte der Schale. Man teilt die Schale mit gedachten Verbindungslinien in zwei Hälften und von der Vorderseite aus in drei Drittel. Der Baum wird etwas hinter der Mittellinie und etwas mehr als ein Drittel von einer der Schmalseiten entfernt eingepflanzt. Der unterste Hauptast weist dabei in Richtung der größeren Freifläche in der Schale. Mit der asymmetrischen Stellung des Baumes erzielt man in der Gestaltung ein harmonischeres Gesamtbild.

BESONDERS GUT GEEIGNETE LAUBBAUMARTEN

- Ahorne
- Buchen
- Feigen
- Ginkgo
- Hainbuchen
- Quitten
- Ulmen
- Zelkoven

Trotz des herbstlich gefärbten Laubes kann man die streng aufrechte Form der Zelkove erkennen.

GESTALTUNG EINER STRENG AUFRECHTEN FORM

Für die Gestaltung eignen sich alle Nadelbaumarten und einige Laubbaumarten. Besonders zu bevorzugen sind Baumarten, die eine interessante Rinde haben oder im Laufe der Jahre ausbilden. Lediglich Zuchtformen, die von Natur aus einen gebogenen Stamm ausbilden, beispielsweise die meisten Bodendecker, sind weniger gut geeignet.

Ist der Stamm nicht ganz gerade, sollte er noch so flexibel sein, dass er durch Drahten gerade gebogen werden kann. Meist wachsen die Äste bei jungen Bäumen ziemlich deutlich nach oben. Sie sollten noch so biegsam sein, dass sie nah am Stammansatz horizontal oder leicht nach unten gedrahtet werden können. Das untere Drittel des Stammes sollte keine Astansätze aufweisen, entsprechend werden hier vorhandene Äste entfernt. Die Astanordnung folgt wieder dem beschriebenen Dreiklang.

Findet man einen Baum, der eigentlich gute Voraussetzungen für einen Bonsai in streng aufrechter Form mitbringt, aber zu hoch ist, kann man den Stamm einkürzen. Eingekürzt wird der Stamm oberhalb eines Astes, den man dann so drahtet, dass er die gerade Verlängerung des Stammes bildet. Der Schnitt wird gegenüber diesem Ast schräg nach unten geführt. Wenn möglich wird der Schnitt auf der Rückseite des Bonsai durchgeführt und ein Ast, der nach vorn zeigt, zur neuen Spitze hochgedrahtet. Nach einiger Zeit ist die Wunde verheilt und nur noch bei genauerem Hinsehen auszumachen.

Wichtig ist bei dieser Grundstilart der Wurzelhals. In gleicher Höhe sollten mehrere starke Wurzeln sternförmig vom Stamm wegstreben. Häufig findet man einen im Erdreich verborgenen, für den Wurzelhals geeigneten Wurzelbereich. Im Laufe der Jahre lassen sich feine Wurzeln zu einem gut ausgeprägten Wurzelansatz erziehen.

DIE FREI AUFRECHTE FORM

Auch bei dieser Baumart deutet der Name auf den Stammverlauf hin. Der Stamm weist vom Stammfuß bis zur Spitze eine Reihe von Schwüngen und Biegungen nach hinten, nach vorn, nach links und nach rechts auf (jap.: Moyohgi).
In der Natur prägt sich diese Form bei Bäumen aus, die starken Umwelteinflüssen ausgesetzt sind. Verliert zum Beispiel ein Baum seine Krone bei einem starken Sturm, wird einer der Äste, die unterhalb der Bruchstelle liegen, in seinem Wachstum umgeleitet und zur neuen Baumspitze. Da der Ast vorher in einem bestimmten Winkel dem Stamm entsprang und nur seine Spitze im Wachstum umgeleitet wird, zeigt der neue Stammverlauf nun eine Biegung. Gleiches geschieht, wenn der Stamm durch einen Erdrutsch ein wenig geneigt wurde. Seine Spitze wird sich nun so biegen, dass sie wieder senkrecht aufwärts wächst. Auch hier sieht man nun eine deutlich sichtbare Stammbiegung.

Diese Mädchen-Kiefer zeigt alle Merkmale der frei aufrechten Form: Der Stamm geht in sanften Schwüngen vom Wurzelhals zur Baumspitze. Die Äste entspringen an den Außenseiten der Stammbiegungen. Die Krone liegt im Lot über dem Wurzelhals.

Die frei aufrechte Form ist die häufigste in der Bonsai-Gestaltung anzutreffende Grundstilart. Lassen sich doch in ihr sehr eindrucksvolle Baumindividuen nachempfinden, und dem Gestalter bietet sich außerdem eine Vielzahl von Gestaltungsmöglichkeiten.
Dennoch sind einige wichtige Kriterien bei der Gestaltung zu beachten. Die Stammbiegungen sollten kein unruhiges Zickzackmuster bilden. Die Biegungen sind im unteren Stammbereich ausladender und werden zur Spitze hin immer weniger schwungvoll. Die erste und stärkste Stammbiegung geht zu einer Seite und gleichzeitig nach hinten. Insgesamt ist das untere Drittel des Stammes nach hinten gebogen. So wird eine optische Tiefenwirkung erzielt. Die zweite Stammbiegung ist weniger ausladend, geht zur anderen Seite und stellt so ein Gegengewicht dar. Die weiteren Stammbiegungen sind so angelegt, dass der obere Baumteil auf den Betrachter zukommt.
Auch hier gilt bei der Gestaltung der allgemeine Grundsatz: Weniger ist häufig mehr. Einige wenige, harmonische Stammbiegungen lassen die Gestaltung natürlicher wirken als viele abrupte und unruhige Richtungsänderungen.
Die Baumspitze liegt im Lot über dem Stammfuß. Neigt sich die Krone zu einer Seite, wirkt der Bonsai instabil. Leicht weist die Krone nach vorn, auf den Betrachter zu. Man sagt: „Der Baum grüßt den Betrachter mit grazilem Nicken."
Die Hauptäste entspringen dem Stamm nach Möglichkeit an der Außenseite der Stammbiegungen. Nur so können die Äste ihr Laub dem Licht für die Fotosynthese präsentieren. Im oberen Drittel des Stammes dürfen einige der viel kürzeren Äste auch auf der Innenseite von Stammbiegungen wachsen. In ihrem Verlauf nehmen die Äste die Biegungen des Stammes auf. Auch sie haben Biegungen, an deren Außenseiten die Zweige herauswachsen.

Die Europäische Rot-Buche in frei aufrechter Form wurde in der Natur gesammelt.

Die blaue Schalenglasur unterstreicht die leuchtende Herbstlaubfärbung der alten Japanischen Hainbuche.

Wieder bilden die Silhouette des Baumes eine Pyramide mit dreieckiger Grundfläche und die Anordnung der Zweige eines Astes ungleichschenklige Dreiecke. Der unterste Ast ist der längste und dickste Ast und zeigt zu einer Seite. Seine Spitze bildet den ersten Eckpunkt der dreieckigen Pyramidengrundfläche. Die Spitze des zweiten Astes stellt den nächsten Eckpunkt dar. Als dritter Eckpunkt des Dreiecks dient der dritte Ast. Die Kronenspitze ist die Spitze der Pyramide. Die anderen Äste gehen mit ihren Spitzen nicht über die gedachten Pyramidenlinien hinaus. Die Länge und Dicke der Äste nimmt von unten nach oben harmonisch ab.

BESONDERS GUT GEEIGNETE NADELBAUMARTEN

- Kiefern
- Lärchen
- Wacholder

WAHL DER SCHALE

Die richtigen Schalen für die frei aufrechte Form sind flach und oval oder rechteckig. Die Höhe des Schalenrandes entspricht dem Durchmesser des Stammes an seiner dicksten Stelle. Die Breite der Schale errechnet sich aus der Höhe des Baumes. Die Schalenbreite hat zwei Drittel der Baumhöhe (siehe S. 31). Wie bei der streng aufrechten Form wird auch bei der frei aufrechten Form der Baum nicht genau in die Mitte der Schale gesetzt. Er wird kurz hinter die Mittellinie der Schale nach hinten und etwas mehr als ein Drittel von der Schalenbreite zu einer Seite gesehen eingepflanzt. Der Hauptast zeigt wieder in Richtung der größeren Freifläche zur Seite.

GESTALTUNG EINER FREI AUFRECHTEN FORM

Nimmt man für die Gestaltung eines Bonsai in frei aufrechter Form eine Baumschulpflanze als Ausgangspflanze, so sucht man nach einer Pflanze, die entweder bereits Stammbiegungen aufweist oder noch so biegsam ist, dass sie mithilfe von Draht geformt werden kann.

Hat der Baum natürliche Stammbiegungen, schaut man, ob Äste entweder an der Außenseite der Biegungen entspringen oder ob sie dorthin gedrahtet werden können. Diese Kriterien gelten natürlich nur für die nicht mehr biegbaren, dicken Stammteile.

Dünnere Stämme oder Stammteile lassen sich durch Drahten in die beabsichtigte Form bringen. Besonders gute Ausgangspflanzen für die Bonsai-Gestaltung sind reich verzweigt und dicht. Durch Beschneiden lassen sich leicht die überschüssigen Äste und Zweige entfernen. Sind nur wenige Äste vorhanden, müssen diese schon optimal angeordnet wachsen, damit sich dieser Baum zur Bonsai-Gestaltung eignet.

Die Äste stehen horizontal oder leicht abwärts geneigt zum Stamm. Alle Zweige, die von den Astetagen nach unten weisen, werden abgeschnitten. Auf der Oberseite des Astes baut man mit den feinen Zweigen und dem Laub eine flache Kuppel auf, die von der Astspitze her flach ansteigt und nach der Hälfte der Astlänge schnell abfällt. Direkt am Stammansatz der Äste werden das Laub und die feine Verzweigung entfernt.

Will man seinen Bonsai selbst aus Samen oder Stecklingen heranziehen, kann man sein Wachstum von Anfang an kontrollieren. Hierbei ist es möglich, die Stammgestaltung fast vollständig ohne Draht durchzuführen. Dazu pflanzt man nach ein oder zwei Jahren den Sämling oder Steckling schräg ein und schneidet die Spitze vor einem Ast, der jetzt nach oben zeigt, ab. Nach weiteren ein oder zwei Jahren pflanzt man den Baum so ein, dass er sich nun in eine andere Richtung neigt und schneidet die Spitze wie beim ersten Mal zurück. Die vorherige Baumspitze wird nun zum ersten Hauptast. So kann man von Umtopfaktion zu Umtopfaktion immer wieder eine neue Stammbiegung hinzufügen. Diese Methode ist zwar langwierig, führt aber meist zu den besten Erfolgen.

Auch bei dieser Grundstilart ist der Wurzelansatz sehr wichtig. Starke Wurzelansätze streben sternförmig vom Stammfuß nach außen, wobei die Wurzellinien auf der Innenseite der ersten Stammbiegung und auf der Vorderseite des Baumes kürzer gehalten sind. Entgegen der Stammbiegung sind die Wurzellinien länger gestreckt und führen die Augen des Betrachters auf die Biegung zu. Auf der Rückseite des Baumes findet man ebenfalls längere Wurzellinien. Sie geben dem Bonsai optische Tiefe.

Die quadratische Schale verstärkte die Eleganz der Kiefer.

DIE BESENFORM

Der Name dieser Grundstilart bezieht sich auf die besenförmige Baumkrone (jap.: Hokidachi). In einer bestimmten Höhe des absolut geraden Stammes streben viele Äste in verschiedene Richtungen auseinander und bilden die Krone des Baumes (siehe Zeichnung unten links). Die Baumform erinnert so an einen umgekehrten Reisigbesen. Besonders wichtig ist bei dieser Grundstilart der Stammfuß, soll der Baum nicht einfach nur wie ein in den Boden gesteckter Reisigbesen aussehen: Die Wurzeln müssen am Stammfuß gleichmäßig und sternförmig angeordnet sein.
Durch die vielen Äste und die reiche Verzweigung nimmt die Krone fast die Form einer Halbkugel an. Das Verhältnis zwischen Stammlänge und Kronenhöhe ist etwa mit ein Drittel zu zwei Drittel anzugeben. Der Kronendurchmesser entspricht dem zehnfachen Stammdurchmesser. Zu vermeiden sind sich überkreuzende Äste und Zweige.

In idealer Weise repräsentieren häufig frei stehende Buchen auf einem Feld oder einer Wiese diese Stilart. Die berühmte „Bavaria-Buche" sei hier als Beispiel genannt. Aber auch Linden und Eichen kann man in der Natur in dieser Form sehen.
In der Bonsai-Gestaltung findet man hauptsächlich Ulmen und Zelkoven in der Besenform, da dies ihrer natürlichen Wuchsform entspricht. Fächer- und Dreispitz-Ahorne lassen sich ebenfalls in dieser Form gestalten. Niemals findet man Nadelbäume in der Besenform.
Durch regelmäßiges Beschneiden der Triebe, die über das Kronendach hinauswachsen, erhält man die Form. Alle drei bis fünf Jahre sollten Bonsai in Besenform vor dem Austrieb im Frühjahr stärker zurückgeschnitten und ausgedünnt werden. Nur so lässt sich die feine Verzweigung erhalten und ein Auskahlen des inneren Kronenbereiches vermeiden. Auch hier gilt, dass die Äste und Zweige, die nicht mehr ausreichend Licht bekommen, absterben. Ist die Krone ausgelichtet, treiben schlafende Au-

Über einem kurzen, geraden Stamm erhebt sich eine halbkreisförmige Krone. Die Hauptäste kommen alle in gleicher Höhe aus dem Stamm.

Im Spätherbst werden die Äste mit Bast wie ein Reisigbesen zusammengebunden. So wird verhindert, dass die Krone zu sehr auffächert.

Zelkoven eignen sich besonders gut für die Besenform.

gen im Kroneninnenbereich aus und lassen die Krone in den nächsten Jahren wieder dicht werden.

Nach dem Laubfall im Herbst bindet man die Äste und Zweige wie einen Reisigbesen mit Bast zusammen. Der Bast sollte zwar fest angelegt sein, aber nicht so stark geschnürt werden, dass die Äste brechen. Diese Methode verhindert, dass die Äste zu sehr auffächern und die Krone abflacht (siehe Zeichnung S. 30 rechts). Kurz vor dem Austrieb im Frühjahr wird der Bast entfernt, wodurch die Äste wieder leicht auffächern. Die Äste breiten sich jetzt aber nicht mehr so stark aus wie vor dem Zusammenbinden.

WAHL DER SCHALE

Bei der Auswahl der richtigen Schale für Bonsai in der Besenform gelten dieselben Kriterien wie für die streng aufrechte Form oder auch die frei aufrechte Form.

An dieser Stelle möchte ich für alle drei Formen auf einige besonders reizvolle Schalen eingehen. In der Regel gilt bei ovalen und rechteckigen Schalen das Verhältnis Länge zu Breite gleich vier zu drei, entsprechend ist eine 40 cm lange Schale 30 cm breit. Es gibt aber auch Schalen, die deutlich länger als breit sind. So findet man zum Beispiel Schalen mit dem Verhältnis Länge zu Breite gleich neun zu drei, die gleichzeitig sehr flach sind. In solche Schalen pflanzt man den Baum innerhalb des ersten Drittels von einer Seite aus gesehen.

Mit flachen Steinen kann man nun die Oberfläche der großen Freifläche landschaftsartig gestalten. Man erzielt so mit nur einem Baum und wenigen, dezent eingesetz-

Eine modifizierte Besenform geht von einem bis zur Kronenspitze durchgehenden Stamm aus. Jeder einzelne Ast wird wie eine Besenform gestaltet. Insgesamt ergibt sich wieder eine kuppelförmige Krone.

ten anderen Materialien den Eindruck einer stillen, weiten Landschaft. Einen ähnlichen Effekt kann man mit flachen, langgestreckten Pflanztabletts oder Schieferplatten erzielen (siehe S. 36). Bei solchen Tabletts fehlt naturgemäß ein Schalenrand.
Damit die Pflanzerde beim Gießen nicht weggespült wird, legt man aus einer feuchten Torf-Lehm-Mischung (Torf zu Lehm im Verhältnis eins zu eins) einen Wall um die Pflanzfläche. Nach dem Einpflanzen mit der Grunderdmischung werden Wall und Erdoberfläche mit flachen Moospolstern abgedeckt.

GESTALTUNG EINER BESENFORM

Nur selten wird man in einer Baumschule einen jungen Baum finden, der bereits in der Besenform wächst. Wohl aber sind Bäume zu finden, die die Anlagen für eine gute Besenform mitbringen.
Man sucht nach einem Baum mit geradem Stamm, bei dem mehrere Äste in einer Etage aus dem Stamm wachsen. Knapp oberhalb dieser Astetage schneidet man den Stamm ab und drahtet die verbleibenden Äste halbkugelförmig nach oben. Die Schnittwunde wird mit einem Wundverschlussmittel abgedeckt (siehe S. 186). Je nach Größe der Wunde ist sie nach einem oder mehreren Jahren zugeheilt.
In der Folgezeit müssen die Äste immer wieder beschnitten werden, damit die Krone dichter wird. Äste, die unterhalb der neuen Krone dem Stamm entspringen, werden direkt am Stamm abgeschnitten.
Besser ist es, unerwünschte Nebentriebe bereits im Knospenstadium zu entfernen. Eine so kleine Wunde verheilt sofort, während die Wundverheilung bei einem dickeren Ast häufig sehr lange dauert und eine sichtbare Narbe hinterlässt. Solche Narben sind gerade bei der Besenform sehr störend und nehmen der Gesamtgestaltung viel von ihrer sonst ruhigen Harmonie.

BESONDERS GUT GEEIGNETE LAUBBAUMARTEN

- Ahorne
- Eichen
- Hainbuchen
- Zelkoven

Die Gestaltung einer Besenform gelingt am einfachsten aus einem Zelkovensämling oder -steckling. Wie schon erwähnt, ist die Besenform die natürliche Wuchsform dieser Baumart. Schon durch einfaches Beschneiden lässt sich eine Zelkove in diese Form bringen. Unterstützen sollte man die Gestaltung durch das oben erwähnte Zusammenbinden der Äste im Spätherbst.

Erstes Jahr: Im Frühjahr des ersten Jahres der Gestaltung einer Besenform aus einem Sämling oder Steckling nimmt man eine absolut gerade Pflanze. Die Wurzeln, die den Stammfuß bilden sollen, werden vorsichtig mit den Fingern sternförmig ausgebreitet und mit Erde bedeckt.

In dem Bereich, der den Stamm bilden soll, darf keine Verzweigung vorhanden sein. Durch entsprechendes Abschneiden der Spitze legt man die Länge des Stammes fest. Schneidet man auf 10 cm zurück, wird die Besenform später insgesamt 30 cm hoch sein.

Unterhalb der Schnittstelle sollten zwei oder mehrere Knospen dicht beieinanderstehen. Die Äste, die sich aus diesen Knospen entwickeln, sollten nach dem Aushärten fächerförmig auseinandergedrahtet werden. Sich im Stammbereich entwickelnde Knospen werden noch vor dem Entfalten ausgebrochen.

Haben sich bei einer Zelkove sechs bis acht Blätter pro Trieb entwickelt, werden sie auf zwei bis drei Blätter zurückgeschnitten. Die Blätter werden vom Stammansatz zur Spitze hin größer. Die Achselknospen großer Blätter treiben stärker aus und unterdrücken den Austrieb der kleineren Knospen. Ideal wäre es aber, wenn alle vorhandenen Achselknospen austreiben würden. Das erreicht man durch einen Trick: Das Blatt an der neuen Triebspitze wird durch einen Teilblattschnitt um zwei Drittel seiner Blattfläche verkleinert. Die Fläche des zweiten Blattes wird um ein Drittel verkleinert. Das innerste Blatt lässt man unbeschnitten. Auf diese Weise ist das Blattflächenverhältnis genau umgekehrt und alle Achselknospen an dem Zweig treiben gleichmäßig aus.

Zweites Jahr: Im Frühjahr des zweiten Jahres schneidet man die Triebe so zurück, dass sie eine Halbkugel oder ein Kugelsegment bilden. Wichtig ist, dass möglichst alle großen Spitzenknospen entfernt werden. Der zweite Rückschnitt erfolgt in gleicher Weise wie im ersten Jahr der Gestaltung. Nach dem zweiten Jahr kann man oft bereits die spätere Besenform sehr gut erkennen.

Folgejahre: In den folgenden Jahren verfährt man in gleicher Weise, bis die endgültige Baumhöhe erreicht ist. Danach wird die Form nur noch erhalten.

Sollten die Zweige zu sehr auffächern, werden sie im Herbst durch Zusammenbinden korrigiert. Wird der Besen zu schmal, kann er durch Spanndrähte aufgefächert werden. Nach drei bis fünf Jahren kann man damit beginnen, die Wurzeln am Stammansatz freizulegen und so den Stammfuß auszubilden.

Auch Hainbuchen eignen sich gut für die Besenform.

DIE KASKADE

Im Hochgebirge kann man an Steilhängen Bäume sehen, die von einer Lawine umgedrückt wurden, ohne dabei entwurzelt worden zu sein. In Extremfällen wurde dabei der Stamm so stark gebogen, dass die Krone des Baumes über die Klippe ragt. Liegt die Baumkrone jetzt tiefer als der Wurzelansatz, spricht man von einer Kaskade (jap.: Kengai).
Für die Gestaltung einer Kaskade wählt man nur Baumarten aus, die langsam wachsen. Da die natürliche Wachstumsrichtung eines Baumes senkrecht dem Licht entgegenstrebt, werden die neuen Triebe verstärkt in diese Richtung wachsen. Bei schnell wachsenden Baumarten ist diese Wachstumstendenz naturgemäß stark ausgeprägt. Im Prinzip müsste eine Kaskade aus einer schnell wachsenden Baumart ständig eingedrahtet sein, was auf Dauer keine gute Bonsai-Gestaltung darstellt. Ungeeignet sind die meisten Laubbäume wie Birken, Buchen und Eichen.

Die Kaskade ist durch einen abwärtsgeneigten Stamm definiert. Der erste Hauptast bildet die Stammverlängerung nach oben und verzweigt sich zu einer Krone.

GEEIGNETE BAUMARTEN

- Kiefern
- Wacholder
- Zwergmispeln

Grundsätzlich neigt sich der Stamm eines Bonsai als Kaskade über die Schalenbasis nach unten. Sowohl der Stamm als auch die Äste sind dabei mit mehr oder weniger vielen, dreidimensionalen Biegungen versehen. Das Laub gleicht einem grünen „Wasserfall“. Auf grünen Treppen steigt der Blick des Betrachters in die Tiefe. Die Zweige sind so angeordnet, dass das Laub von der Schale weg weist. Auf der starken ersten Stammbiegung erhebt sich häufig eine kleine Krone. Dieser Teil des Baumes gleicht der frei aufrechten Form. Bei einer klassischen Kaskade ist dieser Gestaltungsteil unbedingt notwendig. Für die Gestaltung dieser flachen, häufig schirmförmigen Krone wird der erste Hauptast verwendet, während die eigentliche Kaskade vom Stamm des Baumes gebildet wird.
Die Anordnung der Äste folgt den gleichen Prinzipien wie bei der streng aufrechten oder frei aufrechten Form.
Für welche der Varianten man sich entscheidet, hängt von der Form der Hauptlinienführung durch die Kaskade ab: gerade oder in Biegungen nach unten. Eine Kaskade mit geradem Stamm führt direkt nach der ersten Stammbiegung lotrecht nach unten. Ist die Linienführung gebogen, bewegen sich die S-förmigen Schwünge mal mehr, mal weniger nah auf die Schale zu, wobei die unterste Spitze am weitesten von der Senkrech-

ten entfernt ist. Bei einer gebogenen Kaskade entspringen die Äste grundsätzlich an der Außenseite der Biegungen.
In beiden Varianten folgt die Astanordnung dem Dreiklang. Wichtig ist, dass die Unterseiten der Äste von allen nach unten wachsenden Trieben befreit sind. Ansonsten wäre die klare Linienführung stark beeinträchtigt und die Form verwaschen.
Der Wurzelhals ist auf der der Kaskade gegenüberliegenden Seite stärker ausgeprägt als auf der Kaskadenseite des Stammes. Der natürliche Eindruck, dass der Baum sich gegen das Herabfallen über die Klippe wehrt, wird hierdurch verstärkt. Die Wurzeln gegenüber der Kaskade stehen unter Zugspannung, während die Wurzeln auf der Innenseite der starken Stammbiegung unter Druckspannung stehen. Zuggespannte Wurzeln sind langgestreckt, während sich druckgespannte Wurzeln wie Krallen ins Erdreich bewegen.
Bei der Formerhaltung kommt man nicht ohne regelmäßiges Drahten aus. Dabei werden die neu gewachsenen Baumteile in die Gesamtgestaltung integriert. Die älteren Baumteile haben sich durch die vorherigen Drahtungsaktionen in der entsprechenden Form stabilisiert und brauchen normalerweise keine erneute Formkorrektur.

WAHL DER SCHALE

Eine Kaskadenschale ist rund, quadratisch oder mehreckig. Sie ist immer recht tief, um dem überhängenden Baum sowohl ein optisches als auch ein tatsächliches Gegengewicht gegenüberzustellen. Der Schalendurchmesser entspricht maximal dem Fünffachen des Stammdurchmessers. Die Schalentiefe ist geringer als die Kaskadenlänge. Den Baum pflanzt man ziemlich genau in die Mitte der Schale. Bei einer quadratischen Schale ergießt sich die Kaskade über eine der Seiten. Bei einer mehreckigen Schale geht die Kaskade über eine der Ecken in die Tiefe.

GESTALTUNG EINER KASKADE

In der Baumschule lohnt es sich, in der Abteilung für Bodendecker nach einer Ausgangspflanze zu suchen. Meist haben Bodendecker bereits einen gewundenen Stamm, der gute Voraussetzungen bietet. Der Stamm sollte reich verzweigt und gut mit Laub bedeckt sein. Für die Gestaltung ist es besser, wenn die Ausgangspflanze mehr Zweige hat, als für den späteren Bonsai benötigt werden. Die Vielfalt an Gestaltungsmöglichkeiten ist so nicht durch das Fehlen von Ästen und Zweigen begrenzt. Selbst stärkere Stämme, deren untere Bereiche durch Draht nur noch schwer zu biegen sind, können zur Kaskade werden. Der Baum sollte aber im unteren Stammteil eine starke Biegung wie bei einer frei aufrechten Form haben und im oberen Stammbereich noch durch Draht zu biegen sein. Nun wird der Baum schräg eingepflanzt, sodass die erste Stammbiegung den Beginn der Kaskade bildet. Der weitere Verlauf der Kaskade wird durch Eindrahten korrigiert.
Von vorn betrachtet, sollte die Kaskade ein ungleichschenkliges Dreieck bilden. Die Äste werden zu den Seiten hin wie bei den frei aufrechten Formen ausgebreitet. Die Zweige müssen so geformt werden, dass sich ihr Laub auf der von der Schale abgewandten Seite der Kaskade ausbreitet. Schmale, nach vorn gerichtete Laubpolster sind das Gestaltungsziel.
Sämlinge und Stecklinge kann man schon recht früh auf das Ziel hin erziehen. Beim ersten Drahten arbeitet man wie bei der frei aufrechten Form, nur wird der untere Stammteil viel stärker gebogen. In den folgenden Jahren pflegt man die beabsichtigte Kaskade aufrecht wachsend. In dieser Wuchsrichtung ist der Zuwachs stärker, und die Kaskade wird sich in kürzerer Zeit ausgewogen gestalten lassen. Später wird der Bonsai einfach, wie oben beschrieben, eingepflanzt und diese erste Stammbiegung als Beginn der Kaskade genutzt.

Ein dichter Wald aus Dreispitz-Ahorn (Acer buergerianum) mit dominanten Hauptbäumen

GRUPPEN- UND WALD-PFLANZUNGEN

Die Begriffe „Baum“ und „Wald“ gehören im Bewusstsein vieler Menschen untrennbar zusammen. Es ist daher nur natürlich, dass auch die Waldform (jap.: Yose ue) zu den Grundstilarten der Bonsai-Gestaltung gehört. Wald ist in der Natur aber nicht gleich Wald. So verschieden die vorkommenden Landschaftsformationen auf der Erde sind, so vielgestaltig sind auch die Erscheinungsformen der Wälder. Da gibt es den düsteren, dichten Bergwald und den lichten Laubwald der Ebenen. Kleine, einzeln stehende Gehölzgruppen auf einer Bergkuppe wechseln sich mit großen, zusammenhängenden Mischwäldern ab.

Bei Bonsai sind dem Gestalter ebenfalls – bis auf das Platzangebot in der Bonsai-Schale – keine Grenzen gesetzt. Gruppen- und Waldpflanzungen haben den Vorteil, dass man hierfür Bäume verwenden kann, die als Einzel-Bonsai keine Ausstrahlung hätten. So können Bäume in die Gestaltung aufgenommen werden, die nur auf einer Seite Äste ausgebildet haben. Zusätzlich hat auch der Bonsai-Anfänger schon nach nur kurzer Gestaltungszeit ein gutes Resultat vorzuweisen. Man kann kleine, lockere Baumgruppen ebenso gestalten wie große, scheinbar undurchdringliche Wälder. Sehr wirkungsvoll können auch Steine in die Gestaltung miteinbezogen werden. Die dabei entstehenden Landschaften nennt man Saikei.

Folgende Grundprinzipien sind bei der Gestaltung von Gruppen- und Waldpflanzungen zu beachten:

1. Um Symmetrie zu vermeiden, nimmt man immer eine ungerade Anzahl von Bäumen. Die Anzahl an Bäumen ist unbegrenzt.
2. Es werden unterschiedlich dicke und hohe Bäume für die Gestaltung ausgewählt, wobei der dickste auch immer der höchste Baum ist.
3. Der Auswahl des Hauptbaumes wird besonderes Interesse geschenkt. Ihm ist ein Nebenbaum zugeordnet, der in der

Gruppe lediglich vom Hauptbaum übertroffen wird. Haupt- und erster Nebenbaum legen das Thema der Komposition fest. Die anderen Bäume der Gruppe richten sich in ihrer Form nach den Hauptbäumen und sind in Abstufungen kleiner und dünner.

4. Da unterschiedliche Baumarten auch verschiedene Pflegeansprüche stellen, kommen nur Bäume derselben Baumart in eine Waldpflanzung. Bei der Auswahl der Bäume einer Art sollten alle etwa zur gleichen Zeit im Frühjahr austreiben und ähnliche Herbstfärbungen aufweisen. Auch die Blattform und Blattgröße sollte weitgehend übereinstimmen. Diese Forderungen erfüllen naturgemäß die Bäume am besten, die aus den Stecklingen einer Mutterpflanze gezogen wurden. Geklonte Bäume stimmen in ihren Erbfaktoren und damit in ihren Merkmalen vollkommen überein.
5. Eventuell verwendete Steine sollten aus einem Material bestehen, welches nicht verwittert. Es kommen Granit, Schiefer oder Lavagestein infrage, nicht aber Sandstein. Die Steine sollten in Form, Größe und Oberflächenstruktur mit den Bäumen harmonieren. Mit der Größe der Steine können sehr unterschiedliche Effekte erzielt werden: Große Steine lassen die Bäume kleiner erscheinen. Man schaut in eine Landschaft, die weit entfernt liegt. Kleine Steine vergrößern dieselben Bäume hingegen optisch. Eine nahegerückte Landschaft ist das Ergebnis.

Die Pflege einer fertigen Waldpflanzung richtet sich nach der Form und der Art der Bäume. Es können Bäume in streng aufrech-

In einer Waldpflanzung können auch Bäume verwendet werden, die als Einzel-Bonsai keine Ausstrahlung haben. Bei diesem Wald bilden die Kronen aller Bäume eine Einheit, die sichtbaren Wurzeln sind zu einem gemeinsamen Wurzelhalsbereich verbunden.

ter Form ebenso verwendet werden wie Bonsai in frei aufrechter Form oder in Besenform. Es sollten aber alle Bäume in einer Gruppenpflanzung dieselbe Grundstilart haben.
Die Bonsai müssen ihrer Form entsprechend regelmäßig beschnitten und, wenn nötig, auch gedrahtet werden. Das Drahten kann bei dichten Wäldern mit großen Problemen verbunden sein, da man kaum mit den Händen zwischen die Bäume greifen kann. Will man einen dichten Wald pflanzen, sollte man nur Baumarten und Stilarten verwenden, die allein durch Beschneiden weitergestaltet werden können. Wird das Astmuster zu dicht, müssen die Bäume durch Beschneiden ausgedünnt werden. Das ist besonders wichtig, um den innen stehenden Bäumen wieder Raum für neues Wachstum zu schaffen. Die außen stehenden Bäume haben die Möglichkeit, von der Seite her Licht zu bekommen, und würden unbeschnitten im Laufe der Zeit stärkeres Dickenwachstum aufweisen als die innen wachsenden Bäume. Die Harmonie der Gesamtgestaltung würde dadurch nach und nach zerstört.

WAHL DER SCHALE

Landschaftsschalen bieten der Pflanzung eine große, niedrige Fläche. Infrage kommen ovale oder rechteckige, flache Schalen, aber auch Tabletts aus Stein oder gebranntem Ton. In Bonsai-Fachgeschäften werden auch Tabletts aus Kunstfasern angeboten, die Steintabletts zum Verwechseln ähnlich sehen. Die Stellung der Bäume in der Schale oder auf dem Tablett richtet sich nach der Art der Gruppen- oder Waldpflanzung. Ein Teil der Schalenfläche bleibt unbepflanzt. Die Freiflächen geben der Gestaltung optische Tiefe und lassen die Landschaft natürlicher, erscheinen. Die Schalenbreite wird nicht durch die Höhe der Bäume, sondern durch die Größe der Pflanzung bestimmt. Die minimale Breite entspricht der Höhe des Hauptbaumes.

GESTALTUNG EINER GRUPPEN- UND WALDPFLANZUNG

Zur Vorbereitung der Pflanzung wählt man eine entsprechende Landschaftsschale aus und zieht durch die Wasserabzugslöcher eine Reihe von Fixierdrähten. Mithilfe dieser Drähte werden die Bäume an ihrem Standplatz festgehalten, bis sich ihr Wurzelwerk so weit entwickelt hat, dass sich die Bäume gegenseitig stabilisieren können.
Der Hauptbaum wird kurz vor der Mittellinie und zwischen dem ersten Seitendrittel und dem Mitteldrittel der Schale platziert. Der zweite Hauptbaum steht kurz hinter dem ersten Hauptbaum und ein wenig mehr zum Seitendrittel in der Schale. Der dritte Baum wird häufig als Hauptbaum der zweiten Baumgruppe verwendet. Diese Gruppe steht auf der anderen Seite der Schale, aber weiter von seiner Seite entfernt als die Hauptgruppe. Auch diesem Hauptbaum wird ein Nebenbaum zugeordnet. Arbeitet man mit einer dritten Baumgruppe, wird sie so nach hinten in der Schale zwischen den beiden Hauptgruppen platziert, dass die drei Hauptbäume der Gruppen ein ungleichschenkliges Dreieck bilden.
Die kleineren Bäume werden nun den drei Hauptgruppen so zugeordnet, dass sie der Gesamtgestaltung Tiefenwirkung verleihen. Die meisten kleinen Bäume kommen also in den Hintergrund der Gestaltung. Nur selten steht auch einmal ein kleiner Baum im Vordergrund. Innerhalb der Gruppen bilden immer drei Bäume ein ungleichschenkliges Dreieck.
Von jeder Seite betrachtet, stehen niemals drei Bäume in einer Linie. Auch sollten, ebenfalls von jeder Seite betrachtet, niemals zwei Bäume einander verdecken. Die Oberfläche wird nicht vollkommen eben gestaltet, sondern man arbeitet flache Hügel und niedrige Täler aus. Zum Schluss werden die Bäume so beschnitten, dass sich nur wenige Äste überkreuzen und die Kronen der Bäume miteinander harmonieren.

Bei dichten Wäldern bilden die Kronen der Bäume häufig eine Einheit.

Azalee in gelehnter Form

Ahorn in frei aufrechter Form

Baumfarn in Trauerform

Lärche in gelehnter Form

Landschaftspflanzung aus Chinesischen Wacholdern

DIE WEITERFÜHRENDEN GRUNDSTILARTEN

Die folgenden Grundstilarten nehmen die Gestaltungsmöglichkeiten der Basis-Stilarten auf und führen sie auf die nächsthöhere Stufe der Formgebung.

Bei den weiterführenden Grundstilarten orientieren wir uns ebenfalls an den Vorbildern in der freien Natur, nur schauen wir hier nach Vorbildern, die die Natur unter extremeren Bedingungen geformt hat. Denken Sie an Bäume in windexponierten Gipfellagen, an Baumveteranen in einer weiten Wiesenlandschaft oder an einen Baum, der bei einem Sturm umgestürzt, aber nicht gestorben ist. Er wird weiterhin durch einige Wurzeln versorgt, und die ehemaligen Äste wachsen zu neuen Stämmen heran. Der frühere Stamm bewurzelt eventuell an seiner Unterseite und wird damit zur verbindenden Wurzel einer kleinen Baumgruppe.

DIE GELEHNTE FORM

Diese Grundstilart (jap.: Shakan) leitet sich von der streng (jap.: Shokkan) oder frei aufrechten Form (jap.: Moyohgi) ab. Entweder geht der Stamm vom Wurzelansatz bis zur Spitze ohne nennenswerte Biegungen gerade durch oder er zeigt mehr oder weniger starke Biegungen. Während aber der Stamm bei der streng aufrechten Form senkrecht in die Höhe geht und bei der frei aufrechten Form die Äste und Krone so austariert sind, dass sie im Lot über dem Stammfuß liegen, ist bei der gelehnten Form der Stamm um 11 bis 45 Grad aus der Senkrechten geneigt. Solche Baumformen entstehen in der freien Natur, wenn ein senkrechter Baum durch einen Sturm oder einen Erdrutsch zur Seite weggedrückt wurde. Die Wurzeln auf der Seite, die der Neigung gegenüberliegen, geraten dabei unter Zugspannung, während die Wurzeln auf der Neigungsseite gepresst werden.
Bei dieser Grundstilart ist der Wurzelhals besonders wichtig, soll der Bonsai wirklich überzeugend wirken. Entsprechend sind bei einem Bonsai in geneigter Form die dicken Wurzeln des Wurzelhalses auf der Gegenneigungsseite über der Erdoberfläche langgestreckt und relativ weit sichtbar freigelegt. Die Wurzeln auf Neigungsseite sind hingegen nur kurz über der Erdoberfläche zu sehen und streben dann abrupt ins Erdreich. Die Wurzeln sind fast knieförmig gebogen.
Bei einer so starken Stammneigung besteht die Gefahr, dass der Baum irgendwann endgültig entwurzelt wird und umstürzt. Diese Gefahr erwächst nicht so sehr aus dem Gewicht der Äste und Laubmasse, sondern vielmehr aus dem Ungleichgewicht des Stammes.
Der Baum kann dieser Gefahr nur begegnen, indem er die Ast- bzw. Laubmasse neu anordnet. Auf der Neigungsseite muss das Gewicht der Äste deutlich kleiner werden als auf der Gegenneigungsseite. Die Äste der Neigungsseite sind kurz und stehen fast parallel zur Erdoberfläche. Auf der Gegenneigungsseite sind die Äste länger und eventuell in Richtung auf den Stammverlauf hin geneigt. Die gesamte Astsilhouette bildet

Der Ast auf der Innenseite der Stammbiegung nimmt dem Baum viel an Aussagekraft. Hier ist es angebracht, den Ast nicht ganz zu entfernen, sondern ihn als Jin (siehe S. 204f.) zum Teil zu erhalten. Die anderen Äste werden zur gelehnten Form neu geordnet.

ein ungleichschenkliges Dreieck, welches auf der Neigungsseite mit sehr spitzem Winkel und auf der Gegenneigungsseite bis zu 50 Grad vom Lot abweicht. Die Linienführung der Basis des Dreiecks geht hier in einem mäßig spitzen Winkel von der Gegenneigungsseite nach oben zur Neigungsseite.
Der erste Hauptast setzt auf der Gegenneigungsseite weit oben an und neigt sich weit nach unten, endet aber oberhalb des unteren Drittels des Stammes. Zur Spitze hin werden die Äste der Gegenneigungsseite kürzer und weniger stark geneigt. Wichtig ist bei allen Ästen dieser Baumseite die erste Biegung am Stamm. Die Linienführung ist vom Betrachter aus gesehen zunächst leicht aufwärts, um dann mit mehr oder weniger starker Biegung entweder horizontal oder abwärts geneigt weiterzugehen.
In der freien Natur gehen die Äste bei aufrechtem Stamm mehr oder weniger horizontal vom Stamm weg. Neigt sich nun der Stamm durch den gedachten Erdrutsch, bleibt die Anfangsbiegung der Äste erhalten, zeigen aber nun auf der Gegenneigungsseite nach oben. Erst das anschließende Wachstum gibt den Ästen in ihrem weiteren Verlauf eine neue Wuchsrichtung.

Auf der Neigungsseite haben wir dieselbe Ausgangssituation, also horizontal wachsende Äste. Nach dem Ereignis, welches den Stamm umgedrückt hat, zeigt die Anfangsbiegung der Äste nun nach unten. Mit dem anschließenden Wachstum stellt eine Aufwärtsbiegung die horizontale Stellung der Äste wieder her.
So hat der unterste Ast der Neigungsseite des Stammes nur eine geringe Neigung nach unten oder verläuft fast parallel zur Erdoberfläche. Die Verbindungslinie der weiteren Äste zur Krone hin bildet fast eine Senkrechte.
Die Äste der Vorder- und Rückseite des Baumes komplettieren das von den beiden Seiten vorgegebene Schema optisch und geben der Gestaltung die nötige Tiefenwirkung.
Insgesamt sollte der Stamm gut sichtbar sein und sich von der Basis zur Spitze gleichmäßig verjüngen. Die Krone darf nicht zu massig gestaltet sein, um dem Baum auch optisch Stabilität zu geben. Meist tendiert die Krone mit schwacher Stammbiegung leicht zur Gegenneigungsseite hin (siehe Zeichnung oben links).

WAHL DER SCHALE

Die Schalenformen hängen stark vom Umfang und von der Masse der Krone ab. Bei ausladenderen Kronen sind rechteckige oder ovale Schalen auszuwählen. Der größte Durchmesser der Schale entspricht etwa zwei Dritteln der Baumhöhe. Bei der Schalenhöhe orientiert man sich an der Stammdicke – Schalenwandhöhe und Stammdicke entsprechen einander. Der Baum wird außerhalb der Schalenmitte platziert, wobei der größere Schalenfreiraum unterhalb der Stammneigung liegt.
Bäume mit nur leichter Krone wirken sehr gut in kreisrunden oder quadratischen Schalen. Solche Schalen haben naturgemäß nur flache Füßchen. Der Durchmesser der Schale sollte so gewählt werden, dass der geneigte Stamm nur mäßig über den Schalenrand

hinausragt. Die Platzierung des Baumes ist nur wenig von der Mitte der Schale zu einer der beiden Seiten hin verschoben.

GESTALTUNG EINER GELEHNTEN FORM

Für die Gestaltung eines geneigten Stammes eignen sich fast alle Baumarten, wobei Bäume mit interessanter Rindenstruktur wie Kiefern oder Wacholder zu bevorzugen sind, da der Stamm das wichtigste Gestaltungsmerkmal ist.
Besonders schöne Vertreter dieser Grundstilart lassen sich aus Sämlingen oder Stecklingen ziehen, deren Formgebung wir von Anfang an in der Hand haben. Hier beginnt man schon sehr früh auf das spätere Gestaltungsziel hinzuarbeiten. In den ersten Jahren heißt die Gestaltungsaufgabe, den Stamm zu formen, der sich von einer relativ dicken Basis zur leichten Krone hin verjüngt. Das erreicht man, indem man die unteren Äste lang durchtreiben lässt und am Ende der Wachstumszeit wieder stark zurückschneidet. Die Kronenäste werden hingegen kürzer gehalten, damit später starke Schnittstellen vermieden werden können.
Obwohl der Baum in der Erziehungsphase mit senkrechtem Stamm eingepflanzt wird, beginnen wir bei dem jährlichen Wurzelschnitt bereits mit der Gestaltung des Wurzelhalses. Auf der einen Seite werden langgestreckte Oberflächenwurzeln herausgearbeitet, während die späteren Oberflächenwurzeln der anderen Seite kürzer und gebogener geformt werden. In der Erziehungsphase bedeckt man die späteren Oberflächenwurzeln beim Eintopfen aber immer vollständig mit Erde. Nur so können sich die Wurzeln des Wurzelhalses gut entwickeln und an Dicke zunehmen.
Je nach Wuchsstärke beginnen wir im dritten bis fünften Jahr mit der Gestaltung der Krone. Nun wird der Baum zum ersten Mal mit geneigtem Stamm eingepflanzt und die Oberflächenwurzeln werden nach und nach freigelegt Durch richtiges Schneiden und Drahten wird die Krone im Laufe der nächsten Jahre immer mehr verbessert und eine feine Verästelung herausgearbeitet.
Nur selten findet man eine Baumschulpflanze, die alle Anforderungen für diese Grundstilart erfüllt. Meist muss man über einen längeren Zeitraum den typischen Wurzelhals erarbeiten. Gute Erfolge erzielt man hier durch Abmoosen eines Stammes in einer geeigneten Höhe. Ein anderes Problem kann die Anordnung der Äste bei der Baumschulpflanze darstellen. Meist kommt man nicht umhin, fast alle Äste auf kurze Stümpfe zurückzuschneiden und aus dem nachfolgenden Austrieb neu aufzubauen.
Sucht man nach einer geeigneten Baumschulpflanze, wird man in erster Linie auf einen guten Stammverlauf achten müssen.

Der Chinesische Wacholder vereinigt Stilelemente der gelehnten Form mit denen des Wurzelstammes.

DIE HALBKASKADE

Die Halbkaskade (jap.: Han-Kengai) vereinigt in sich Stilelemente der Kaskade und der frei aufrechten Form. Wie bei der frei aufrechten Form weist der Stammverlauf mehrere harmonische Biegungen zu beiden Seiten, nach vorn und hinten, auf. In Abwandlung zur frei aufrechten Form bleibt der Stamm gedrungen, und die Krone wird ausladend und flach gestaltet. Der unterste Hauptast (der ehemalige Stamm) wird relativ lang und kräftig gestaltet und neigt sich wie bei der Kaskade über den Schalenrand. Anders als bei der Kaskade hat der Stamm eine Neigung von 45 Grad aus der Vertikalen und geht dann mit seinem Hauptast nur knapp unterhalb des Schalenrandes.
Die Halbkaskade bis zur Unterkante der Schale zuzulassen, ist bei sehr tiefen Schalen eher eine Kaskade. Die Hauptbewegungsrichtung der Kaskade führt in die Tiefe einer Klippe, während die Dynamik der Halbkaskade eher mit nur leichter Abwärtsneigung in den horizontalen Raum geht.
In der freien Natur entstehen solche Baumformen, wenn ein Baum nahe an einer senkrecht abfallenden Felswand wächst. Das einseitig einfallende Licht leitet die Wuchsrichtung in den freien Raum von der Felswand weg. Je nachdem wie nah der Baum an der Felswand steht und ob sich eventuell oberhalb seines Standortes noch ein Felsüberhang befindet, ist das Streben in den horizontalen Raum mehr oder weniger stark ausgeprägt. Entsprechend kann sich die Krone zur Ausbalancierung des einseitigen Wachstums direkt über dem Wurzelhals, im ersten Drittel der Halbkaskade oder sogar in deren zweiten Drittel befinden.
Bei einer Halbkaskade mit einer über dem Wurzelhals gestalteten Krone verschmelzen Baum und Schale überzeugend zu einer Einheit. Gleichzeitig wirkt eine solche Halbkaskade eher im Gleichgewicht. Natürlich sollte hier der Ast oder Stamm, der die Halbkaskade bildet, sehr kräftig und dominierend sein, weil er sonst eher dem Hauptast einer frei aufrechten Form ähnelt.
Eine zusätzliche Schwierigkeit ist, die nötige Tiefenwirkung herauszuarbeiten. Dafür sollte der erste Ast der Krone gegenüber der Halbkaskade aufgebaut werden. Dieser Ast darf nicht zu lang sein, sollte sich aber ausreichend zur Rückseite des Baumes hin verzweigen. Wird die Halbkaskade gleichzeitig mit Schwüngen nach hinten und vorn versehen und werden an ihren Biegungen gleichzeitig verzweigte Äste aufgebaut, verstärkt das die Tiefenwirkung.
Grundsätzlich lässt sich die Halbkaskade in zwei Variationen gestalten. Im ersten Fall befindet sich über dem relativ flachen und sich rasch verjüngenden, neuen Stamm eine ausladende, halbovale Krone. Meist gestaltet

Der ganze Baum wird zur Halbkaskade umgestaltet. Hierzu wird er bis zur ersten starken Stammbiegung in die tiefe Kaskadenschale eingepflanzt. Durch gleichzeitiges Abmoosen erarbeitet man einen neuen Wurzelhals. Zusätzlich wird die vorherige Rückseite des Baumes zur neuen Vorderseite umgestaltet.

Die Wald-Kiefer stellt eine etwas freiere Interpretation der Halbkaskade dar.

man den Stamm zu einer sanften S-Form. Der ehemalige Stamm, der jetzt die Halbkaskade bildet, nimmt diese S-förmige Bewegung auf, geht ein Stück weit mit leichter Neigung in Richtung auf den Erdboden, um dann schließlich in sanftem Schwung über den Schalenrand mäßig weit in die Tiefe zu führen. Während der untere Teil des neuen Stammes unbeastet bleibt und im Wesentlichen nur die Krone trägt, ist die Halbkaskade etwa zu zwei Dritteln belaubt. Die Zweige bilden mehrere halbovale Polster mit deutlichen Abständen zueinander. Wichtig ist in jedem Fall, dass sich auf der Unterseite der Laubpolster keine Laubmasse nach unten streckt. Sowohl der ganze Baum als auch die einzelnen Gestaltungsmerkmale bilden jeweils ungleichschenklige Dreiecke.

Im zweiten Fall wird auf dem niedergelegten Stamm keine neue Krone aufgebaut. Nun müssen der Stammverlauf und die einzelnen Laubpolster noch feiner ausgeformt werden. Besonders wichtig ist dabei, dass die Aussagekraft des Stammes überzeugend herausgearbeitet wird. Vielfach ist es sinnvoll, sich bei der Gestaltung des Stammverlaufes entfernt an einen Blitz zu erinnern. Die Schwünge sollten dabei langgestreckter und sanfter erfolgen, als sie der Blitz hervorbringt. In mehreren aufeinanderfolgenden Ebenen werden an den Außenseiten der Krümmungen des niederliegenden Stammes halbovale Laubpolster aufgebaut. Von Ebene zu Ebene sollten die Zwischenräume deutlich zu erkennen sein.

GEEIGNETE BAUMARTEN

Für diese Stilrichtung stehen mehr Baumarten zur Auswahl als für die Kaskade.

- **Nadelbäume:** Kiefer, Wacholder
- **Laubbäume:** Ahorn, Apfel, Azalee, Quitte, Wistarie, Zwergmispel (Bodendecker)

WAHL DER SCHALE

Je nach geplanter Gesamtaussage der Gestaltung kann man drei deutlich unterschiedliche Schalengruppen verwenden:

1. Tiefe, runde, quadratische, sechseckige oder achteckige Schalen verwendet man für Halbkaskaden mit starker Ausdruckskraft und gezackten Biegungen. Hier wird ein deutlicher Kontrast zwischen der horizontalen und der vertikalen Bewegung aufgebaut.
2. Mitteltiefe, ovale, rechteckige, runde, quadratische, sechseckige oder achteckige Schalen eignen sich für anmutigere Halbkaskaden mit weicheren Biegungen.
3. Flache, ovale oder rechteckige Schalen unterstreichen die horizontale Bewegung und erinnern entfernt an Bäume in windgepeitschter Form.

Die Stammbasis wird normalerweise in der Mitte der Schalenfläche platziert. Nur wenn sich der Stamm recht flach über dem Erdboden in Richtung auf den Schalenrand zubewegt, wird der Stamm außerhalb der Mitte zu der der Halbkaskade gegenüberliegenden Seite platziert. Die Halbkaskade überschreitet, von vorn betrachtet, zu einer der beiden Seiten den Schalenrand, um sich dann leicht zur Vorderseite hin zu bewegen. Auf keinen Fall zeigt die Halbkaskade nach hinten.

Halbkaskade mit gelehntem Stamm

GESTALTUNG EINER HALBKASKADE

Bei der Auswahl einer geeigneten Ausgangspflanze sucht man entweder nach einem Baum mit nur kurzem Stamm und einem stark entwickelten Hauptast oder einem Baum, dessen Stamm halbkaskadenförmig gekrümmt werden kann.
Im ersten Fall wird der Hauptast zum stilbestimmenden Gestaltungselement. Sollte der Stamm länger sein, als für diese Stilrichtung vorgeschrieben, kann er entweder eingekürzt oder seine Spitze als Jin (siehe S. 204 ff.) gestaltet werden. Wichtig ist, dass der Baumteil, der zur Halbkaskade gestaltet werden soll, noch eine ausreichende Flexibilität besitzt, um mithilfe von Draht in den gewünschten Verlauf gebogen werden zu können. Das gelingt bei den meisten Baumarten noch bis zu etwa Daumendicke. Für die ersten Jahre der Erziehung des Baumes kann man ein tiefes, normales Pflanzgefäß verwenden. Erst wenn sich der Baum der angestrebten Gestaltung weitgehend genähert hat, ist es sinnvoll, ihn in eine Bonsai-Schale umzupflanzen.
Ist der Baumteil, der die Halbkaskade bilden soll, noch nicht ausreichend stark verzweigt oder nicht genügend dick, pflanzt man den Baum vorübergehend so ein, dass die spätere Halbkaskade nach oben zeigt Der Saftstrom eines Baumes hat immer die senkrecht nach oben weisende Richtung, sodass die Entwicklung dieses wichtigen Gestaltungsdetails schneller erfolgt als bei der endgültigen Wuchsrichtung in der Schale. Ist dann das beabsichtigte Ziel weitgehend erreicht, wird der Baum seiner eigentlichen Gestaltungsform entsprechend umgepflanzt.

DIE WINDGEPEITSCHTE FORM

Auf windexponierten Bergkuppen mit einer vorherrschenden Windrichtung findet man häufig Bäume mit extrem einseitig wachsender Form. Da der Wind immer relativ stark aus einer Richtung kommt, sind alle Baumteile in ihrer Wuchsrichtung zur windabgewandten Seite umgelenkt. Die Krone und alle Äste zeigen also zu einer Seite des Baumes. Nicht selten ist dabei auch der Stamm wie bei der gelehnten Form zur windabgewandten Seite hin geneigt. Der Stamm kann aber auch ohne Weiteres streng aufrecht, frei aufrecht oder als Halbkaskade gestaltet sein. Wichtig ist allein die Hauptbewegungsrichtung der Äste. In der Bonsai-Gestaltung wird diese Baumgestalt als windgepeitschte Form (jap.: Fukinagashi) bezeichnet.

Bei einem guten Bonsai in dieser Grundstilart muss man förmlich den Wind im Geäst des Baumes brausen hören. Entsprechend ist jedes Baumdetail sehr genau auszuformen, will man einen Baum in dieser ausdrucksstarken Stilart gestalten.

Windgepeitschte Bäume mit geradem Stamm sollten einen relativ dicken Stamm haben, der sich gut zur Krone hin verjüngt. Alle Äste wie auch die Krone zeigen zu einer der beiden Seiten vom Betrachter aus gesehen. Die Äste, die im Windschatten des Stammes wachsen, sind mit nur wenigen Biegungen versehen. Äste der Rückseite des Bonsai zeigen, nach einer relativ starken Anfangsbiegung, ebenfalls mit verhältnismäßig gerader Linienführung in die windabgewandte Richtung. Entsprechend ist die Tiefenwirkung eines solchen Bonsai nur schwach ausgeprägt.

Nur bei dieser Grundstilart dürfen Äste auf der Vorder- oder der Rückseite den Stamm kreuzen. Äste, die auf der windexponierten Seite wachsen, werden mit einer starken Anfangsbiegung, den Stamm kreuzend, in die Windrichtung gebogen.

Kaum eine Grundstilart zeigt so deutlich das Prinzip des Kampfes eines Baumes mit den Naturgewalten wie die windgepeitschte Form.

Da der Wind die dominierende gestaltende Kraft ist, verläuft die Linienführung der einzelnen Äste parallel zur Bodenoberfläche, also weder abwärts noch aufwärts gerichtet. Von unten nach oben werden die Äste kürzer und weniger stark verzweigt, wobei aber die Äste der Krone nicht zu kurz gehalten werden sollten.

Bei windgepeitschten Formen mit geneigtem Stamm kann die Stammneigung jeden Winkel relativ zur Senkrechten haben. In Extremfällen kann der Stamm fast auf dem Boden aufliegen. Bei einem Winkel bis etwa 45 Grad befinden sich die meisten Äste auf

GEEIGNETE BAUMARTEN

- Die meisten Nadelbäume wie Kiefern, Fichten, Wacholder und Lärchen
- Laubbäume mit festeren, kleinen Blättern

Ungeeignet sind alle Weichholzarten oder Arten mit sehr weichem Laub.

der Neigungsseite des Stammes und werden ähnlich wie bei der Variation mit aufrechtem Stamm gestaltet. Auch hier ist die Linienführung der Äste parallel zur Erdoberfläche. Ist der Stamm noch stärker zum Boden hin geneigt, entspringen die meisten Äste auf der Oberseite des Stammes. Nach relativ starker Anfangsbiegung gehen sie in die gleiche Richtung, in die sich der Stamm neigt, und verlaufen recht gerade, parallel zur Erdoberfläche. Dabei ist es unumgänglich, dass die Äste den Stamm kreuzen, was bei fast allen anderen Grundstilarten als unerwünscht gilt.
Zwei Gestaltungsdetails sind bei dieser Grundstilart besonders zu beachten:

1. Ein kräftiger Wurzelhals, der ähnlich ausgeformt ist wie bei der gelehnten Form (siehe S. 41 ff.).
2. Das Zusammenspiel von mehr oder weniger stark verzweigten Ästen und den Freiräumen zwischen ihnen.

Beide, sowohl der Wurzelhals als auch die Äste mit ihren Zwischenräumen, müssen den Kampf mit den Naturgewalten darstellen können. Viele und zudem noch überladen belaubte Äste widersprechen der Grundaussage dieser Stilart.

Sowohl Shari- als auch Sabamiki-Bereiche (siehe S. 207 ff.) können sich auf der windzugewandten Seite befinden. Hier hat der ständig stark blasende Wind Stammbereiche absterben lassen und anschließend entrindet und gebleicht. Diese Stilelemente sollten nur bei dicken Stämmen und dann auch nur sparsam verwendet werden. Bei sensiblem Einsatz von Shari und Sabamiki kann die Ausdrucksstärke der windgepeitschten Form erheblich gesteigert werden. Übertriebener Einsatz von entrindeten Bereichen wirkt eher grotesk und bizarr.

WAHL DER SCHALE

Für die meisten Bäume im windgepeitschten Stil ist eine flache, ovale oder rechteckige Schale zu verwenden. Natürlich ist die Schalenhöhe auch hier wieder von der Dicke des Stammes abhängig zu machen. Ähnelt der Baum eher einer Halbkaskade, wählen wir die Schale, die ihrer Gesamtaussage entspricht (siehe S. 137 f.).
Besonders effektvoll wirkt ein Fukinagashi auch auf einem Steintablett. Hier steht der Baum auf einem Hügel, der seiner windexponierten Stellung entsprechen sollte. Beim Einpflanzen des Baumes in seine Schale sollte die größte freie Erdoberfläche auf

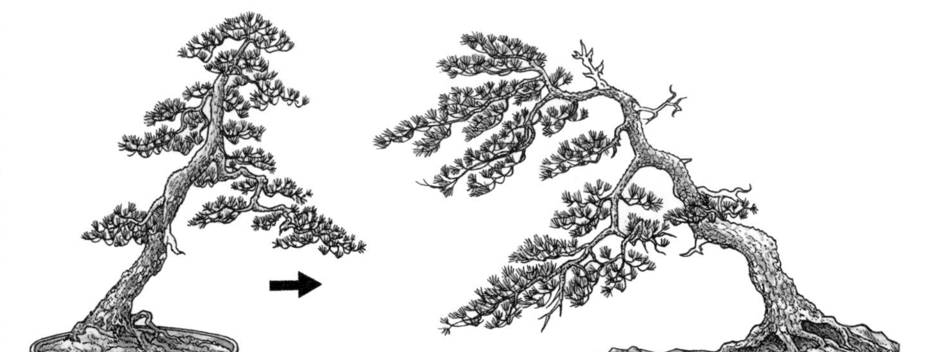

Umgestaltung einer gelehnten Form in eine windgepeitschte Form. Das Steintablett verstärkt die Wirkung der neuen Gestaltung.

Der Cotoneaster in windgepeitschter Form lässt gerade seine Blüten erscheinen.

der windabgewandten Seite sein. Die Oberflächengestaltung sollte der Gesamtszenerie einer windexponierten Lage entsprechen. Entsprechend gehen wir mit einer Moosabdeckung der Erdoberfläche sehr sparsam um. Lediglich im direkten Wurzelhalsbereich, vor allem auf der windabgewandten Seite, finden wir ein flaches Moospolster. Der Rest der Erdoberfläche kann mit grobem Sand oder mit leicht aus der Erde ragenden, flachen Steinen gestaltet werden.

GESTALTUNG EINER WINDGEPEITSCHTEN FORM

Bei der Suche nach einem geeigneten Baum sollten wir im Gartencenter nicht nach einem Baum schauen, der von sich aus schon einseitiges Wachstum hat. Der nur schwer zu vermittelnde Eindruck des Kampfes mit den Naturgewalten ist mit solchen Bäumen kaum glaubhaft zu gestalten. Anders sieht es bei einem Baum aus der freien Natur aus, der im Laufe der Jahre durch die Naturgewalten zu einseitigem Wachstum gezwungen wurde. Hier finden wir auf der „Windseite" meist noch Stümpfe von Ästen, die sich in Shari- und Sabamiki-Bereiche integrieren lassen oder einzelne Äste, die sich zur „windabgewandten Seite" hin drahten lassen. Bei der Erarbeitung des Wurzelhalses schaffen wir auf der Windseite langgezogene, dickere Wurzeln, die unter Zugspannung zu stehen scheinen. Die Stammfußwurzeln der windabgewandten Seite sind kurze, dicke Wurzeln, die unter Druckspannung stehen.

Der erste Ast entspringt dem Stamm auf der windabgewandten Seite, der Rückseitenast auf der Windseite und biegt sich abrupt in die windabgewandte Richtung. Der dritte Ast entspringt ebenfalls auf der Windseite und kreuzt nach starker Biegung den Stamm auf der Vorderseite. Nach einer mehr oder weniger langen unbeasteten Zone entspringt eine ähnliche Dreiergruppe von Ästen dem Stamm. Es ist sinnvoll, in solchen Dreiergruppen von Ästen weiterzuarbeiten, wobei das Zusammenspiel zwischen aktiven, beasteten Bereichen und passiven Freiräumen zu beachten ist.

Alle Äste haben, bis auf eventuell starke Anfangsbiegungen, nur moderate Schwünge in ihrer Linienführung. Die Laubpolster erheben sich nur sehr gering über dem Astprofil. Von oben betrachtet, entsprechen die Laubpolster in ihrer Form langgezogenen ungleichschenkligen Dreiecken, langgestreckten Speerspitzen oder gestreckten Karos.

Bei der Schwarz-Kiefer (Pinus thunbergii) verstärken die Jin-Äste die Aussage der Literatenform.

DIE LITERATENFORM

Der eigenartige Name für diese Grundstilart (jap.: Bunjingi) leitet sich von der japanischen Bezeichnung Bunjinga für chinesische Tuschezeichnungen ab. Diese Landschaftsmalereien stellen häufig schroff felsige Landschaften mit extrem schlanken und nur im Kronenbereich beasteten, bizarren Bäumen, meist Kiefern, dar. Die Künstler waren in der Regel gebildete Beamte, die ein asketisches Leben nach den Prinzipien des Zen-Buddhismus oder Daoismus führten. Ein dem Studium gewidmetes Leben in Askese lässt eine schlanke, kopfbetonte Gestalt entstehen. Somit wird der Literat durch einen Baum mit langem, schlankem Stamm symbolisiert, der nur in seinem oberen Drittel einige wenige Äste aufweist.

In der Kaiserstadt Kyoto mit ihrer bildungsinteressierten Adelsschicht fanden sowohl die Landschaftsmalereien als auch die in diesem Stil gestalteten Bäume viel Anklang, stellten sie doch einen deutlichen Kontrast zur gröberen Kriegerkaste der Samurai dar.

Bonsai im Bunjingi-Stil haben einen langen, schlanken Stamm, an dem sich in den unteren zwei Dritteln keine Äste befinden. Die Stammlinienführung verläuft von einem mäßig dicken Stammfuß, sich kontinuierlich verjüngend, in weichen Schwüngen zu der kleinen Krone hin. Die Tiefenwirkung dieses lebenden dreidimensionalen Bildes kann nur von den Stammbiegungen ausgehen, da sich kaum Äste an ihm befinden. Hier das rechte Maß zu finden, ist verhältnismäßig schwierig, ist doch der Grat zwischen gerade noch elegant wirkend und bizarr überzeichnet ziemlich schmal.

In Anlehnung an die Ableitung des Bunjingi von einem asketisch lebenden, älteren Gelehrten, sollte der Stamm einen lebenserfahrenen Eindruck vermitteln. Dazu muss die Rinde bereits die typische, meist borkige Struktur eines älteren Baumes haben, will man nicht einen noch unreifen Jüngling darstellen, der noch keine Gelehrsamkeit entwickelt haben kann.

Die wenigen Äste der Krone sind im Verhältnis zur Stammlänge verhältnismäßig kurz. Falls notwendig, dürfen auch hier wie beim Fukinagashi (siehe S. 47 ff.) einzelne Äste den Stamm kreuzen. Auch die Laubmasse an jedem Ast ist reduziert, da mit Blättern oder Nadeln überladene Äste der Grundaussage des Bunjingi widersprechen.

Bis auf diese wenigen Regeln sind Ihrer Fantasie bei der Gestaltung eines Bunjingi keine Grenzen gesetzt. Die Krone kann fein verästelt wie bei einer frei aufrechten Form aufgebaut sein, sie kann sich aber auch mit einem deutlichen Winkel nach unten bewegen, sodass sie nicht auf dem höchsten Punkt des Stammes aufgebaut wird. Selbst Literaten, die an Halbkaskaden oder sogar an Kaskaden erinnern, sind möglich.

Man kann entsprechend die Literatenform auch als die Avantgarde unter den Bonsai bezeichnen, lässt sich ein solcher Baum doch in kaum ein Schema pressen.

Die beeindruckenden Shari-Bereiche unterstreichen die Aussage der Gesamtgestaltung.

GEEIGNETE BAUMARTEN

- **Nadelbäume:** Kiefern, Lärchen, Wacholder, Zedern
- **Laubbäume:** nur Arten mit kleineren Blättern, z. B. Dreipitz-Ahorn, Zier-Quitten und Granatapfel oder Arten, deren Blätter durch Bonsai-Techniken verkleinert werden können

WAHL DER SCHALE

Die normale Schale für einen Bunjingi ist zurückhaltend, flach und mit verhältnismäßig geringem Durchmesser. Lediglich bei Literaten im Halbkaskaden- oder Kaskadenstil kann man in entsprechend tiefere Schalen pflanzen. Als Formen kommen runde, quadratische, sechseckige, achteckige und alle anderen Schalen mit gleichen Seitenlängen infrage. Nur so verweilt das Auge des Betrachters nicht im Bereich der Schale und des Stammfußes, sondern es wird auf die Aussage des Stammes gelenkt.

Die Stellung des Baumes ist immer genau in der Mitte der Schale. Da nur eine geringe Laubmasse mit Wasser und Nährsalzen versorgt werden muss, braucht die kleine Schale auch nur wenig Erde aufnehmen zu können.

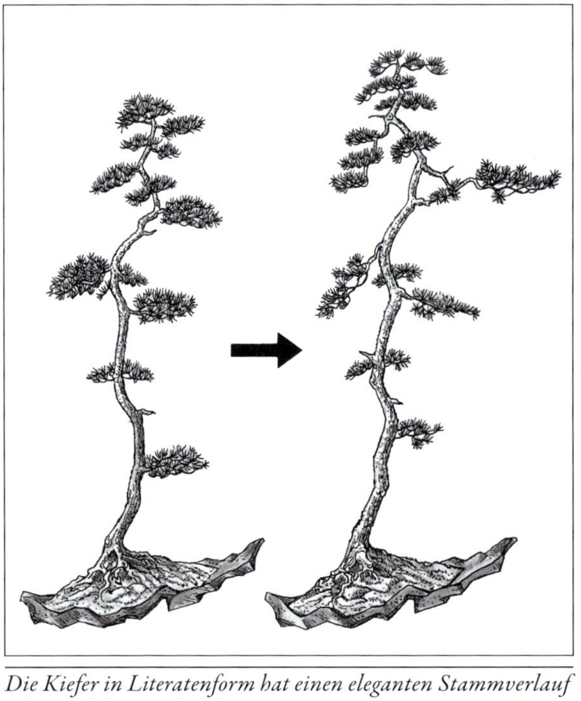

Die Kiefer in Literatenform hat einen eleganten Stammverlauf (links). Die für den Stil typischen, spärlichen Astetagen wirken dennoch gedrungen und dabei zu überladen. Nach der Formierung unterstreichen die durch Schnitt, Drahtung und gezieltes Wachstum aufgebauten Astetagen viel eher die dezent geschwungene Form des Stammes.

GESTALTUNG EINES BUNJINGI

Obwohl man bei einer Grundstilart, in der es offensichtlich kaum Gestaltungsvorschriften gibt, leicht in die Versuchung gerät, sie als einfach zu formen zu empfinden, ist es gerade mit den wenigen Gestaltungselementen ausgesprochen schwierig, einem solchen Bonsai Aussagekraft zu geben.

Da der Stamm eines Literaten den Hauptteil der Gesamtaussage ausmacht, muss bei der Auswahl einer geeigneten Ausgangspflanze besonderes Augenmerk hierauf gelegt werden. Nach Möglichkeit sollten sich in den unteren zwei Dritteln des zukünftigen Stammes keine starken Äste befinden. Man kann noch so sorgfältig bei der Entfernung der Äste vorgehen, Wundmale werden auf jeden Fall erhalten bleiben.

Der Baum sollte zwar eine für einen älteren Baum typische Borke haben, aber dennoch, vor allem bei dünneren Stämmen, noch biegbar sein. Die Methode „wachsen lassen und stark zurückschneiden" ist hier natürlich wegen der entstehenden Wunden nicht zu empfehlen. Man muss bei jüngeren Bäumen die Stammreifung ausschließlich mit der späteren Krone durchführen.

Damit sich der Stamm entsprechend schneller verdickt, kann der Baum für einige Jahre in den Garten oder in einen größeren Pflanzcontainer gesetzt werden.

Chinesischer Wacholder (Juniperus chinensis) als Steinpflanzung im Bunjingi-Stil

Wichtigstes Merkmal des Wurzelstammes sind die stelzenartig herausgearbeiteten Wurzeln.

DER WURZELSTAMM

Manch einem Betrachter mag ein Bonsai, im Neagari-Stil gestaltet, als unnatürlich erscheinen. Bei einem anderen Menschen regt ein Wurzelstamm die Fantasie an. Wie auch immer, der „aus der Wurzel aufsteigende Stamm" lässt keinen Betrachter unberührt. Das prägende Element dieses Stils sind die Stelzwurzeln, die mindestens die Hälfte der Gestaltungshöhe ausmachen. Auf den kräftigen, weit aus dem Boden ragenden Wurzeln erhebt sich der in den verschiedensten Stilrichtungen zu gestaltende Stamm.
In der freien Natur können wir manchmal in Gebieten mit stark fortschreitender Erosion solche Bäume antreffen. Im Laufe der Jahre haben in dem abschüssigen Gelände starke Regenfälle immer größere Teile des Wurzelballens freigespült, sodass der Baum wie auf Stelzen stehend erscheint.
Wichtig ist, dass sich der Stamm harmonisch aus dem Stelzwurzelbereich entwickelt und nicht einfach auf die freigelegten Wurzeln aufgesetzt erscheint. Andererseits ist darauf zu achten, dass sich Stammlinienführung und Stelzwurzelbereich gegeneinander absetzen. Auch sollten sich nicht alle Wurzeln des Bonsai in einem kleinen Bereich vereinigen.

WAHL DER SCHALE

Schalenform und -größe sind abhängig von der Stilart, in der der normale oberirdische Baumbereich gestaltet ist. Die Stelzwurzeln sind zwar das Gestaltungselement, von dem sich der Name der Grundstilart ableitet, sie spielen aber nur eine untergeordnete Rolle bei der Auswahl der Schale.

GESTALTUNG EINES NEAGARI

Das wesentliche Augenmerk liegt auf der Ausarbeitung der langen, kräftigen Stelzwurzeln. In den meisten Fällen wird man bei einem Ausgangsbaum wohl kaum ein Wurzelwerk vorfinden, welches direkt als Stelzwurzeln gelten kann. Selbst wenn genügend dicke und lange Wurzeln vorhanden sein sollten, kann man diese nicht einfach auf ganzer Länge freilegen. Die Wurzeln werden fast immer eintrocknen. Es ist nicht besonders schwierig, aber recht zeitaufwendig, die langen Wurzeln für einen Neagari zu erziehen. Außerdem ist die Ausfallrate unter den Bäumen verhältnismäßig hoch.
Für die Erziehung des Wurzelstammes benötigt man entweder ein sehr tiefes Pflanzgefäß oder eine aus Brettern für diesen Zweck gezimmerte, schlanke Kiste. Die Kiste sollte so hoch gefertigt werden, wie die Wurzeln lang werden sollen. Der Grundriss der Kiste ist quadratisch. Die Holzkiste bleibt sowohl oben als auch unten offen. Die Bretter sollten so angeordnet sein, dass man sie nach und nach von oben her entfernen kann. Im Laufe der Zeit verkleinert man die Kiste in der Höhe und vergrößert dadurch den Bereich an freigelegten Wurzeln von oben her. Die ausgewählten Pflanzen sollten einen reichgegliederten Wurzelballen haben. Eine dominante Pfahlwurzel wird auf jeden Fall entfernt. Nun lockert man den Wurzelballen, sodass die Wurzelbärte lang herabhängen.

In ein Pflanzgefäß wird mit der Grunderdmischung gefüllt, und die Holzkiste wird auf der Erdoberfläche fest verankert. Den Baum hält man mit der einen Hand so in die Kiste, dass die Wurzeln lang herabhängen. Mit der anderen Hand wird eine Erde eingefüllt, die zum größten Teil aus sogenanntem scharfem Sand (siehe S. 131) besteht. Diese Erde speichert nur wenig Wasser und Nährstoffe, wodurch die Wurzeln gezwungen werden, lang auszuwachsen. Sobald die Wurzelspitzen die humose Erde in dem Gefäß erreicht haben, finden sie dort genügend Wasser und Nährstoffe vor und werden beginnen sich reich zu verzweigen. Beim Einpflanzen des Baumes achten wir darauf, dass alle Wurzeln bis zum bisherigen Stammfuß mit Erde bedeckt sind. Natürlich wird das Längenwachstum und anschließende Dickenwachstum der Wurzeln unterstützt, indem der Neuaustrieb der oberirdischen Baumteile nur mäßig beschnitten wird. Im nächsten Frühjahr können wir die erste, etwa 3 cm hohe Bretteretage entfernen und vorsichtig den oberen Wurzelbereich freilegen. Sind die Wurzeln noch zu dünn oder flexibel, um den oberirdischen Baumbereich zu stützen, müssen wir Stützstäbe einsetzen.
Schon nach kurzer Zeit beginnen die dickeren Wurzeln auszuhärten und eine Rinde zu bilden, während die feinen Wurzeln abtrocknen. Nun kann die nächste 3 cm hohe Bretteretage freigelegt und durch Stützstäbe stabilisiert werden. In den nächsten Jahren verfahren wir in gleicher Weise, bis die gewünschte Wurzellänge freigelegt ist. Es wird insgesamt etwa fünf Jahre dauern, bis der ganze Wurzelstamm freigelegt und die Wurzeln durch entsprechendes Dickenwachstum genügend Stabilität zur Stützung des Baumes erlangt haben.

Der Dreispitz-Ahorn eignet sich gut für die Stilart „Wurzelstamm“.

DIE TRAUERFORM

Wer ist nicht beeindruckt von einer mächtigen alten Trauer-Weide *(Salix babylonica),* die als landschaftsprägender Baum auf einer großen Wiese oder an einem langsam dahinfließenden Bach steht? Der dicke Stamm, die tiefrissige Borke und die kräftigen, gebogenen Äste sind hinter dem dichten Schleier der weit überhängenden Zweige häufig nur noch zu erahnen. Was liegt da näher als der Wunsch, einen Bonsai mit gleicher Ausdrucksstärke zu gestalten?
Definiert ist die Trauerform (jap.: Shidare-Zukuri) durch das Zusammenspiel eines dicken Stammes mit kräftigen Ästen und den feinen Zweigen, die weit herabhängen. Die Grundform ist in der Regel frei aufrecht, kann aber in Ausnahmefällen auch streng aufrecht sein. In beiden Fällen ist auf die gute Erarbeitung eines kräftigen Stammfußes zu achten. Die Äste bilden zum Stamm einen Winkel von 45 Grad und kleiner, gehen eine Strecke weit nach oben, um schließlich in eine sanfte Biegung überzugehen. Vornehmlich an der Oberseite, an beiden Seiten und an der Spitze der Biegung entspringen die feinen, weit überhängenden Zweige.

WAHL DER SCHALE

Für eine Trauerform mit frei aufrechter Grundform eignen sich recht großflächige, sehr flache ovale Schalen. Auch mit einem Steintablett lässt sich die abgerückte Grundstimmung der Pflanzung sehr gut vermitteln. Will man die Stimmung einer an einem Bach stehenden Trauer-Weide vermitteln, sollte der Stamm leicht gelehnt platziert werden, wobei die Neigung zum größeren Freiraum auf der Erdoberfläche weisen sollte.

Ist die Grundform eher streng aufrecht, eignen sich flache, ovale oder rechteckige Schalen sehr gut. Die Breite der Schale entspricht hier zwei Dritteln der Baumhöhe.

GESTALTUNG EINER TRAUERFORM

Hauptbaumart für die Gestaltung einer Trauerform ist die Trauer-Weide *(Salix babylonica).* Aber auch Birken *(Betula pendula),* Birken-Feigen *(Ficus benjamina)* und Tamarisken *(Tamarix chinensis)* lassen sich gut in dieser Grundstilart gestalten. Weniger schön sehen meiner Meinung nach die als sogenannte „Trauerformen“ entwickelten Zuchtformen anderer Baumarten aus, beispielsweise von der Rot-Buche.
Die Gestaltung ist bei allen genannten Arten etwa gleich. Auch lassen sich die genannten Arten gut von größeren Bäumen abmoosen. Besonders einfach geht das bei der Trauer-Weide. Hier können bis zu armdicke Äste innerhalb eines Jahres bewurzelt werden.
Zunächst erarbeitet man die Grundform des Baumes. Der Stamm sollte bereits die für die Art typische Rindenstruktur eines älteren Baumes haben, bevor wir beginnen, lange, dünne Triebe in die hängende Form zu übertragen.
Die Äste sind in gleicher Weise angeordnet, wie sie für die jeweilige Grundform typisch sind und werden in einem Winkel von 45 Grad und weniger vom Stamm abzweigend nach oben gedrahtet.
Das obere Ende jedes Astes wird nun halbkreisförmig oder halb oval und die daran befindlichen langen, dünnen Zweige werden herabhängend gedrahtet. Die Trauerzweige der oberen Äste sollten dabei bis über die unteren Zweige herabhängen. Einzelne Trauerzweige dürfen sogar fast den Boden berühren. Zusätzlich sind alle Zweige und Blätter auf der Unterseite der Äste zu entfernen.
Zum Winterende erfolgt der Formerhaltungsschnitt, wobei alle Trauertriebe auf

01

zwei bis drei Knospen zurückgeschnitten werden müssen. Lässt man die Triebe mehrere Jahre wachsen, werden sie zu dick und stören das Bild der Trauerform. Für diese Form sind gerade die dünnen Trauertriebe das typische Gestaltungsmerkmal.
Um den Baum nicht zu ausladend werden zu lassen, sollte alle drei bis fünf Jahre zusätzlich bis ins alte Holz zurückgeschnitten werden.

01 Der Artname „pendula" leitet sich von den häufig weit überhängenden Zweigen ab und macht die Birke daher zu einem guten Vertreter dieser Stilart.

02 Die natürliche Wuchsform der Tamariske mit den langen, überhängenden Zweigen führt fast zwangsläufig zur Trauerform. Die runde, flache Schale unterstreicht die Aussage des Baumes.

02

Igel-Wacholder als Mehrfachstamm

Floßform aus Cotoneaster

Mehrfachstamm aus Fächer-Ahorn

Stewartie als Doppelstamm

Mädchen-Kiefer als Mehrfachstamm

MEHRSTÄMMIGE GRUNDSTILE

Bei diesen Grundstilen wachsen mehrere bis viele Stämme aus einem gemeinsamen Wurzelsystem. Je nach Stilart sind die Stämme unterschiedlich angeordnet.

Je nach Anzahl der Stämme und Art des Wurzelsystems unterscheidet man Doppelstamm, Mehrfachstamm, Schildkrötenpanzer, Floßform und kriechende Form.

DER DOPPELSTAMM

Beim Doppelstamm (jap.: Sokan) wachsen zwei Stämme aus einem gemeinsamen Wurzelsystem. Obwohl es sich um zwei Stämme handelt, bilden sie formal und optisch eine Einheit. Immer sind beide Bäume im selben Stil gestaltet, und ihre Astanordnungen ergänzen einander. Grundsätzlich können die beiden Stämme in allen Stilarten gestaltet sein, wie wir sie schon bei den Einzelbäumen kennengelernt haben, nur eben beide in demselben Stil. Die beiden Bäume sind unterschiedlich hoch und dick, wobei der dickere auch gleichzeitig der höhere Baum sein muss. In Japan wird dieser Stil auch „Vater-und-Sohn-Stil" genannt. Der kleinere Baum kann zwischen einem Drittel und zwei Drittel der Baumhöhe des größeren Baumes haben.
Die beiden Bäume stehen sehr nahe zusammen und bilden an ihrer Basis einen sehr spitzen, V-förmigen Winkel. Auf keinen Fall dürfen sich die Stämme an ihrer Basis U-förmig voneinander wegbewegen. Sind Stammbiegungen vorhanden, sollten die Schwünge der beiden Stämme aufeinander abgestimmt sein. Die Astanordnungen der beiden Stämme ergänzen einander, und wir können die Hauptäste auf beide Stämme verteilen. So werden der erste Ast und der Rückseitenast an dem größeren der beiden Bäume wachsen, während der kleinere Baum den zweiten Ast trägt. Im Prinzip können wir diesem Dreierrhythmus von unten nach oben weiter folgen, ohne dabei zu formalistisch vorzugehen. Wichtig ist, dass die Silhouette beider Bäume gemeinsam ein gleichschenkliges Dreieck bildet. Da das stilbildende Element der Stammursprung aus einem gemeinsamen Wurzelbereich ist, muss das auch deutlich zu sehen sein. Wichtig ist also ein kräftiger Wurzelhals, dessen einzelne Wurzeln sternförmig von der Basis wegstreben.

WAHL DER SCHALE

Form und Größe der Schale richten sich nach dem Stil, in dem die beiden Stämme gestaltet sind. So wählen wir für einen Doppelstamm-Bunjingi eine flache, runde Schale (siehe S. 53), während für eine Doppelstamm-Halbkaskade eine tiefe, quadratische Schale richtig ist. Meist sind Doppelstämme in streng oder frei aufrechter Form gestaltet, sodass eine flache, ovale oder rechteckige Schale gewählt wird. Die Schalenhöhe entspricht der gemeinsamen Stammdicke im Stammfußbereich.

GESTALTUNG EINES DOPPELSTAMMES

Als Ausgangspflanze eignet sich gut ein Mehrfachstamm eines Laub- oder Nadelbaumes, wie wir ihn durch die spezielle Stecklingsvermehrungsmethode (siehe S. 105 ff.) erzogen haben. Wir schneiden bis auf die zwei schönsten Stämme alle anderen Stämme im Wurzelhalsbereich ab und erziehen diese weiter zu einem Doppelstamm. Steht eine so vermehrte Ausgangspflanze nicht zur Verfügung, können wir in der Baumschule nach einer entsprechenden Pflanze suchen. Auch kann man Mehrfachstämme in der freien Natur finden. Wird beispielsweise ein einzelner Stamm abgesägt oder durch Wildverbiss bis auf einen niedrigen Stumpf eingekürzt, kann aus dem Stumpf ein Austrieb von vielen neuen Schösslingen erfolgen. Werden nun nur noch zwei Stämme belassen und geformt, hat man nach einigen Jahren einen aussagekräftigen Doppelstamm.

Eine weitere, gut anwendbare Methode ist das Abmoosen (siehe S. 112 ff.). Man wählt hierfür eine Pflanze mit sehr niedrig ansetzendem ersten Ast aus. Wichtig ist, dass der Ast noch genügend Biegsamkeit hat, um mithilfe von Draht in den richtigen Winkel zum Stamm gebogen zu werden. Die Winkelkorrektur sollte entweder vor oder nach dem Abmoosen erfolgen. Im Bereich des Astansatzes wird der neue Wurzelbereich erzeugt. Ein guter Abmoosungsbereich kann auch eine Astgabel sein. Auch hier muss meist der Winkel vor oder nach dem Abmoosen durch eine Drahtung korrigiert werden. Sind beide Äste der Astgabel etwa gleichstark, sollte möglichst nach dem Abmoosen in den nächsten Jahren durch eine Wachstumsförderung des einen Stammes die unterschiedliche Stammdicke erarbeitet werden.

Eine weitere Methode ist das Anplatten zweier Stämme derselben Art im Stammfußbereich. Hierzu wird an beiden Stämmen im geplanten Vereinigungsbereich ein Rindenstreifen bis zum Holz entfernt. Um einen guten V-förmigen Winkel zwischen den beiden Stämmen zu erzielen, wird man meist auch etwas Holz flach abschälen müssen. Die beiden Schnitte müssen so angelegt sein, dass beim Zusammenfügen die Kambiumbereiche beider Stammwunden genau aufeinanderliegen. Mit einem Wundverschlussmittel werden die Wundränder geschützt und die Anplattstelle mit Bast zur Absicherung umwickelt. Nach ein bis zwei Jahren sind die beiden Bäume miteinander verwachsen.

Aufgrund der Astanordnung der beiden Stämme dieses Fächer-Ahorns entsteht eine gemeinsame Krone.

Bei einem Doppelstamm sind die beiden Einzelstämme häufig ungleich stark.

Der Doppelstamm dieser Mädchen-Kiefer zeigt sehr gut den „Vater-und-Sohn-Stil".

MEHRFACHSTÄMME

Bei dieser Stilart (jap.: Kabudachi) wachsen aus einem gemeinsamen zentralen Wurzelbereich eine ungerade Anzahl unterschiedlich starker Stämme. Es können also drei, fünf, sieben, neun und mehr Stämme miteinander vereinigt sein.

Wie beim Doppelstamm sind alle Stämme des Mehrfachstammes in demselben Stil geformt. Im Prinzip ist die Anordnung der Stämme bei dieser Grundstilart wie bei der Waldform (siehe S. 36 ff.), nur dass beim Kabudachi die Stämme viel näher beieinanderstehen. Die Gefahr, dass sich einzelne Stämme, von der Vorderseite des Mehrfachstammes aus gesehen, verdecken oder überkreuzen, ist viel größer als bei der Waldpflanzung.

Wie bei der Waldpflanzung sind die dickeren Stämme auch die höchsten. Hauptstamm und erster Nebenstamm sind mehr auf der Vorderseite der Pflanzung, während die niedrigeren, dünnen Stämme der Pflanzung Tiefenwirkung geben. Haupt- und erster Nebenstamm stehen nicht genau in der Mitte des Kabudachi, sondern mehr zu einer der beiden Seiten verschoben.

WAHL DER SCHALE

Für Mehrfachstämme eignen sich große, flache Landschaftsschalen in ovaler oder rechteckiger Form. Der größte Durchmesser der Schale richtet sich einerseits nach der Anzahl der Stämme und andererseits nach der Höhe des Hauptstammes. Meist wird man einen Schalendurchmesser wählen, der zwei Dritteln der Höhe des Hauptstammes entspricht. Eine effektvolle Alternative zu einer Schale kann auch ein großflächiges Tablett aus Stein, gebranntem Ton oder steinartig gestaltetem Fiberglas sein.

Die Äste der Mädchen-Kiefer mit drei Stämmen sind so angeordnet, als bestünde sie nur aus einem Stamm. Der Rhythmus wirkt so sehr harmonisch.

Wie bei der Waldform ist beim Mehrfachstamm ein Stamm dominierend. Die anderen Stämme sind ihm gestuft untergeordnet.

Auch Laubbäume wie der rote Fächer-Ahorn (Acer palmatum 'Atropurpureum') eignen sich zum Mehrfachstamm.

GESTALTUNG EINES MEHRFACH-STAMMES

Bei der Gestaltung eines Kabudachi aus einer beliebigen Baumart lässt es sich nicht vermeiden, dass einzelne Stämme stark zurückgeschnitten werden müssen. Der Schnitt sollte immer auf der Innenseite eines nach außen zeigenden Zweiges oder einer außen liegenden Knospe erfolgen. Der nachfolgende Austrieb wächst entsprechend nach außen und man vermeidet, dass sich die Äste benachbarter Stämme überkreuzen oder in ihrer Entwicklung behindern. Wie beim Doppelstamm bilden alle Äste und Kronen eine Einheit, wobei die Zuordnung der einzelnen Äste zu den jeweiligen Stämmen sichtbar bleiben sollte.

Die Gesamtsilhouette bildet auch hier wieder ein oben abgeflachtes, ungleichschenkliges Dreieck.

Zur Erziehung eines Kabudachi eignen sich dieselben Methoden, wie sie auch beim Doppelstamm beschrieben sind (siehe S. 59 ff.).

Bonsai im Stil des Schildkrötenpanzers findet man nur sehr selten so gut ausgeformt wie hier.

DER SCHILDKRÖTEN-PANZER

Die Pflanzungen im Stil des Schildkrötenpanzers (jap.: Korabuki) sind ähnlich aufgebaut wie ein Mehrfachstamm. Im Gegensatz zum Kabudachi (siehe S. 62 f.) erhebt sich der gemeinsame Wurzelbereich beim Korabuki halbschalenförmig einige Zentimeter über dem Erdboden. Wie sein Name schon sagt, erinnert die Form an einen Schildkrötenpanzer. In Japan verwendet man für diese Stilart am häufigsten den Dreispitz-Ahorn.

WAHL DER SCHALE

Zur Auswahl der Schalen werden dieselben Prinzipien angewendet wie beim Kabudachi (siehe S. 62).

GESTALTUNG EINES SCHILDKRÖTENPANZERS

Ausgangsform für einen Bonsai im Stil des Schildkrötenpanzers ist immer ein Kabudachi mit sehr gut ausgeprägter Wurzelhalsscheibe. Durch längsverlaufende Einschnitte mit einem scharfen Messer in diese Wurzelhalsscheibe während der Hauptwachstumszeit erzeugt man Wundverheilungsgewebe, welches sich immer stärker aufwölbt. Gleichzeitig legt man bei jedem Umtopfen den Wurzelhals weiter frei, sodass er sich immer weiter über den Erdboden erhebt.

Die Erziehung von Ausgangspflanzen für den Korabuki-Stil erfolgt nach den Methoden, wie sie beim Doppelstamm beschrieben sind (siehe S. 59 ff.).

DIE FLOSSFORM

Auch bei dieser Grundstilart (jap.: Ikadabuki) wachsen mehrere bis viele Stämme aus einem gemeinsamen Wurzelsystem, nur dass hierbei die verbindende „Wurzel" langgestreckt ist. Die verbindende „Wurzel" ist der ehemalige Stamm eines umgestürzten Baumes, während sich die ehemaligen Äste zu eigenen Stämmen entwickelt haben. Diese stehen nun wie die Baumstämme eines Floßes nebeneinander, was dem Stil den Namen gab. Der niedergelegte Stamm kann gerade oder gewunden sein. Bei gewundenem Stamm ist es leichter, Tiefenwirkung in der Gestaltung zu erzielen, während die gerade Stammführung das Wesen der Floßform deutlicher widerspiegelt.

Die einzelnen Stämme der gewundenen Variante entspringen hauptsächlich an den Höhepunkten der einzelnen Biegungen, wobei die Biegungen nicht gleichförmig sein sollten.

Mindestens fünf Äste sollten die Stämme der neuen Gruppenpflanzung ergeben. Die einzelnen Stämme dürfen dabei nicht wie die Orgelpfeifen von einer Seite zur anderen von groß nach klein übergehen. Hauptbaum und erster Nebenbaum befinden sich bevorzugt etwas mehr als ein Drittel von der ehemaligen Stammbasis entfernt, während wir in der Nähe der Stammbasis einen kleinen, untergeordneten Nebenbaum herausarbeiten.

WAHL DER SCHALE

Um die Wirkung der langgestreckten Hauptbewegungsrichtung der Gestaltung zu unterstreichen, verwenden wir hauptsächlich flache, langgezogen rechteckige Schalen. Manchmal kann es bei der Variante mit gewundenem Stamm auch eine flache, ovale Landschaftsschale sein.

GESTALTUNG EINER FLOSSFORM

Die Ausgangspflanze für die Floßform sollte einen langestreckten Stamm mit ausreichend vielen Ästen zumindest auf einer Stammseite aufweisen. Alle Baumarten können verwendet werden. Soll die Variante mit gewundenem Stamm gestaltet werden, muss der Stamm noch genügend Biegsamkeit haben.

Nach genauer Betrachtung entscheiden wir uns für eine Stammseite, deren Äste die zukünftigen Stämme darstellen sollen. Hierbei kommen nur die Äste zur Gestaltung infrage, die oberhalb des Stammradius liegen, da nur diese bei dem niedergelegten Stamm nachher deutlich aus ihm herauswachsen.

Alle Äste auf der anderen Stammseite werden entfernt.

Die neuen Stämme werden mithilfe von Draht in eine aufrechte Position gebracht und in ihrem Stammverlauf korrigiert.

Auch hier können die Stämme wieder in streng aufrechter, frei aufrechter und gelehnter Form, aber auch als Bunjingi gestaltet

Die Buche in Floßform wurde vor Jahren in der Natur gefunden und sehr sorgfältig in dieser interessanten Anordnung geformt. Die langgestreckte Schale passt sehr gut zu der Gestaltung.

Der niedergelegte Stamm, das stilbildende Element der Floßform, sollte auf ganzer Strecke gut sichtbar präsentiert werden. Einen Ginkgo in dieser Form findet man eher selten.

Wie bei anderen Gruppenpflanzungen sollte der Hauptbaum bei der Floßform weder genau in der Mitte noch an einer der beiden Seiten platziert sein.

Für eine überzeugende Floßform benötigt der zur verbindenden Wurzel umfunktionierte Stamm eine interessante Linienführung.

werden. Alle Stämme sollten in derselben Stilrichtung geformt sein und sich in ihren Verläufen aufeinander beziehen.

Auf der Unterseite wird der niedergelegte Stamm bewurzelt. Dazu entfernen wir unter jedem neuen Stamm einen Rindenstreifen von der Breite des jeweiligen Stammdurchmessers. Zur Unterstützung der Bewurzelung werden die Stellen jeweils dünn mit Bewurzelungshormon bepudert. Nun können wir den Stamm zur Bewurzelung in einen flachen Pflanzcontainer oder in eine mit Drainagelöchern versehene Holzkiste pflanzen. Als Pflanzerde eignen sich die Substrate, die wir auch für die Stecklingsvermehrung verwendet haben (siehe S. 107). Da der alte Wurzelballen bis zur Neubewurzelung der Stammunterseite noch zur Versorgung der Pflanzung benötigt wird, lockern wir ihn auf und legen die Wurzeln in das Pflanzgefäß. Zur besseren Stabilisierung haben wir zuvor einige Befestigungsdrähte durch die Unterseite des Pflanzgefäßes geführt, mit denen der Stamm fixiert wird. Nun wird mit Erde so weit aufgefüllt, dass der niedergelegte Stamm gerade mit Erde bedeckt ist. Bei einer zu großen Pflanztiefe besteht die Gefahr, dass sich Wurzeln auch an der Basis der neuen Stämme bilden, was dem Wesen der Floßform nicht entsprechen würde. Für einen guten Bewurzelungserfolg muss die Floßform immer gut feucht gehalten werden. Dabei darf der Bereich aber nicht zu nass sein, da Fäulnisbildung den Erfolg zunichtemachen würde. Eine Abdeckung der Erdoberfläche mit Moos verhindert ein schnelles Austrocknen. Nach ein bis eineinhalb Jahren haben sich bei guter Pflege auf der Innenseite des niedergelegten Stammes genügend neue Wurzeln gebildet, sodass der alte Wur zelballen nicht mehr benötigt und entfernt wird. Erst jetzt pflanzt man die neue Floßform in eine geeignete Bonsai-Schale um.

Mädchen-Kiefer als Netsuranari

DIE KRIECHENDE FORM

Im Gegensatz zur Floßform gehen die Stämme bei der kriechenden Form (jap.: Netsuranari) sternförmig von einem gemeinsamen Zentrum aus. Sie stellt damit eine Mischform aus Mehrfachstamm (siehe S. 62 f.) und Floßform (siehe S. 65 ff.) dar.
Diese Baumgestalt entwickelt sich in der freien Natur, wenn sich sehr niedrig am Stamm ansetzende Äste knieartig zum Boden niederbiegen und sich im Erdauflagebereich bewurzeln. Dadurch entstehen kleine Gehölze, die aber nur aus einer einzigen Pflanze hervorgegangen sind und weiterhin miteinander verbunden bleiben.

Für die kriechende Form gelten ebenfalls die gleichen Gestaltungsprinzipien wie für Mehrfachpflanzungen:

— Die Pflanzung besteht aus einer ungeraden Anzahl von Einzelstämmen unterschiedlicher Dicke und Höhe.
— Die Gestaltungsformen der einzelnen Stämme entsprechen einander.
— Die Anordnung der Stämme hat Tiefenwirkung.
— Die Gesamtsilhouette ergibt ein einheitliches Bild.

WAHL DER SCHALE

Neben den flachen Landschaftsschalen in ovaler und rechteckiger Form kommen hier

auch flache runde, sechseckige und achteckige Schalen infrage. Die Wahl ist dabei abhängig von der Anordnung der einzelnen Stämme, deren Wirkung und Ausdruck man verstärken will.
Während man bei den kreisförmigeren Schalen die Pflanzung genau in der Mitte der Schale platziert, ist die Anordnung der Bäume bei ovalen und rechteckigen zu einer der beiden Seiten verschoben.

GESTALTUNG EINER KRIECHENDEN FORM

Als Ausgangspflanze kann hier ein beliebiger Baum dienen, der in einer Stammhöhe einen Quirl aus vielen Ästen hat. Zunächst werden die Äste mithilfe von Draht so gebogen, dass sie zunächst eine Strecke weit horizontal wachsen, um sich dann mit starker Biegung vertikal weiter zu bewegen.
Im darauffolgenden Jahr wird der Stamm unterhalb des Astquirls abgemoost (siehe S. 112 ff.). Normalerweise sind nach ein bis eineinhalb Jahren genügend Wurzeln vorhanden, sodass die Neupflanzung unterhalb der Bewurzelung vom alten Stamm abgetrennt werden kann.
Nun müssen noch die Einzelstämme des Netsuranari auf ihrer Unterseite bewurzelt werden. Dazu entfernen wir jeweils einen Rindenstreifen, der dünn mit Bewurzelungshormon bepudert wird. Das weitere Vorgehen ist wie bei der Floßform beschrieben (siehe S. 65 ff.).

Japanische Zierquitte als kriechende Form

STEINPFLANZUNGEN

Berge und Felsen haben für die Menschen in Japan und China eine große Bedeutung. Neben dem landschaftsbestimmenden Charakter haben sie häufig eine religiös philosophische Symbolik.

Denken wir beispielsweise an die Stellung des Fuji-Yama bzw. Fuji-San in der Mythologie Japans. Mit dem Namenszusatz „San", der Ehrenwerte, erlangt der Berg sogar eine Personifizierung. Auch liegen viele der bedeutendsten Klöster auf Kuppen, an Klippen oder in Tälern, weil sich die Götter hierher zurückziehen. Ist es da verwunderlich, dass die Berge eine bedeutende Rolle in den verschiedenen Kunstrichtungen – auch der Bonsai-Kultur – spielen?

Baum und Stein ergänzen sich in der Form.

Einerseits können Felsen Bestandteil einer Bonsai-Pflanzung sein, andererseits werden in Japan interessant geformte Steine gemeinsam mit Bonsai präsentiert. Diese Einzelsteine nennt man „Sui-Seki", was etwa „geriebener Stein" heißt. Wertvolle Sui-Seki werden in der Natur gefunden und weitgehend unbehandelt gelassen. Lediglich die Bodenfläche wird unter Umständen gerade abgeschnitten. Muss der Stein erst noch geformt werden, ist er wertlos. Kleinere Formkorrekturen dürfen jedoch vorgenommen werden.

Steine können neben dem Baum in die Erde eingesenkt werden, will man die Erdoberfläche interessanter gestalten. Sie können aber auch direkt mit Bäumen kombiniert werden, indem entweder die Wurzeln des Baumes den Stein umklammern oder der Stein mit Bäumen bepflanzt wird. Beide Variationen gelten als eigene Grundstilarten. In beiden Fällen werden nur verwitterungsbeständige, dunkle Gesteine in Grau- oder dunklen Brauntönen verwendet. Einzelne Quarzadern können den Stein interessanter machen. Sie symbolisieren beispielsweise Wasserfälle. Ungeeignet sind Sedimentgesteine, Marmor und stark quarzhaltige Gesteine. Sedimentgesteine sind nicht verwitterungsbeständig, während Marmor und Quarz sich wegen ihrer leuchtenden Oberflächen zu sehr in den Vordergrund drängen.

DIE WURZELN UMKLAMMERN DEN STEIN

Bei dieser Grundstilart (jap.: Seki-Joju) gehen Stein und Baum eine untrennbare Verbindung ein und werden zu einer gestalterischen Einheit. Kräftige Wurzeln des Baumes umklammern den Felsen, ehe sie sich in die Erde in der Bonsai-Schale erstrecken.

STRUKTUR DES FELSENS

Der Fels sollte von allen Seiten, vor allem der Vorderseite, interessant geformt sein. Muss der Stein noch bearbeitet werden, sollten die Spuren später nicht sichtbar sein. Bei der Struktur des Felsens orientiert man sich an der natürlichen Verbreitung der Baumarten im Gebirge, die wir in die Felspflanzung einbringen wollen.
Nadelbäume wie Kiefern oder Wacholder haben ihre Hauptverbreitung in den Höhenlagen der Gebirge. Hier nagen die Naturgewalten extrem an den Felsen, sodass wir für Nadelbäume besonders stark zerklüftete Felsen auswählen.
Laubbäume wie Buchen, Eichen und Ahorne kommen im Gebirge erst in mittleren Lagen vor. Entsprechend sind die Felsen weniger stark zerklüftet, aber immer noch mit den Spuren der Erosion versehen. Auf ihrem Weg in den Ebenen sind die Felsen kaum noch mit scharfen Kanten ausgestattet, sie sind runder geschliffen. Für Zelkoven, Weiden, Pappeln und Birken kommen nur wenig strukturierte Felsen infrage.
In jedem Fall sollten die Felsen Rinnen haben, in denen sich die dicken Wurzeln anschmiegen können.

FORM DES FELSENS UND PLATZIERUNG DES BAUMES

Bevorzugt werden asymmetrische Felsen verwendet, wobei die Basis des Felsens auch den breitesten Bereich bilden sollte. Die Hauptbewegungsrichtung des Steines kann horizontal, vertikal oder L-förmig sein:

Fest umklammern die Wurzeln des Dreispitz-Ahorns den L-förmigen Felsen.

— Horizontale Steine erheben sich zu einer Seite ansteigend aus dem Boden der Schale. Langweilig wirkt es hingegen, wenn der Stein eine gleichmäßig erhobene Fläche bildet. Der Baum wird vorzugsweise ein Drittel von einer der beiden Felsenden entfernt platziert.

— Vertikale Felsen erheben sich von einer breiteren Basis in die Höhe, wobei das obere Ende des Felsens schmaler als die Basis sein sollte. Eine der beiden Seiten des Steines geht weniger steil in die Höhe. Auf dieser Seite wird irgendwo der Baum den Fels umklammern. In der Nähe oder auf der Felsspitze darf nur ein Baum wachsen, der fast wie eine Halbkaskade geformt ist.

— L-förmige Steine werden so in der Schale platziert, dass der kürzere Schenkel sich aus dem Boden zu entwickeln scheint, während der längere Schenkel vertikal ausgerichtet ist. Der Baum befindet sich auf dem kürzeren Schenkel.

WAHL DER SCHALE

Zu dieser Stilart passen nur flache, ovale oder rechteckige, zurückhaltende Schalen. Die Schale richtet sich nach der Größe des Felsens und muss mindestens einen so großen Durchmesser haben, dass die Felsbasis maximal zwei Drittel seiner Oberfläche bedeckt. Bei vertikalen Felspflanzungen sollte die Schalenbreite etwa zwei Drittel der Felsenhöhe entsprechen. Der optische Schwerpunkt des bepflanzten Felsens liegt ungefähr ein Drittel von einer der beiden Schalenseiten entfernt.

GESTALTUNG EINES SEKI-JOJU

Wir beginnen mit der Bepflanzung des Felsens im Frühjahr zur Umtopfzeit. Zunächst halten wir die infrage kommende Pflanze an verschiedene Stellen des ausgewählten Felsens und legen so den am stärksten harmonisch wirkenden Platz für den Baum fest. Falls nicht vorhanden, meißeln wir einige interessant verlaufende Rinnen, durch die sich die Wurzeln nach unten bewegen sollen, in die Flanken des Felsens. Nun wird der Wurzelballen des Baumes vollständig von Erde befreit und die Wurzeln entfilzt. Ein kräftiger Wasserstrahl aus dem Gartenschlauch kann hier hilfreiche Dienste leisten. Der Baum wird auf die vorher festgelegte Stelle auf dem Felsen gesetzt und seine Wurzeln werden so um den Felsen gelegt, dass sie dem Verlauf der Rinnen folgen. Damit die Wurzeln in ihrer neuen Lage fixiert werden, umwickeln wir Wurzeln und Fels so weit mit Bast, dass die unteren Wurzelenden frei bleiben. Sollten die Wurzeln noch nicht über die Basis des Felsens hinabreichen, müssen sie in der Folgezeit ungehindert weiterwachsen können.
Für die weitere Behandlung gibt es zwei Methoden:

1. Im Garten heben wir ein Loch aus, welches etwas tiefer als die Felspflanzung bis zum Stammfuß des Baumes ist. Ersatzweise können wir auch einen schlanken Pflanzcontainer entsprechender Tiefe verwenden. Fels und aufgesetzter Baum werden in das Loch eingesenkt und das Loch mit Erde bis zum Stammfuß des Baumes aufgefüllt. Je stärker wir in der Folgezeit den Baum wachsen lassen, umso schneller wachsen und verdicken sich die Wurzeln. Nach etwa zwei Jahren wird die Felsenpflanzung ausgegraben, der Bast entfernt und der Bonsai in eine Schale umgesetzt. Voraussetzung dafür ist natürlich, dass die Wurzeln bereits weit genug herabreichen. Damit die Wurzeln langsam aushärten können, werden sie um den Felsen mit der Erdmasse für Felspflanzungen (siehe S. 74) bestrichen. Nach und nach wird die Erde von oben nach unten fortschreitend abgespült.
2. Wir verwenden eine Holzkiste, wie wir sie für die Erziehung des Wurzelstammes verwendet haben (siehe S. 54 f.). Wie vorher beschrieben, werden Stein und Baum in die Kiste eingepflanzt. Nun wird alle zwei bis drei Monate eine Bretteretage von oben her entfernt und die Erde fortgespült. Die freigelegten Wurzeln härten aus, während die mit Erde bedeckten Wurzeln weiterhin wachsen können. Erst wenn bis zum beabsichtigten Bereich die Wurzeln freigelegt sind, wird der Baum in die endgültige Bonsai-Schale umgesetzt. Sollten die Wurzeln zu Anfang noch sehr dünn sein, beginnen wir mit dem Freilegen der Wurzeln erst im zweiten Jahr. Wurzeln verdicken sich besonders schnell, solange sie mit Erde bedeckt sind.

01

02

03

01 Einen Baum dazu zu bringen, einen Felsen mit seinen Wurzeln zu umklammern, ist verhältnismäßig einfach, es erfordert lediglich Zeit.

02 Für eine „Pflanzung auf einen Felsen“ benötigen wir einen Stein aus witterungsbeständigem Material.

03 Auch mit Mame-Bonsai (hier ein Dreispitz-Ahorn) sind Steinpflanzungen möglich.

PFLANZUNG AUF EINEM FELSEN

Bei dieser Stilart (jap.: Ishi-Tsuki) werden die Bäume auf den Felsen gepflanzt, die Wurzeln erreichen also nicht die Erde in einer Schale. Entsprechend müssen auf dem Fels Vertiefungen vorhanden sein, die die Baumwurzeln und genügend Erde zur Versorgung des Baumes oder der Bäume aufnehmen können. Verwenden wir einen Felsen mit Spalten oder poröser Struktur, wachsen die Wurzeln im Laufe der Zeit dort hinein und verbinden sich untrennbar mit dem Felsen. Die Bäume können in den folgenden Jahren also nicht normal umgetopft werden. Dennoch muss auch hier die Erde von Zeit zu Zeit ausgetauscht werden. Die ausgelaugte Erde wird entweder mit einem kräftigen Wasserstrahl ausgespült oder vorsichtig ausgekratzt, ohne dabei die Wurzeln zu verletzen. Anschließend wird der Pflanzbereich wieder mit der Erdmasse für Felspflanzungen bestrichen.
Sind die Bäume nicht fest mit dem Felsen verwurzelt, kann ganz normal wie bei einer Schalenpflanzung umgetopft werden.

OPTISCHE WIRKUNG

Je nach dem Größenverhältnis zwischen Fels und Bäumen können wir unterschiedliche Szenen darstellen. Wird ein großer Fels mit kleinen Bäumen bepflanzt, erhalten wir eine optisch weit entfernte Berg- oder Insellandschaft. Bepflanzen wir denselben Felsen hingegen mit größeren Bäumen, bekommen wir eine Berg- oder Inseldarstellung, die optisch näher gerückt ist. Große, flache Steinplatten vermitteln uns den Eindruck einer flachen Insel im weiten Ozean oder eines Plateaus im Hochgebirge, je nach Art der Bepflanzung. Schon mit der Auswahl des Baumtypus machen wir ganz unterschiedliche Aussagen. Verwenden wir Laubbäume, so ist es die Insel, während Kiefern auf der Steinplatte der Hochgebirgslandschaft entsprechen.

VORBEREITUNG DES FELSENS

Die Basis des Felsens sollte für eine stabile Standfestigkeit eben sein. Meist wird dazu die Basis des Felsens gerade geschliffen. Sind auf dem Felsen für die Aufnahme der Baumwurzeln keine Vertiefungen vorhanden oder sind diese nicht tief genug, müssen wir zum Steinmetzwerkzeug greifen. Gleichzeitig sollten wir bei nicht porösem Gestein darauf achten, dass die Pflanzbereiche über eine Möglichkeit verfügen, überschüssiges Gießwasser abfließen zu lassen. In den Senken besteht sonst die Gefahr der Staunässe. Bei porösem, zerklüftetem Gestein besteht diese Gefahr nicht, da das überschüssige Wasser über die Spalten ablaufen kann.
Zur Fixierung der Bäume müssen Drahtschlaufen mit einem wasserfesten Zweikomponentenkleber oder mit Bleistücken befestigt werden. Bei der Methode mit dem Zweikomponentenkleber legen wir über die Mitte der Drahtschlaufe einen Streifen Fiberglas und bestreichen den Bereich gut mit dem Kleber. Für die Methode mit den Bleistücken müssen in dem Stein Spalten vorhanden sein, in die wir das Blei einschlagen können. Aus Bleiblech schneiden wir uns entsprechende Streifen zurecht und wickeln den Streifen um die Mitte der Drahtschlaufe. Mit einem Hammer und einem Punzeisen wird das Blei anschließend in die jeweilige Spalte geschlagen.

ERDMISCHUNG FÜR FELSPFLANZUNGEN

Die Erde für Felspflanzungen muss gut an dem Felsen kleben können, ohne anschließend durch das Gießwasser abgespült zu werden. Dazu mischen wir ein Teil Lehm mit zwei Teilen Torf, feuchten mit Wasser an und kneten daraus eine plastische Masse. Die Masse hat den richtigen Feuchtegrad, wenn wir daraus etwa 2 cm dicke Würste rollen können. Übrigens lässt sich diese Masse auch gut bei der Bepflanzung von

Mit diesem Größenverhältnis von Bäumen zu Fels wird eher eine Insel dargestellt.

Steintabletts verwenden. Hier formen wir aus der Masse um den eigentlichen Pflanzbereich herum einen Erdwall, der nun die Funktion des Schalenrandes einer normalen Schale hat.

PFLANZTECHNIK

In die vorbereiteten Pflanzbereiche streichen wir eine Lage der Pflanzmasse. Die Bäume erhalten lediglich einen mäßigen Wurzelschnitt und werden auf die Pflanzmasse gedrückt. Die Fixierungsdrähte werden über den Wurzelballen gelegt und die Drahtenden fest miteinander verdreht. Nachdem alle Fixierungsdrähte angelegt sind, darf der Baum nicht mehr hin und her wackeln können. Nun wird der Pflanzbereich mit der Pflanzmasse vollständig aufgefüllt, wobei wir aber darauf achten, dass der Wurzelfuß weiterhin gut sichtbar bleibt. Damit die Erde beim Gießen nicht fortgespült wird und zur optischen Verbesserung, legen wir flache Moospolster über die Wurzelbereiche. Die Moospolster werden vorher gut mit Wasser angefeuchtet. Zur Fixierung der Moospolster stecken wir aus dünnem Bonsai-Draht U-förmig gebogene Krampen in die Polster.

STANDORT UND PFLEGE

Da die Bäume nur einen begrenzten Wurzelraum mit wenig Erde haben, besteht die große Gefahr, dass sie unter Wassermangel leiden. Entsprechend häufig muss die Pflanzung übersprüht werden. Zur Verringerung der Wasserverdunstung und gleichzeitigen Erhöhung der Luftfeuchtigkeit ist es ratsam, die Steinpflanzung über einem größeren Wassergefäß aufzustellen. Vor allem bei porösem Felsen darf die Pflanzung jedoch nicht direkt im Wasser stehen, da durch die Kapillarkräfte das Wasser durch den Felsen nach oben steigen kann. Dadurch könnte es zu Staunässe kommen.

Auf Ausstellungen werden Steinpflanzungen in speziellen, großflächigen, flachen Schalen stehend präsentiert. Diese Schalen haben keine Wasserabzugslöcher und sind auch im Schaleninnenraum glasiert. Stellt man eine Felspflanzung in eine tiefblau glasierte Schale, dem Symbol für Wasser, so hat die Pflanzung jetzt die Bedeutung einer Insel in einem See. Füllt man um den Stein herum in die Schale feinen, weißen Sand, erscheint das Bild eines Berges aus der Vogelperspektive, von dem nur der Gipfel aus dem Nebel herausragt.

MINIATUR-BONSAI

Eine Größenklassifizierung von Bonsai vorzunehmen, ist recht schwierig. Die Übergänge zwischen den einzelnen Größenklassen sind fließend.

In Japan hat es sich folgende Einteilung durchgesetzt:

1. **Fingerspitzen-Bonsai** (jap.: keshitsubu = Mohnsamen-Bonsai) sind bis etwa 7,5 cm hoch. Ihre Schalen lassen sich ohne Weiteres auf einer Fingerkuppe balancieren.
2. **Miniatur-Bonsai** (jap.: mame = Bohnensamen-Bonsai) haben bei einer Größe von 7,5 bis 15 cm mit ihrer kleinen Schale Platz in einer einzelnen Handfläche.
3. **Klein-Bonsai** (jap.: ko-mono = kleiner Gegenstand) sind 15 bis 30 cm groß. Ihre Schalen füllen eine ganze Hand aus.
4. **Mittel-Bonsai** (jap.: chu-mono = mittlere Größe) passen bei einer Größe von 30 bis 60 cm in eine Schale, die mit zwei Händen problemlos getragen werden kann.
5. **Groß-Bonsai** (jap.: dai-mono = großer Gegenstand) befinden sich bei 60 bis 120 cm in einer Schale, die von zwei bis vier starken Männern getragen werden muss.

Die Zentimeterangaben bei dieser Einteilung sind vom Wurzelhals bis zur Kronenspitze des Baumes bemessen. Die Schalenhöhe wird nicht berücksichtigt. Sicher ist es reizvoll, Bonsai in verschiedenen Größen zu gestalten, wobei es bei den ganz kleinen Bonsai am schwierigsten ist, den Eindruck eines großen Baumes zu vermitteln. Bei den Fingerspitzen- und Mame-Bonsai ist das Abstraktionsvermögen des Gestalters noch stärker gefordert als bei den anderen Bonsai-Größen. Hier wird der Baum auf die absolut notwendigsten Merkmale reduziert, wobei aber die gleichen Forderungen an eine ausgewogene Gestaltung gestellt werden müssen wie bei den anderen Bonsai-Größen.

GESTALTUNG

Gerade wegen der Kleinheit dieser „Bonsai unter den Bonsai“ müssen die richtigen Proportionen der verschiedenen Baumteile, wie die Kleinheit von Blüten und Blättern bzw. Nadeln, die Dicke von Früchten, die Länge der Internodien (Blattabstände) und die Feinheit der Verzweigung, besonders beachtet werden. Mithilfe der beschriebenen Bonsai-Techniken (siehe S. 146 ff.) können wir die Größe der Blätter oder die Länge der Nadeln mancher Baumarten mit ansonsten großem Laub reduzieren. So führt zum Beispiel bei laubabwerfenden Arten ein Blattschnitt zum richtigen Zeitpunkt zu kleineren Blättern im Zweitaustrieb. Blüten und Früchte lassen sich hingegen nicht verkleinern. Meiner Ansicht nach ist es unsinnig, aus großlaubigen Arten einen Mini-Bonsai zu gestalten. Manchmal wird versucht, solchen Bäumen Proportionen zu geben, indem lediglich die Anzahl der Blätter begrenzt wird. Hier soll ein größeres Blatt einen ganzen Ast repräsentieren. Spätestens im Winter, wenn die Bäume kein Laub tragen, wird deutlich, dass der kleine Baum mit dem Abbild eines großen Baumes nichts gemein hat. Den überzeugendsten Erfolg bei der Gestal-

ZUR GESTALTUNG VON MINI-BONSAI GEEIGNETE ARTEN

- Ahorne *(Acer)*
- Buchsbaum *(Buxus microphylla)*
- Zwergmispeln *(Cotoneaster)*
- Sicheltannen *(Cryptomeria)*
- tropische Feigen *(Ficus)*
- Wacholder *(Juniperus)*
- Zier-Äpfel *(Malus)*
- Fichten *(Picea)*
- Mädchen- und Schwarz-Kiefer *(Pinus)*: Zwergzuchtformen 'Nana', 'Yatsubusa'
- Feuerdorn *(Pyracantha)*
- Granatapfel (*Punica granatum* 'Nana')
- Kleinblättrige Zier-Kirschen *(Prunus)*
- Kleinblütige und -blättrige Azaleen und Rhododendren *(Rhododendron)*
- Zelkoven *(Zelkova)*

tung von Mini-Bonsai erzielt man durch die Auswahl der richtigen Arten bzw. Sorten. In guten Baumschulen und Gartencentern wird zunehmend eine große Auswahl an Zwergformen der unterschiedlichsten Baumarten angeboten. Durch Anwendung der normalen Gestaltungstechniken erzielt man aus solchen Zuchtformen sehr schöne Vertreter der Mini-Bonsai-Größen.
Die besten Resultate bei der Gestaltung von Mini-Bonsai erzielt man mit Sämlingen. Schon sehr früh kann man mit der Gestaltung der späteren Miniatur-Bonsai beginnen und dadurch eine feine Verzweigung erzielen. Gleichzeitig sind größere Narben zu verhindern, die bei so kleinen Bonsai besonders stark ins Auge fallen würden.
Bei Mohnsamen-Bonsai geht man fast immer vom Samen aus. Häufig wird dabei schon der Baumsamen in die winzige Schale gepflanzt, und nach dem Auflaufen des Samens beginnt man mit der Gestaltung des Winzlings.
Sollen Mini-Bonsai aus Stecklingen gezogen und gestaltet werden, muss man schon bei der Auswahl das spätere Gestaltungsziel im Auge haben. Entsprechend werden nur sehr kurze Stecklinge benutzt, die zusätzlich enge Internodien aufweisen.
Aber auch durch Abmoosen von geeigneten Ästen kann man schnell zu einem guten Mini-Bonsai gelangen. Wird ein entsprechend gut aufgebauter Ast bewurzelt, hat man, bis auf den noch nicht vorhandenen Wurzelhals, schon recht bald einen guten Mini-Bonsai. Reizvoll kann es auch sein, die ganze Krone eines zu lang geratenen Bonsai abzumoosen und als Mini-Bonsai weiter zu gestalten.
Entscheidend für den Gestaltungserfolg ist der frühzeitige Rückschnitt des jeweiligen Austriebs. Das Werkzeug sollte sehr scharf und dünn sein, damit sich bei den kleinen Bäumen das Schneiden möglichst unkompliziert gestaltet.

RÜCKSCHNITT BEI LAUBBÄUMEN

Bei Ahornen beginnt die Formerhaltung mit einem Rückschnitt zum Winterende. Sobald sich im Frühjahr die Knospen leicht öffnen, biegt man die Deckschuppen vor-

Dreispitz-Ahorn: Wurzeln über dem Fels (Höhe 15 cm)

17 cm hoher Igel-Wacholder in streng aufrechter Form

sichtig auseinander und entfernt mit einer Blattschneiderpinzette bis auf das erste Blattpaar den Rest der neuen Triebspitze. Zelkoven erhalten den Formerhaltungsschnitt ebenfalls im Winter. Neue Triebe lässt man im Frühjahr auf etwa vier Blätter wachsen und schneidet dann auf ein bis zwei Blätter zurück.

Cotoneaster und *Pyracantha* erhalten sofort nach der Blüte einen kräftigeren, formerhaltenden Rückschnitt. Da die nächstjährigen Blüten am diesjährigen Austrieb erscheinen, lässt man die neuen Triebe auf vier bis fünf Blätter heranwachsen und schneidet sie auf ein bis zwei Blätter zurück.

Bei Azaleen und Rhododendren erfolgt der stärkere Formerhaltungsschnitt nach der Blüte, wobei auch alle Fruchtansätze abgezupft werden. Den Neuaustrieb lässt man auf zwei bis drei Blätter heranwachsen und zupft dann die Triebspitzen ab.

Auch bei Zier-Äpfeln und -Kirschen erfolgt nach der Blüte ein deutlicher Rückschnitt. An einem kleinen Apfelbaum belässt man nur wenige der sich bildenden Früchte, da zu viele Früchte den Baum nur unnötig schwächen würden. Ansonsten zupft man die Spitze des Neuaustriebs ab, sobald sich zwei bis drei Blätter gebildet haben. Lediglich bei kleinblättrigen Arten lässt man die Neutriebe auf fünf bis sechs Blätter heranwachsen und kürzt sie dann auf zwei bis drei Blätter ein.

RÜCKSCHNITT BEI NADELBÄUMEM

Beim Chinesischen Wacholder setzt man im Vorfrühling buschigere Triebe mit der Schere auf kürzere Nebentriebe zurück. Dadurch wird die Blattmasse auch gleichzeitig ausgedünnt, und die Laubpolster werden nicht zu dicht. Zartgrüne frische Triebe, die im Frühling über die wolkenförmigen Laubpolster hinauswachsen, werden am einfachsten mit den Fingerkuppen zurückgezupft.

Die Stumpfblatt-Azalee in Besenform ist knapp 15 cm hoch.

Igel-Wacholder werden in ihrem Wachstum begrenzt, indem die Triebspitzen abgezupft werden, wenn der neue Trieb etwa 2 cm lang ist. Aus den Blattachseln vieler Nadeln erfolgt ein Zweitaustrieb, dessen Triebspitze ebenfalls abgezupft wird. Die Nadeln am Erstaustrieb werden abgezupft, sobald sich die Knospen in den Blattachseln zu öffnen beginnen.

Bei Mädchen-Kiefern, Schwarz-Kiefern und Fichten erfolgt der Rückschnitt wie im Porträtteil (siehe S. 253 ff.) beschrieben.

In den meisten Fällen wird die Gestaltung von Mini-Bonsai durch Beschneiden erfolgen. Dennoch ist es manchmal notwendig, eine Korrektur mithilfe von Draht vorzunehmen. Das Drahten von Mini-Bonsai kann sich manchmal als recht kompliziert erweisen. Entweder sind die Finger des Gestalters hinderlich oder die Triebe zu fein und dicht. Hier kann man sich häufig mit einer Pinzette behelfen, um den erforder-

lichen Draht um den Ast zu wickeln. Meist muss der angelegte Draht schon nach einem halben Jahr wieder entfernt werden.
Eine gute Alternative zum Drahten kann auch das Arbeiten mit Spanndrähten sein. Spanndrähte sind viel leichter anzulegen als die Komplettdrahtung eines Astes.

DIE RICHTIGE PFLEGE

UMTOPFEN UND WURZELSCHNITT

In den sehr kleinen Schalen ist nur wenig Raum für Erde und Wurzeln. Entsprechend ist die Erde schnell erschöpft und die Schale mit Wurzeln ausgefüllt. Ein jährliches Umtopfen mit einem Wurzelschnitt und einem Austausch der Erde ist daher meist notwendig. Beim Wurzelschnitt werden alle dicken Wurzeln aus dem Wurzelballen entfernt Lediglich die dicken Wurzeln des Wurzelhalses bleiben als wichtiges Gestaltungsmerkmal erhalten. Da nur die feinen Wurzelspitzen den Baum mit Wasser und Nährsalzen versorgen können, müssen wir diese in ihrer Entwicklung begünstigen.

PRÄSENTATION VON MINI-BONSAI

Bei Bonsai-Ausstellungen werden Mini-Bonsai häufig als Akzent- oder Komplementärpflanzen für größere Bonsai verwendet. Werden Mini-Bonsai selbst ausgestellt, stehen mehrere Bäume in einem gemeinsamen Bonsai-Bord. Die Wirkung geht nicht nur von einem einzelnen Baum aus, sondern von der Zusammenstellung der Gruppe. In dem Bord werden Schalen mit Gräsern und Kräutern in der untersten Etage aufgestellt. In der nächsten Etage folgen dann die Laubbäume, während die oberste Etage den Nadelbäumen vorbehalten bleibt. Im Prinzip folgen wir der Höhenstaffelung der Pflanzenarten im Hochgebirge.

ERDE

Eine körnige Erde fördert die frühzeitige Verzweigung der feinen Wurzeln und damit den Aufbau eines dichtverzweigten Wurzelballens. Gute Erfahrungen habe ich mit der japanischen Akadama-Erde gemacht. Ich verwende für meine Mini-Bonsai die Korngröße 1 mm, nachdem ich die Staubanteile mit einem Küchensieb sehr gründlich ausgesiebt habe.

GIESSEN

Das geringe Wasserspeichervolumen erfordert eine häufige Kontrolle der Bodenfeuchtigkeit. An heißen Sommertagen kann es erforderlich sein, mehrmals am Tag zu wässern. Natürlich achten wir bei unseren Mini-Bonsai verstärkt auf die Vermeidung von Staunässe. Der kleine Wurzelballen wird schon bei geringfügiger Staunässe stark geschädigt. Der Abfluss von überschüssigem Gießwasser durch die Löcher im Schalenboden muss gesichert sein. Die sehr niedrigen Schalenfüßchen heben den Schalenboden nur wenig von der Stellfläche ab, sodass sich schnell Wasserblasen unter den Schalenlöchern bilden. Auch wachsen sehr schnell Wurzeln durch die Löcher und verstopfen sie. Ein Entfernen dieser Wurzeln ist daher anzuraten.

STANDORT

Ein heller, aber sonnengeschützter Standort senkt die Verdunstungsrate deutlich gegenüber einem sonnenexponierten Standort. Hinzu kommt der Faktor Wind. Windige Standorte erhöhen die Verdunstung erheblich und sollten vermieden werden.

Mame-Bonsai werden auf Ausstellungen häufig in mehrstufigen Regalen oder auf Tischen präsentiert.

LUFTFEUCHTIGKEIT

Zur Erhöhung der Luftfeuchtigkeit und zur Verminderung der Wasserverdunstung aus dem Erdreich kann man auch mehrere Minis in eine Schale stellen, die mit feinem Hydrokulturgranulat gefüllt wurde. Hier eignen sich Schalen ohne Wasserabzugslöcher besonders gut. In die Schale wird nun so viel Wasser eingefüllt, dass es die Schalenböden der auf dem Hydrokulturgranulat stehenden Minis gerade nicht erreicht. Das aus dem Hydrokulturgranulat verdunstende Wasser erhöht nun die Luftfeuchtigkeit um die Mini-Bonsai.

DÜNGUNG

Gedüngt werden Miniatur-Bonsai in der Hauptwachstumszeit, vom Austrieb bis Ende August, mit einem stickstoffreduzierten Dünger alle zwei Wochen. Phosphat, Kalium und Spurenelemente sollten hingegen hinreichend in der Düngerlösung vorhanden sein. Die Stickstoffarmut des Düngers ist erforderlich, um den Austrieb und die Blattgröße zu begrenzen. Stickstoff ist für unerwünschtes verstärktes Wachstum verantwortlich.

SCHALEN

Alle Schalenformen, die bei den anderen Bonsai-Größen verwendet werden, gibt es auch in Größen für Mini-Bonsai. Für die Festlegung von Form und Breite gelten die allgemeingültigen Kriterien (siehe S. 134 ff.). Unterschiede gibt es bei der Festlegung der Höhe des Schalenrandes. Bei den Mini-Bonsai müssen wir Rücksicht auf die notwendige Mindest-Erdmenge nehmen, die der Baum unbedingt für eine ausreichende Versorgung braucht. Daher darf, vor allem bei runden Schalen, der Schalenrand auch etwas höher sein als der Durchmesser des Stammes. Laubbäume, als Mini-Bonsai gestaltet, wirken in Schalen mit auffälligeren Glasuren, mit Bemalungen oder mit üppigeren Verzierungen besonders gut.

DER WEG ZUM EIGENEN BONSAI

Die alte Wald-Kiefer zeigt verschiedene Stilelemente, die wir in der Bonsai-Gestaltung verwenden.

DIE VORBILDER KOMMEN AUS DER NATUR

Die Gestaltung von Bonsai kann immer nur mit dem Baum erfolgen und sollte niemals gegen den Baum gerichtet sein.

Es mag manchmal reizvoll sein, dem Baum eine skurrile, virtuose Form zu geben, aber hier beginnt sicher die gefahrvolle Gratwanderung zwischen der Achtung vor dem Lebewesen Baum und dem Geltungsbedürfnis des Gestalters. Ich denke, man sollte sich bei der Gestaltung eines Bonsai bemühen, alles herauszuarbeiten, was in dem Baum an Möglichkeiten steckt.
Falsch ist es aber auf der anderen Seite, wenn der Gestalter dem Baum nur sein Formverständnis aufzwingen will. Erst nach langer, intuitiver Beschäftigung mit dem Baum kann sich bei dem Gestalter eine Vorstellung davon entwickeln, welche Gestalt dem Baum angemessen ist. Die Techniken der Bonsai-Gestaltung sind Hilfsmittel, welche man erlernen kann, ihre Anwendung darf aber nicht zum Selbstzweck werden.

AUCH DIE NATUR GESTALTET BÄUME

Jede Baumart hat eine genetisch bedingte, artspezifische Bandbreite an möglichen Formen. In der freien Natur sind es die verschiedenen äußeren Einflüsse, die einem Baum seine spezielle Gestalt geben. Die an seinem Standort herrschenden Bedingungen, wie Wärme, Kälte, Wind, Niederschlag aber auch der Wechsel der Jahreszeiten, haben den Baum über viele Jahre geformt und zu einem Individuum werden lassen.
In welcher Form der Baum dann letztendlich überleben kann, wird in nicht unerheblichem Maße von seinem inneren Bauplan bestimmt. Widerspricht die Form vollständig seinem inneren Bauplan, wird der Baum sterben. Ist aber die spezielle Form in seiner genetischen Bandbreite als akzeptabel vorgesehen, wird er auch in einer Extremform weiterleben können.

ERREICHBARE GRUNDSTILE

Man kann besonders aus Bäumen an Extremstandorten wie dem Hochgebirge viel lernen. Schon bald entwickelt man ein Ge-

Der Mehrfachstamm hat eine mächtige Krone ausgebildet.

spür für die genetische Bandbreite der verschiedenen Baumarten. Das gilt vor allem für die erreichbaren Grundstile und die dafür anzuwendenden Gestaltungstechniken, beispielsweise die Entrindungsmethoden. Auf Dauer werden nur die Baumarten mit großen entrindeten Stammpartien überleben, deren Holz durch Einlagerung von Gerbstoffen von Natur aus widerstandsfähig ist. Entsprechend sind für solche Methoden nur langlebige Arten geeignet wie Kiefern, Wacholder, Zypressen, Scheinzypressen, aber auch Eichen. Kurzlebige Arten wie Birken oder Weiden sind dafür ungeeignet. Hier sollte darauf geachtet werden, dass sich eine größere Wunde (ab Bleistiftdurchmesser) gut verschließen kann, indem man sie mit einem Wundverschlussmittel abdeckt (siehe S. 186 f.).

Grundsätzlich kann man sagen, je extremer eine Gestaltung sein soll, um so sorgfältiger muss die Baumart ausgewählt werden.

Bei den in diesem Buch vorgestellten Grundstilarten sind die Kaskade (siehe S. 34), die Besenform (siehe S. 30), aber auch die Mehrfachstämme (siehe S. 58 ff.) und die Steinpflanzungen (siehe S. 70 ff.) die anspruchsvollsten Gestaltungsformen. Für beide Formen eignen sich längst nicht alle Baumarten. Einige der Baumarten, die für die jeweilige Grundstilart geeignet sind, sind bei der Besprechung der Grundstilarten aufgelistet. Aber es gibt sicher auch andere Baumarten, die verwendet werden können, aber in diesem Buch nicht beschrieben sind.

MEIN TIPP

Bei Baumarten, die nicht in der Pflanzenliste aufgeführt sind, hilft wieder das Betrachten von Bäumen in der freien Natur. An jedem Baum findet man Blätter unterschiedlicher Größe. Die kleinsten Blätter, die Sie an dem großen, ausgewachsenen Baum in der freien Natur entdecken können, haben die Minimalgröße, die Sie bei einem Bonsai durch entsprechende Pflegemaßnahmen erreichen können.

PROPORTIONEN VON BAUM UND BLÄTTERN

Für die Bonsai-Gestaltung ist natürlich auch die Größe der Blätter von besonderem Interesse. Ein Bonsai stellt umso überzeugender einen großen Baum dar, je besser die einzelnen Baumteile mit der Kleinheit der Darstellung harmonieren. Im Kapitel „Die häufigsten Bonsai“ (siehe S. 212 ff.) gebe ich bei den einzelnen Baumarten die Größe der Blätter in Zentimetern an. Dabei ist der kleinere Wert die erreichbare Minimalgröße, während der größere Wert die Maximalgröße der Blätter angibt. Daraus ergibt sich auch die Größe, in der der Bonsai gestaltet werden kann. Großlaubige Arten wird man wohl kaum überzeugend als Miniatur-Bonsai gestalten können. Will man die Minimalgröße der Blätter erreichen, muss entsprechend vorsichtig mit stickstoffhaltigen Düngern umgegangen werden. Aber auch eine entsprechend gute Versorgung mit Licht fördert die Kleinheit der Blätter. Große Blätter entwickeln sich hingegen bei schlechteren Lichtwerten und starker Stickstoffdüngung. Kommt man deutlich unter den Minimalwert der Blattgröße, zahlt man häufig den hohen Preis des Baumverlustes, weil der Baum unterversorgt ist.

Manchmal hilft bei der Verkleinerung der Blätter auch ein Blattschnitt. Ein Blattschnitt macht aber nur Sinn, wenn nicht gleichzeitig mit viel Stickstoff gedüngt oder der Bonsai bei ungenügender Versorgung mit Licht wachsen soll.

01 Trotz der üppig belaubten Krone sind bei dieser Japanischen Buche die Verläufe der Äste gut zu erkennen.

02 Der Dreispitz-Ahorn ist wegen seiner von Natur aus kleinen Blätter gut für Bonsai geeignet.

03 Die Zuchtform 'Beuvronensis' der Gemeinen Kiefer lässt sich wegen ihrer kurzen Nadeln wie eine Mädchen-Kiefer gestalten.

01

02

03

VERSCHIEDEN LANGE WEGE FÜHREN ZU EINEM BONSAI

Der Start für einen Baum zum Bonsai kann zu ganz unterschiedlichen Entwicklungsstadien beginnen.

Kauft man einen gestalteten Bonsai, sind die wesentlichen Vorgaben für sein späteres Aussehen bereits festgelegt worden. Bei einer Baumschulpflanze sind die Hauptgestaltungselemente, ob Stammführung oder die Stellung der Hauptäste, vorhanden. Sie müssen vor der Formung analysiert und bei der Gestaltung berücksichtigt werden. Mit Geschick kommt man recht schnell zu dem gewünschten Gestaltungsergebnis, da die Pflanze bereits wesentliche Entwicklungsschritte hinter sich hat. Meist sind bei der Gestaltung aber Kompromisse einzugehen, wurde die Pflanze von der Gärtnerei doch mit einer anderen Zielsetzung herangezogen. In den meisten Fällen sind erhebliche Eingriffe in die Baumform nötig. Und es werden Jahre vergehen, bis die Sichtbarkeit der Maßnahmen in den Hintergrund tritt. Gleiches gilt für einen Baum, den man in der freien Natur gefunden hat. Mit etwas Glück haben die Verhältnisse am natürlichen Standort einen kleinen Baum geformt, der sehr gute Voraussetzungen für eine eindrucksvolle Gestaltung mitbringt.
Will man alle Entwicklungsschritte der Pflanze von Anfang an bestimmen, muss man sie selbst heranziehen. Im Gegensatz zur Umgestaltung einer Baumschulpflanze oder einer in der Natur gesammelten Pflanze kommt man bei der Gestaltung eines selbstgezogenen Baumes zum Bonsai meist ohne starke Schnittstellen aus. Bis zur Gestaltungsreife vergehen jedoch mehr oder weniger viele Jahre. Das Ergebnis kann sich dann aber sehen lassen. Bei der Gestaltung von Miniatur-Bonsai (Mame-Bonsai) sind auf jeden Fall selbstgezogene Sämlinge oder Stecklinge zu empfehlen. Starke Rückschnitte mit großen Vernarbungen sind hier meist nicht notwendig. Die ersten Gestaltungsschritte können bereits nach ein bis zwei Jahren erfolgen.

HILFEN FÜR DEN KAUF

Der Kauf eines Bonsai will gut überlegt sein, kann es sich doch um eine nicht unerhebliche Investition handeln. Es gibt zwar einige sachliche Gesichtspunkte, nach denen man die Güte eines Bonsai bewerten kann, dennoch ist die Kaufentscheidung subjektiv.

PREIS-LEISTUNGS-VERHÄLTNIS

Bei Bäumen bis € 100 handelt es sich um recht junge Pflanzen, die in großen Mengen produziert werden. Mit etwas Glück kann man vielversprechende „Jung-Bonsai" finden. Bäume dieser Preisklasse eignen sich für den Anfänger, um die grundsätzlichen Pflege- und Gestaltungstechniken zu üben. Allerdings wird es meist wohl nicht gelingen, aus solchen Bäumen ein echtes Kunstwerk zu schaffen.
In der unteren Mittelklasse bis € 250 sind die Bäume schon einige Jahre älter und eher als Bonsai zu bezeichnen. Aber auch hier sollte man seine Erwartungen nicht zu hoch schrauben. Man muss noch einige Jahre in-

tensiver Arbeit und Geschick investieren, um einen guten Bonsai zu erschaffen.

Die gehobene Mittelklasse bis € 750 umfasst schon recht gute Bonsai, die in den nächsten Jahren noch verbessert werden sollten. Hier findet man mit etwas Glück schon kleine Bonsai-Kunstwerke. Klein bezieht sich in diesem Fall nicht auf die Höhe des Baumes, sondern auf die Qualität.

Wirkliche Bonsai-Kunstwerke beginnen ab € 750. Bei Bonsai-Solitären der Spitzenklasse ist die Grenze nach oben hin völlig offen. Es wechseln in Japan häufig Bonsai von mehr als € 50.000 den Besitzer.

VORTEILE DES FACHHANDELS

Der wirkliche Bonsai-Freund wird seinen Baum immer persönlich aussuchen. Der Baum muss in erster Linie den neuen Besitzer subjektiv ansprechen, wobei kleine Unterschiede zwischen gleichartigen Bäumen stark ins Gewicht fallen. Man kann mittlerweile Bonsai auch in normalen Gartencentern kaufen. Aber kann man Ihnen hier nicht nur bei Pflegeproblemen helfen, sondern auch bei Gestaltungsschwierigkeiten? Spätestens beim Kauf eines Bonsai der gehobenen Mittelklasse sollte man den Bonsai-Fachhandel aufsuchen. Hier findet man meist die richtige Beratung und bei Problemen mit dem Bonsai auch Hilfe. Häufig bieten Fachgeschäfte auch eine Urlaubspflege oder sogar Überwinterungsmöglichkeiten für Freiland-Bonsai an.

CHECKLISTE

Vor dem Kauf:

1. Ist der Bonsai als Geschenk oder für mich selbst gedacht?
2. Mit welchen Bonsai-Pflanzenarten habe ich bzw. hat der Neu-Bonsai-Besitzer schon Erfahrungen gesammelt?
3. Für welchen Standort ist die Pflanze gedacht – Zimmer oder Freiland?
4. Ist für eine entsprechende Versorgung während eines Urlaubs gesorgt?

Auf den ersten Blick:

1. Macht der Baum einen gesunden Eindruck? Sehe ich vielleicht sogar Schädlinge?
2. Wie gefällt mir der Baum ganz subjektiv?
3. Könnte ich mir diese Baumform so in der freien Natur vorstellen?
4. Wie gefällt mir die Schale? Passt sie subjektiv zu dem Baum? Wenn nicht, kann man sicher eine besser geeignete bei dem Händler kaufen.

Bei genauem Hinsehen zu erkennen:

1. Ist der Baum gut eingewurzelt oder wurde er gerade erst umgetopft? Der Wurzelballen sollte kompakt sein. Auskunft erteilt der Händler.
2. Ist der Bonsai noch eingedrahtet? In diesem Fall sollte man nach der Kaufentscheidung den Händler bitten, den Draht gegen ein Entgelt zu entfernen. Wenn der Draht bereits eingewachsen ist, sollte man von dem Kauf Abstand nehmen.
3. Streben die Wurzeln am Wurzelhals (Übergang zwischen Wurzeln und Stamm) gleichmäßig nach allen Seiten weg? Unter Umständen ist ein schöner Wurzelhals nur durch die Erde verdeckt.
4. Verjüngt sich der Stamm gleichmäßig zur Spitze hin? Wenn der Baum einfach nur durch Abschneiden des langen Stammes klein gemacht wurde, erkennt man das an einer harten Schnittstelle. In vielen Fällen kann man diese Schnittstelle schräg anschneiden und einen Ast zur neuen Spitze hochdrahten, sodass die Stammverjüngung überzeugender wird.
5. Bei gebogenen Stämmen: Der Stamm sollte in ruhigen, gleichmäßigen Schwüngen nach rechts, links, vorne und hinten zur Spitze gelangen.
6. Macht der Stand des Baumes einen ruhigen, sicheren Eindruck oder hat man optisch das Gefühl, der Baum könnte gleich umfallen?

AUS BAUMSCHULPFLANZEN – FÜR UNGEDULDIGE

Baumschulen und Gartencenter können manchmal richtige Fundgruben für Bonsai-Kandidaten sein. Natürlich ziehen die Gärtner die Bäume mit einem dem Bonsai-Gedanken widersprechenden Ziel heran.

Dieser auf den ersten Blick unscheinbare Wacholder aus der Baumschule ist durchaus für eine Gestaltung als Bonsai geeignet.

Das Ziel eines Baumschulers ist in der Regel ein möglichst lang gewachsener Stamm, der sich in einem Garten schnell zu einem großen Baum entwickelt. In der Abteilung für Balkon- und Friedhofspflanzen findet man am ehesten für Bonsai geeignete Kandidaten. Die hier angebotenen Bäumchen sind entweder durch Schnitt oder Zucht kleiner oder gedrungener geformt. Von vielen Baumarten gibt es Zwergformen, die sich gut zur Gestaltung eines Bonsai eignen. Die Gärtner geben ihnen häufig die Sortenbezeichnung 'Nana'. Diese Bäumchen sind häufig kompakt im Wuchs und wachsen vielfach recht langsam – ideale Voraussetzungen für einen späteren Bonsai.

IDEALE AUSGANGS-PFLANZEN

Halten Sie Ausschau nach Bäumen, die einen gut entwickelten Stamm haben und sich bereits möglichst weit unten zu verzweigen beginnen. Der Stamm sollte sich dabei gleichmäßig zur Krone hin verjüngen. Entsprechend sind Bäume mit einem Stamm, der sich über eine längere Strecke mit fast gleichem Durchmesser präsentiert, für unsere Zwecke ungeeignet.
Die an dem Baum vorhandenen Äste müssen von unten nach oben an Stärke abnehmen, da sonst mit ihnen eine überzeugende Bonsai-Gestaltung unmöglich ist. Darüberhinaus sollte man darauf achten, dass sich viel mehr Äste und Zweige an dem Baum befinden, als für die spätere Gestaltung erforderlich sind. Erst bei der Feingestaltung stellt man sonst auf einmal fest, dass für eine ausgewogene Ausprägung der Form wichtige Äste fehlen.

Die ersten Gestaltungsschritte sind getan. Jetzt ist Feinarbeit gefragt.

Bei Bäumen von mehr als 1,5 m Höhe kommt man nicht umhin, den Stamm drastisch einzukürzen. Das kann sehr reizvoll sein, vor allem dann, wenn man Entrindungstechniken (siehe S. 202 ff.) anwenden will. In manchen Fällen findet man einen Baum, der einen hervorragenden Stamm hat und zusätzlich einen schönen Wurzelhals zeigt, nur die Verzweigung ist für die Gestaltung völlig ungeeignet. Hier entfernt man im Frühjahr alle dickeren Äste und zieht aus noch vorhandenen dünneren Zweigen oder neu austreibenden schlafenden Augen den Astaufbau völlig neu heran. Diese Radikalmethode ist häufig viel lohnender, als sich zu bemühen, aus „Kompromiss-Ästen" eine brauchbare Gestaltung aufzubauen. Man wird trotz intensiver Gestaltungsarbeit dem späteren Bonsai diese Gestaltungsmängel ansehen.

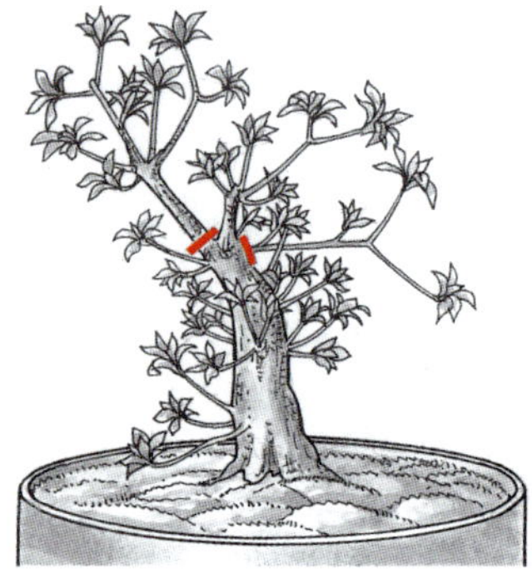

1. Diese noch recht junge Azalee (Rhododendron) bringt als Voraussetzung für einen guten Bonsai einen schönen Stamm mit. Lediglich die ganz kurzen Äste können für die weitere Gestaltung verwendet werden.

DIE QUALITÄT DES WURZELBALLENS

Da sich Bäume im Gartencenter meist in Kunststofftöpfen befinden, können wir davon ausgehen, dass sie einen Wurzelballen haben, der sich in kurzer Zeit zu einem kompakten Bonsai-Wurzelballen weiterentwickeln lässt. Die von den Gärtnern verwendete Erde ist häufig humos und locker. Dadurch ist der Wurzelballen meist sehr locker, also wenig geeignet, einen Bonsai in einer Schale zu stützen. Daher macht es Sinn, die Erde gegen gute Bonsai-Erde auszutauschen. Dabei kann man die Qualität des Wurzelballens gut beurteilen. Da die Bonsai-Erde immer auch festere Bodenbestandteile enthält, werden die Wurzelspitzen zur Teilung angeregt, was letztlich zu einem kompakteren Wurzelballen führt. Noch im Kunststofftopf lassen sich die ersten Gestaltungsarbeiten durchführen, bis es sich schließlich lohnt, den Baum in eine geeignete Bonsai-Schale umzupflanzen.

4. Azaleen sind enorm regenerationsfähig. Selbst Äste, die nach dem Schnitt keine Blätter mehr tragen, treiben aus schlafenden Augen willig aus. Schon jetzt werden die Astetagen mit ihren Zweig- und Blattpolstern geplant.

2. Man lässt nur die kürzeren Triebe, die sich von der Stellung her für die Gestaltung eignen, unbeschnitten. Der starke Gipfeltrieb wird herausgeschnitten und ein Nebenzweig zu einer provisorischen Krone hochgedrahtet.

3. Bereits nach einem Jahr haben sich viele neue Äste gebildet. Nun erfolgt ein starker Rückschnitt. Die provisorische Krone wird entfernt, viele Äste werden herausgeschnitten und die für die Gestaltung wichtigen Äste eingekürzt.

5. Während der folgenden Wachstumszeit beschneidet man den Neuaustrieb der Azalee so, dass die geplanten Astetagen entstehen und die Kronen-Silhouette einem ungleichschenkligen Dreieck gleicht.

6. Der fertige Bonsai wird in seine endgültige Schale gepflanzt: Mithilfe von Draht wird die Form in der Zukunft weiter verbessert. Ansonsten wird die weitere Formung aus dem Beschneiden der Triebe bestehen.

YAMADORI – DER WEG DES SAMMLERS

Japan ist ein Land der Berge. Entsprechend ist es nicht verwunderlich, dass einige der schönsten Bonsai aus Bäumen gestaltet wurden, die in den Höhenlagen der Berge gefunden wurden.

Die Europäische Lärche wurde in den Schweizer Bergen gefunden und in frei aufrechter Form gestaltet.

Der japanische Begriff „Yamadori“ bedeutet „natürlich in den Bergen gewachsen“. Wir verwenden diesen Begriff mittlerweile für Bäume, die aus der Natur entnommen und zu Bonsai gestaltet werden.
Im Vererbungsmaterial eines jeden Baumes steckt eine gewisse Variationsbreite in Höhenwachstum und Blattgröße. Unter den günstigsten Wachstumsbedingungen erreicht der jeweilige Baum seine genetisch bedingte Maximalgröße und entwickelt sich zu einem imposanten Individuum. Sind die äußeren Bedingungen so, dass sie das Existenzminimum des Baumes gerade sichern, überlebt er zwar, entwickelt aber nur seine Minimalform.
Solche Faktoren finden wir beispielsweise mit zunehmender Höhe im Hochgebirge, in der jede Baumart an ihre eigene Baumgrenze stößt. Laubbäume wie die Buche erreichen viel eher ihre Baumgrenze als Nadelbäume wie die Latschenkiefer. Aber auch im Flachland können wir Bäume finden, die bei recht hohem Alter klein geblieben sind. In den meisten Fällen handelt es sich um Bäume, die immer wieder durch Wildverbiss einen „Naturschnitt“ erhalten haben.

Wie auch immer, solche von Natur aus klein gehaltenen Bäume eignen sich manchmal hervorragend für eine Bonsai-Gestaltung.

REGELN FÜR DAS SAMMELN IN DER NATUR

Natürlich wird kein verantwortungsbewusster Bonsai-Liebhaber einfach in die Natur gehen und irgendwelche Bäume ausgraben. Wer das dennoch macht, muss unter Umständen empfindliche Konsequenzen tragen. So kann es in Deutschland, Österreich und der Schweiz bei schwerwiegenden Verstößen zu einer hohen Geldbuße kommen.
Um das Überleben des ausgegrabenen Baumes zu sichern, gilt es folgende Hinweise zu beachten:

UNTERSUCHUNG DES KANDIDATEN

Zunächst wird der in Aussicht genommene Baum genau auf seine wirkliche Bonsai-Tauglichkeit untersucht. Nicht selten stellt man fest, dass der auf den ersten Blick wunderschöne „Natur-Bonsai“ gar kein Potenzial hat, sich wirklich zu einem guten Bonsai zu entwickeln. Es macht keinen Sinn, einen Baum auszugraben und erst zu Hause zu entscheiden, ob er sich für eine Bonsai-Gestaltung eignen könnte.

AUSGRABEGENEHMIGUNG

Hat man einen geeigneten Baum gefunden, bittet man den Besitzer des Grundstücks um eine Ausgrabegenehmigung. Da die Bäume, die für uns von Interesse sind, forsttechnisch keinen Wert haben, wird eine Genehmigung meist leicht zu bekommen sein. Die Gebühr für einen ausgegrabenen Baum liegt fast immer unter € 10.

Eine überraschend anziehend wirkende Gestaltung aus nur drei, in der Natur gefundenen Buchen

DER RICHTIGE ZEITPUNKT

Die beste Jahreszeit, in der der Baum die größte Überlebenschance nach dem Ausgraben hat, ist das zeitige Frühjahr, wenn die Knospen gerade anzuschwellen beginnen. Hat der Baum ein weit ausladendes Wurzelwerk, müssen wir vor dem Ausgraben zunächst für einen kompakteren Wurzelballen sorgen. Das erreicht man durch mehrmaliges Umstechen des Wurzelballens mit einem scharfen Spaten. Allerdings wird sich das eigentliche Ausgraben dann um ein bis zwei Jahre verzögern.

AUSGRABEN

Hat sich ein kompakter Wurzelballen gebildet, können wir mit dem eigentlichen Ausgraben beginnen. Dazu wird der Wurzelbal-

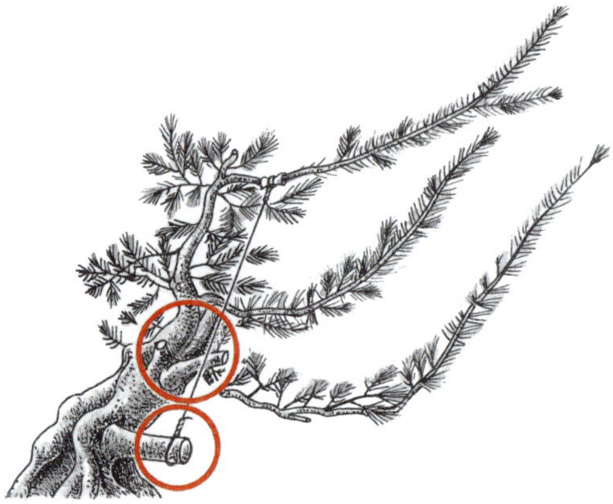

1. Bei diesem Wacholder aus der Natur, der zwei Jahre in einem Gefäß gepflegt wurde, muss die Spitze neu aufgebaut werden: Spitzentrieb mithilfe eines Spanndrahtes herabziehen. Äste, die Dickenwachstum benötigen, durchtreiben lassen.

2. Reste von dicken Ästen, die direkt nach dem Ausgraben abgeschnitten wurden, werden als Jin (siehe S. 204) bearbeitet. Der neue Spitzentrieb hat sich stabilisiert. Die lang ausgewachsenen Äste werden im Frühjahr stark beschnitten.

5. Die folgende feine Verzweigung der Äste wird mit einer bis ins Feinste gehenden Drahtung in Form gebracht. Je feiner die Zweige sind, um so dünner ist der gewählte Draht.

6. Zur Ausgestaltung der Laubpolster werden die feinen, noch weichen Triebe regelmäßig gezupft. Dadurch werden auch weiter innen liegende Triebe zum Wachstum angeregt.

len mit einem scharfen Spaten großzügig umstochen, sodass möglichst viele Wurzeln erhalten bleiben. Vielfach haben die Bäume auch eine tief ins Erdreich reichende Pfahlwurzel, die gekappt werden muss.

TRANSPORT

Nachdem der Wurzelballen herausgehoben wurde, wird er bei Bedarf angefeuchtet und schließlich mit einer kräftigen Kunststofffolie, als Schutz gegen Austrocknung während des Transports, umwickelt.

ERSTE ARBEITEN ZU HAUSE

Zu Hause erfolgt ein erster Formschnitt, der das zusätzliche Ziel hat, oberirdische und unterirdische Baumteile wieder ins Gleichgewicht zu setzen. Der Rückschnitt ist erforderlich, da, wie vorsichtig man auch gearbeitet hat, ein nicht unerheblicher Teil

3. Um ein weiteres Dickenwachstum zu fördern, lässt man die Äste des Wacholders im Folgejahr erneut durchtreiben. Das zusätzliche Laub führt innerhalb von ein bis zwei Jahren zu mehr Baustoffen für die Astverdickung.

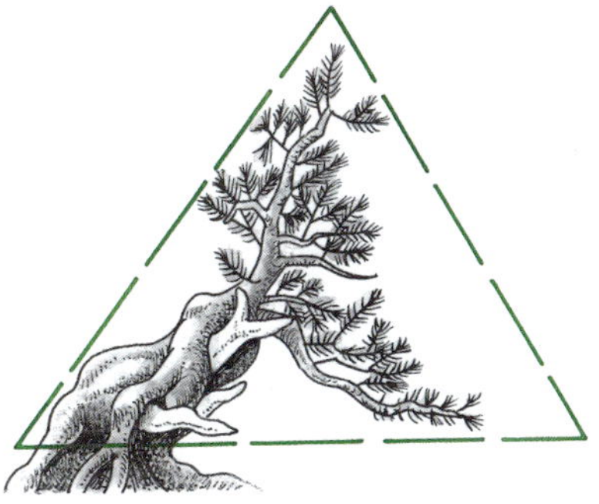

4. Nach erfolgter Astverdickung werden die kräftig durchgetriebenen Äste stark zurückgeschnitten: Die Linien des gedachten ungleichschenkligen Dreiecks der Endgestaltung bilden hierbei die äußerste Begrenzung.

7. Durch Ausdünnen der einzelnen Triebe erzielt man eine höhere Transparenz des Bonsai. Zu lange Triebe werden gekürzt und zu dichte Verzweigungen werden aufgelöst.

8. Durch regelmäßiges Zupfen bekommt man dichte, wolkenförmige Laubpolster. Durch Shari-Bereiche (siehe S. 207) wird die Aussagekraft des Stammes gesteigert.

an Wurzelmasse verlorengegangen ist. Auf keinen Fall wird der Baum sofort in eine Bonsai-Schale gepflanzt, da hierfür noch mehr Wurzeln geopfert werden müssen. Wenn möglich, wird der frisch ausgegrabene Baum für einige Jahre in den Garten gepflanzt, während weiter ein kompakter Wurzelballen, der den späteren Bonsai auch wirklich versorgen kann, gezogen wird. Ersatzweise kann der Baum zur weiteren Umstellung auch in einen ausreichend großen Kübel oder eine aus Holzbrettern gezimmerte Kiste gepflanzt werden. Schon während dieser Umstellungsphase können an den oberirdischen Baumteilen alle erforderlichen Gestaltungsarbeiten durchgeführt werden. Erst wenn die Pflanze oberirdisch eine gewisse Reife erreicht und unterirdisch einen kompakten Wurzelballen gebildet hat, wird sie in eine Bonsai-Schale umgepflanzt.

AUS SAMEN – DER WEG FÜR GEDULDIGE

Genauso wenig wie man einen Bonsai züchten kann, gibt es spezielle Bonsai-Samen. Grundsätzlich werden für das Heranziehen von Bonsai ganz normale Samen von Bäumen verwendet.

Bei den vielfach angebotenen sogenannten „Bonsai-Samen" handelt es sich um ganz normale Baumsamen, die in Verpackungen abgefüllt wurden, auf denen ein Bonsai abgebildet ist. Mit der Bezeichnung „Bonsai-Samen" wird lediglich ausgedrückt, dass sich diese Baumart zur Bonsai-Gestaltung eignet.

SAMEN KAUFEN

Grundsätzlich sollte man beim Kauf darauf achten, dass sich die Samen in Keimschutzverpackungen befinden. Aber auch hier gibt es keine Garantie, dass die Samen auch tatsächlich aufgehen. Zum einen hat man keine Gewähr, dass das Saatgut zum richtigen Zeitpunkt geerntet, transportiert und verpackt wurde, andererseits ist zu berücksichtigen, dass Samen der verschiedenen Baumarten selbst bei optimaler Vorbehandlung eine stark unterschiedliche Lebensfähigkeit besitzen. Die Keimfähigkeit reicht von einigen Wochen bis zu mehreren Jahrzehnten nach der Ernte.

SAMEN SAMMELN

In manchen Fällen ist es auch sinnvoll, die Samen selbst zu ernten. Da viele der Vererbungsmerkmale der Mutterpflanze auf ihre

SO IST EIN SAMEN AUFGEBAUT

Ein Samen ist das Produkt der Vereinigung von weiblicher Eizelle und männlichem Pollen. Schnell bildet die Mutterpflanze nach der Befruchtung Nährgewebe für den Embryo, der Fruchtknoten wird zur Frucht. Durch die Samenschale gut geschützt vor Austrocknung, Pilzinfektionen und Insektenfraß legt der Embryo die Keimwurzel, einen kurzen Spross und die Keimblätter an. Bei der Keimung streckt sich zunächst die Keimwurzel, dann verlängert sich der Spross und hebt die Keimblätter aus der Erde. Das Nährgewebe versorgt den Keimling während dieser Zeit.

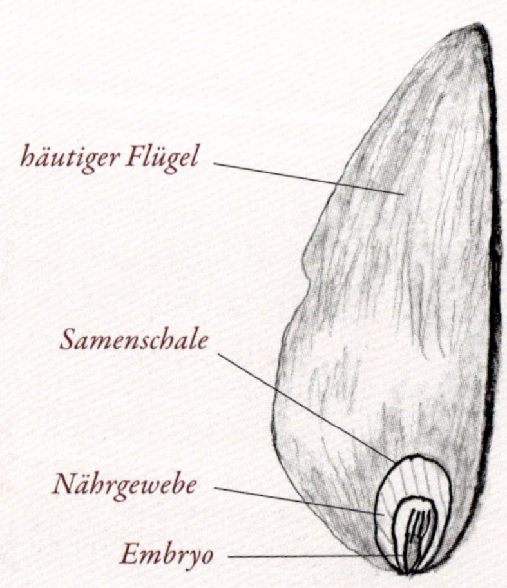

Diese 12 cm hohe Zelkove habe ich vor 25 Jahren aus Samen gezogen.

Europäische Lärche als Dreifachstamm in einer handgetöpferten, flachen Schale

Nachkommenschaft übertragen werden, können schon bei der Auswahl der Mutterpflanze die typischen Merkmale eines Bonsai berücksichtigt werden. Findet man beispielsweise in einem Park oder im Wald einen Baum, der kleinere Blätter hat als die anderen Vertreter seiner Art, eignen sich seine Nachkommen hervorragend für die Bonsai-Gestaltung.

VORBEHANDLUNG DER BAUMSAMEN

Viele Samen der bei uns heimischen Arten sind gegen eine frühzeitige Keimung mit einer Keimhemmung geschützt. Würden beispielsweise die im Herbst reifenden Samen im Herbst noch auskeimen, hätten die Jungpflanzen bis zur anschließenden Winterzeit keine Chance ausreichend auszuhärten, um den Winter zu überstehen. Dieser Schutz ist auf unterschiedliche Weise gegeben:

— Die Samenschale ist hart und wasserundurchlässig.
— Der Keimling ist noch nicht vollständig ausgebildet.
— Der Keimling braucht zur weiteren Entwicklung eine Kälteperiode.
— Stoffe, die die Keimung hemmen, müssen erst abgebaut werden.

Die meisten Samen enthalten nur einen sehr geringen Wassergehalt. Zur Keimung muss der Samen Wasser aufnehmen und dadurch aufquellen. Gleichzeitig werden Enzyme freigesetzt, die die im Samen gelagerten Nährstoffe für das Wachstum des Keimlings mobilisieren.

SCHALE ANRITZEN

Ist die Samenschale hart und wasserundurchlässig, müssen in der freien Natur Mikroorganismen die Samenschale zunächst porös machen, damit die notwendige Wasseraufnahme erfolgen kann. Wir können diesen Vorgang beschleunigen, indem wir die Samenschale anritzen. Bei dickeren Samenwänden benutzen wir dafür eine kleine Metallfeile. Kleinere hartschalige Samen werden zwischen zwei Blättern Sandpapier gerieben.

STRATIFIKATION

Da wir für die Heranzucht von Jungpflanzen für die Bonsai-Gestaltung meist nur kleinere Mengen benötigen, empfehle ich die folgende Methode: Die Samen werden in entsprechenden Blumentöpfen ausgesät und dann der sogenannten Stratifikation unterzogen. Dazu wird das Substrat immer feucht gehalten und je nach Pflanzenart für einige Wochen bei Temperaturen zwischen 2 und 8 °C aufgestellt. Das kann in einem Kühlschrank, im Freiland oder auf dem Balkon geschehen.
Alternativ lassen sich die zu stratifizierenden Samen auch mit Estrichsand in der Körnung 00 bis 02 vermischen und, ständig feucht gehalten, entsprechend kühl aufstellen.

GÄRUNG

Sind die Samen von einer Frucht umgeben, enthält das Fruchtfleisch keimhemmende Stoffe. In der freien Natur fallen die Früchte entweder zu Boden und das Fruchtfleisch wird anschließend durch Mikroorganismen abgebaut, oder die Früchte werden von Tieren gefressen und die Samen anschließend ausgeschieden. Unzerbissene Samen passieren schadlos die Darmpassage, sind aber von den keimhemmenden Stoffen befreit. Ernten wir selbst die Früchte, müssen wir entsprechend das die Samen umgebende Fruchtfleisch durch Gärung in einer mit Wasser gefüllten Schale entfernen. Dazu ritzt man das die Samen umgebende Fruchtfleisch an und legt die Früchte für mehrere Tage in eine Schale mit Wasser. Nach kurzer Zeit wird das Fruchtfleisch weich und lässt sich ganz leicht ablösen.

BAUMSAMEN AUSSÄEN

Selbst wenn wir die Samen richtig behandelt haben, das Saatgut keimwillig ist und die äußeren Bedingungen für eine Keimung optimal sind, ist der Keimerfolg fast nie zu 100 % gewährleistet. So keimen beispielsweise Ahorne nur zu 30 bis 70 %, Kiefern zwischen 70 und 100 % und Fichten sogar nur bis zu 30 %.

Zur Aussaat eignen sich bei den geringen Mengen, die wir benötigen, normale Blumentöpfe. Wichtig ist, dass die Wasserabzugslöcher immer frei bleiben. In die Blumentöpfe füllen wir zunächst eine Drainageschicht aus gröberem Material (z. B. Hydrokulturgranulat) ein. Darauf kommt eine Schicht der eigentlichen Anzuchterde. Als Anzuchterden eignen sich entsprechende Spezialerden aus dem Gartenfachhandel.

Nach dem Andrücken der Erde mit einem Brettchen, kann mit der Aussaat begonnen werden. Gröbere Samen werden einzeln auf den Boden gelegt, feinere Samen locker ausgestreut. Anschließend wird eine Erdschicht aufgesiebt, die etwa der dreifachen Saatkorndicke entspricht. Abschließend die Erde nochmals mit einem Brettchen andrücken und gut wässern.

Zum Schutz der jungen Keimlinge gegen Austrocknung legen wir eine Glasscheibe über den Topf oder spannen eine durchsichtige Kunststofffolie darüber. Sobald sich die Keimlinge zeigen, wird die Abdeckung nach und nach immer ein wenig mehr gelüftet.

PFLEGE DER KEIMLINGE

Wenn die Keimlinge ihre Keimblätter vollständig entfaltet haben, beginnt die spezielle Behandlung für das Ziel der Bonsai-Gestaltung.

Ein guter Bonsai braucht einen schönen Wurzelhals, mit dessen Ausformung wir bereits zu diesem frühen Zeitpunkt beginnen. Ließen wir die Keimlinge unbehandelt weiterwachsen, bilden die meisten jungen Bäume zunächst eine lange Keimwurzel aus, die sich erst weiter unten zu verzweigen beginnt. Später müssten wir dann sehr mühselig diese Pfahlwurzel einkürzen und den Wurzelhals aufbauen.

UMPFLANZEN SCHRITT FÜR SCHRITT

1. Wir nehmen die ganz jungen Pflanzen vorsichtig aus der Saatschale und schneiden mit einer Rasierklinge die Keimwurzel etwa 0,5 bis 1,5 cm unterhalb der ersten Blätter ab.
2. Damit die jungen Pflanzen nach dem Abtrennen der Keimwurzeln nicht austrocknen, lagern wir sie in einer Schale mit Wasser zwischen.
3. Inzwischen haben wir eine Schale oder einen kleinen Blumentopf mit gesiebter Akadama-Erde (importierte japanische Bonsai-Erde) vorbereitet (siehe S. 131). Die feinste Fraktion (nicht die Staubfraktion) ist am besten geeignet.
4. Mit einem angespitzten Hölzchen oder einem Pikierstab stechen wir Löcher mit ausreichendem Abstand in den Erdboden.
5. Die ihrer Keimwurzel beraubten jungen Pflanzen werden bis knapp oberhalb der ersten Laubblätter in die vorbereiteten Löcher gesteckt.
6. Sind alle Pflänzchen gesteckt, wird durch die Wasserabzugslöcher von unten gewässert. Dazu stellt man die Schale bis zum Rand in ein Wasserbecken, sodass sich die Erde mit Wasser sättigen kann. Anschließend lässt man überschüssiges Wasser gut ablaufen.

Schon nach wenigen Tagen ist die Schnittstelle verheilt, und es bilden sich viele kleine Wurzeln – die Voraussetzung für einen guten Wurzelhals und einen kompakten Wurzelballen.

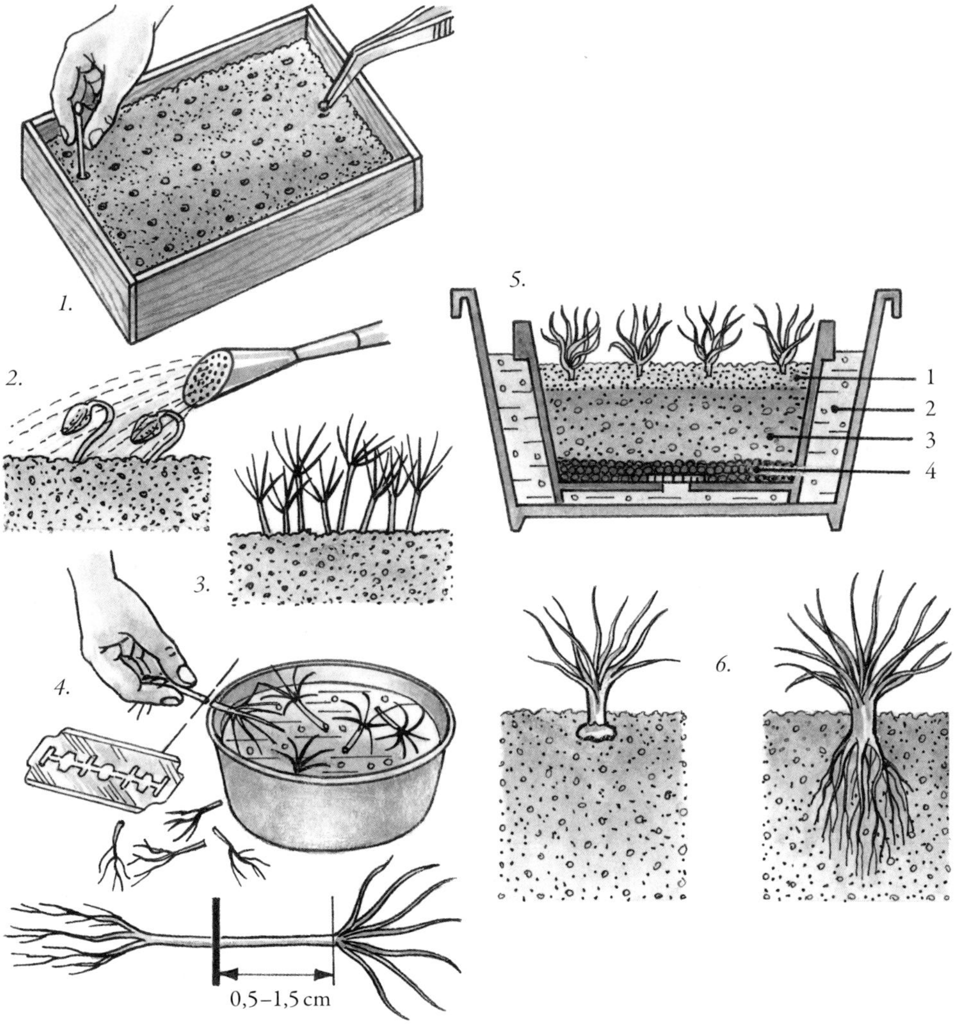

Aussaat und weitere Behandlung

1. *Mit einer Pinzette werden die Samen gleichmäßig in einer Aussaatkiste verteilt und anschließend mit einer dünnen Erdschicht bedeckt.*
2. *Wenn die Erde gleichmäßig feucht gehalten wird, gehen die Samen in der Regel schon nach wenigen Tagen auf.*
3. *Sobald die Sämlinge ihre ersten Laubblätter vollständig entwickelt haben, beginnt bereits die Erziehung zum Bonsai.*
4. *Zur Ausbildung eines guten Wurzelhalses schneiden wir die Keimwurzel 0,5 bis 1,5 cm unterhalb der ersten Laubblätter ab. Anschließend werden die beschnittenen Keimlinge zum Schutz gegen Austrocknung in einem Wasserbecken zwischengelagert.*
5. *Die behandelten Keimlinge werden bis zu den Keimblättern in feine Bonsai-Erde gesteckt. Anschließend wird die Erde durch Eintauchen in ein Wasserbecken gut durchfeuchtet: 1 = Deckerde, 2 = Wasser, 3 = Pflanzerde, 4= Drainage*
6. *Bereits nach wenigen Tagen setzt die Wundverheilung ein, und es bildet sich ein gleichmäßiger Wurzelballen.*

Die Zelkove habe ich vor 25 Jahren aus einem Steckling gezogen.

AUS STECKLINGEN – DER ETWAS SCHNELLERE WEG

Bei jedem Formschnitt fallen Triebe an, die sich für die Stecklingsvermehrung eignen können. Diese Art der Vermehrung hat einige Vorteile gegenüber der Anzucht durch Sämlinge.

Da es sich hierbei um eine sogenannte vegetative Vermehrung handelt, haben die bewurzelten Triebe dieselben Merkmale wie die Mutterpflanze. Die Bonsai-Eignung ist also bereits mit der Wahl der Mutterpflanze vorprogrammiert. Blattgröße und -form sowie Blütenform und -färbung sind nur einige Merkmale, die wir bereits bei der Mutterpflanze beurteilen können. Natürlich können die zu bewurzelnden Triebe nicht nur von einem Bonsai genommen werden. Jeder andere Baum, der die von uns gewünschten Merkmale aufweist, ist als Lieferant der Triebe für die Vermehrung durch Stecklinge geeignet.

Zusätzlich sparen wir bei der Vermehrung durch Stecklinge einige Wachstumsjahre im Vergleich zur Sämlingsvermehrung ein. Selbst ein einjähriger, vor allem aber ein zweijähriger Trieb, der von einer gut entwickelten Mutterpflanze gewonnen wurde, hat gegenüber einem Sämling einen Entwicklungsvorsprung von mindestens zwei Jahren, da der Zuwachs eines Sämlings im ersten Entwicklungsjahr nur recht gering ist. Besonders deutlich wird diese Tatsache natürlich bei der Stammentwicklung, hat der geschnittene Trieb doch schon meist ein wenn auch dünnes Stämmchen.

Das Geheimnis der Stecklingsvermehrung liegt in der Fähigkeit der Pflanzen, an Wundstellen Zellen bilden zu können, die sich noch im Embryonalzustand befinden. An den Wundrändern der unteren Schnittstelle des Stecklings beginnen Zellen zu wachsen, die zunächst einen wundverschließenden Zellhaufen, den sogenannten Kallus, bilden. Diese Zellen sind noch nicht auf eine Aufgabe spezialisiert. Erst nach der Bildung des Kallus beginnen sich die Zellen zu differenzieren und Wurzelzellen zu bilden, die dann zu neuen Wurzeln heranwachsen.

STECKLINGE UND MUTTERPFLANZE SIND GENETISCH GLEICH

Mit der Bewurzelung eines von einer Mutterpflanze gewonnenen Triebs findet eine ungeschlechtliche Vermehrung statt. Das Erbmaterial in den Zellen des Stecklings wird hierbei nicht verändert und damit bleiben die Merkmale der Herkunftspflanze vollständig erhalten. Blattform, Blütenfarbe, Verzweigungsmuster und Stammmerkmale der neuen Pflanze sind also vorhersehbar.

DER SCHNITT VON STECKLINGEN

Der richtige Zeitpunkt zum Stecklingsschnitt hängt vom Entwicklungsstand der Triebe ab. So entwickeln sich die Triebe in einem Jahr mit zeitig einsetzendem Frühjahr viel schneller als in einem Jahr mit langanhaltendem Winter.
Die auf den Seiten 278/279 angegebenen Zeiten sind damit nur als Richtwerte zu verstehen, die sich auf einen Normalverlauf der Jahreszeiten beziehen.

SOMMERGRÜNE BÄUME

Bei den meisten sommergrünen Bäumen ist der richtige Zeitraum erreicht, wenn die Triebe gerade mit der Rindenfärbung beginnen, das ist in normalen Jahren in den Monaten Juni und Juli der Fall. Zum Herbst hin sind die Stecklinge gut bewurzelt und brauchen die gleichen Überwinterungsbedingungen wie schon weiter entwickelte Pflanzen derselben Art.

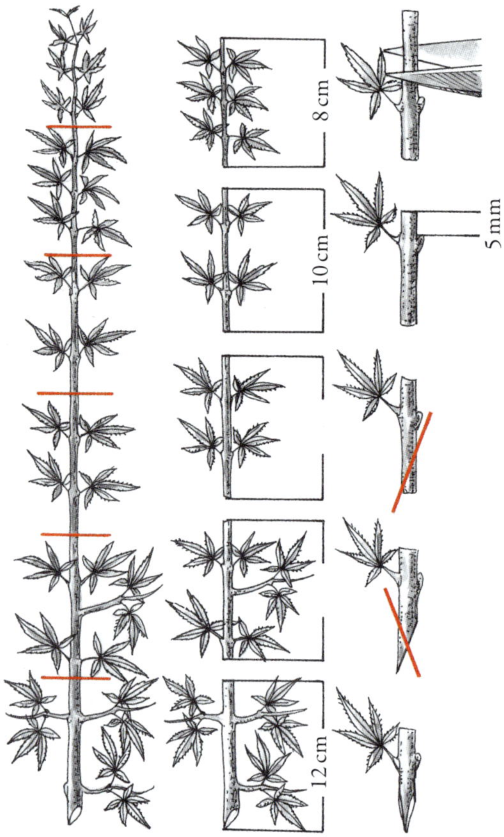

1. 2. 3.

4.

5.

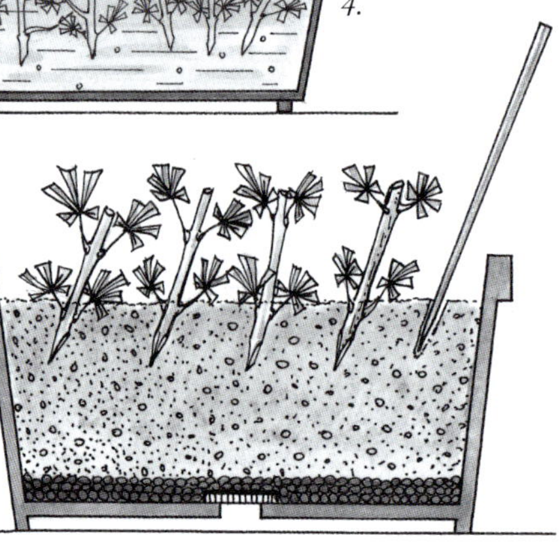

Stecklingsvermehrung

1. *Aus einem langen zweijährigen Trieb können mehrere Stecklinge geschnitten werden.*
2. *Die krautige Spitze eignet sich nicht zur Stecklingsvermehrung. Den Rest schneidet man in 8 bis 12 cm lange Stücke.*
3. *Der Schnitt sollte jeweils 5 mm oberhalb eines Knotens erfolgen. Das untere Ende des Stecklings wird zweimal schräg angeschnitten, sodass er spitz zuläuft.*
4. *Bis zum Stecken werden die Triebstücke in einem Wasserbad gelagert.*
5. *Zur Verringerung der Verdunstungsfläche führt man einen Teilblattschnitt durch. Die Stecklöcher werden mit einem Holzstab vorgestochen und die Triebstücke entweder leicht schräg oder gerade gesteckt. Mindestens ein Knoten sollte sich dabei in der Erde befinden.*

IMMERGRÜNE BÄUME

Die Stecklinge von immergrünen Bäumen werden hingegen nur voll ausgereift, also mit durchgehender Rindenfärbung, gewonnen. Da dies meist erst in den Monaten August bis Oktober der Fall ist, sind die Stecklinge bis zum Winter noch nicht bewurzelt. Bei frostfreier Überwinterung und einer Bodentemperatur von etwa 10 °C setzt die Bewurzelung häufig während der Wintermonate ein.
Für den gärtnerischen Bewurzelungserfolg ist es nicht wichtig, ob der Schnitt gerade oder schräg erfolgt und ob er mit einem scharfen Messer oder mit einer guten Schere durchgeführt wird. Sollen die bewurzelten Stecklinge für die Bonsai-Gestaltung vorbereitet werden, hat die Schnittführung allerdings eine gewisse Bedeutung. Schon mit dieser Maßnahme kann man für einen schönen Wurzelhals sorgen. Nach meinen Erfahrungen führt ein keilförmiger Zuschnitt des unteren Stecklingsendes in der Regel zu dem gewünschten Ergebnis.

Apfel-Bonsai werden meist über Stecklinge vermehrt.

RICHTIGES STECKEN

Ich verwende seit Jahren mit besonders gutem Erfolg die feinste Fraktion (nicht die Staubfraktion) von gesiebter Akadama-Erde (importierte japanische Bonsai-Erde). Nach erheblich kürzerer Zeit als bei den anderen Substraten sind die Stecklinge mit einem dichten Wurzelballen versehen.
Zur Vermehrung von nur wenigen Stecklingen reichen kleine Blumentöpfe völlig aus. Will man eine größere Anzahl von Stecklingen bewurzeln, findet man im Gartenfachhandel zahlreiche verschiedene Gefäße für die Vermehrung.

SCHRITT FÜR SCHRITT

1. Nach dem Einfüllen einer Drainageschicht aus gröberem Material, wird das eigentliche Stecklingssubstrat eingefüllt.
2. Von den Stecklingen entfernt man die unteren Blätter oder Nadeln, da sie, mit in die Erde gesteckt, zu faulen beginnen würden. In den meisten Fällen müssen die anderen Blätter nicht eingekürzt werden. Lediglich in dem nachfolgend beschriebenen Fall bei Ahornen (siehe S. 108) werden die anderen Blätter ebenfalls entfernt.
3. Mit einem angespitzten Hölzchen werden für die Stecklinge Löcher in die Erde gestochen und die Stecklinge eingesetzt. Die Entfernung von Steckling zu Steckling sollte so bemessen sein, dass sich die Blätter gerade noch berühren. Obwohl viele Stecklinge auch zwischen den Blattansätzen bewurzeln, ist es besser, wenn sich mindestens ein Blattansatz unterhalb der Erdoberfläche befindet. Es kann auch hilfreich sein, die untere Schnittflä-

che dünn mit einem „Bewurzelungshormon“ zu bepudern (Gartenfachhandel). Hierbei ist die Anleitung des Herstellers zu beachten.

4. Nachdem die Erde von unten gut gewässert wurde, sollte ein Verdunstungsschutz über das Vermehrungsgefäß gespannt werden. Dazu kann man im einfachsten Fall aus Draht einen Korb (Zelt) biegen, über den eine durchsichtige Plastikfolie gespannt wird. Die Stecklinge sollten dabei zum Schutz gegen Faulen an keiner Stelle den Verdunstungsschutz berühren. Dieser Verdunstungsschutz ist notwendig, weil die Stecklingstriebe weiterhin ebenso viel Wasser verdunsten, als wären sie noch mit der Mutterpflanze verbunden. Wegen der nicht vorhandenen Wurzeln würden die Triebe natürlich sehr schnell austrocknen.
5. Solange sich auf den Blättern der Stecklinge ein feiner Feuchtigkeitsfilm befindet, muss nicht gewässert werden. Ansonsten übersprüht man die Stecklinge so lange, bis sich wieder ein Feuchtigkeitsfilm bildet.
6. Zeigen die Stecklinge neues oberirdisches Wachstum, haben sich die ersten Wurzeln gebildet und der Verdunstungsschutz kann nach und nach gelüftet werden bis zum letztendlichen Entfernen.

Während der ganzen Zeit dürfen die Stecklinge nicht in der prallen Sonne stehen, da sich der Innenraum ansonsten sehr stark aufheizen und die Stecklinge Schaden nehmen würden.

STECKLINGE UMPFLANZEN

Ungefähr ein Jahr nach der Bewurzelung werden die Stecklinge einzeln in Töpfe umgepflanzt. Hierbei wird unter Umständen schon der erste sehr mäßige Wurzelschnitt durchgeführt. Auch wird bereits der spätere Wurzelhals aufgebaut. Hierfür kann ein Plastiknetz zugeschnitten und der bewurzelte Steckling mit aufgespreizten Wurzeln darauf mit Bast fixiert werden.
Ahornstecklinge erfahren jetzt eine besondere Behandlung. Da die Blattansätze bei allen Ahornen kreuzgegenständig sind, bekommt man auch eine sehr regelmäßige Astanordnung, die wegen der Optik unerwünscht ist. Um das zu verhindern, wird bereits der einjährige Steckling gedrahtet und Stück für Stück um seine eigene Achse leicht verdreht. So erreicht man eine erheblich variablere Astverteilung an dem sich entwickelnden Bonsai.

SPEZIELLES STECKVERFAHREN FÜR BONSAI

Im Grunde handelt es sich bei der hier beschriebenen Methode um eine Kombination aus Stecklingsbewurzelung mit anschließendem Abmoosen (siehe S. 110 ff.). Besonders gut eignet sich die Methode für Ahornstecklinge, sie kann aber mit Erfolg auch bei den anderen Laubbaumarten angewendet werden.
Ausgangsmaterial sind zugeschnittene Stecklinge von bevorzugt zweijährigen Trieben. So erhält man Stecklinge, die bereits eine Verzweigung aufweisen. Behandelt werden die Stecklinge wie vorher beschrieben, nur entfernt man jetzt alle Blattflächen bis auf die Blattstiele. Nun schneidet man ein kleines Holzbrettchen auf 6 × 6 cm zu und bohrt mehrere Löcher, mit etwas größerem Durchmesser als die Stecklingsstämmchen haben.
Die Stecklinge werden durch die Löcher in die Erde gesteckt, wobei die Knospen der Stecklinge in unterschiedliche Richtungen

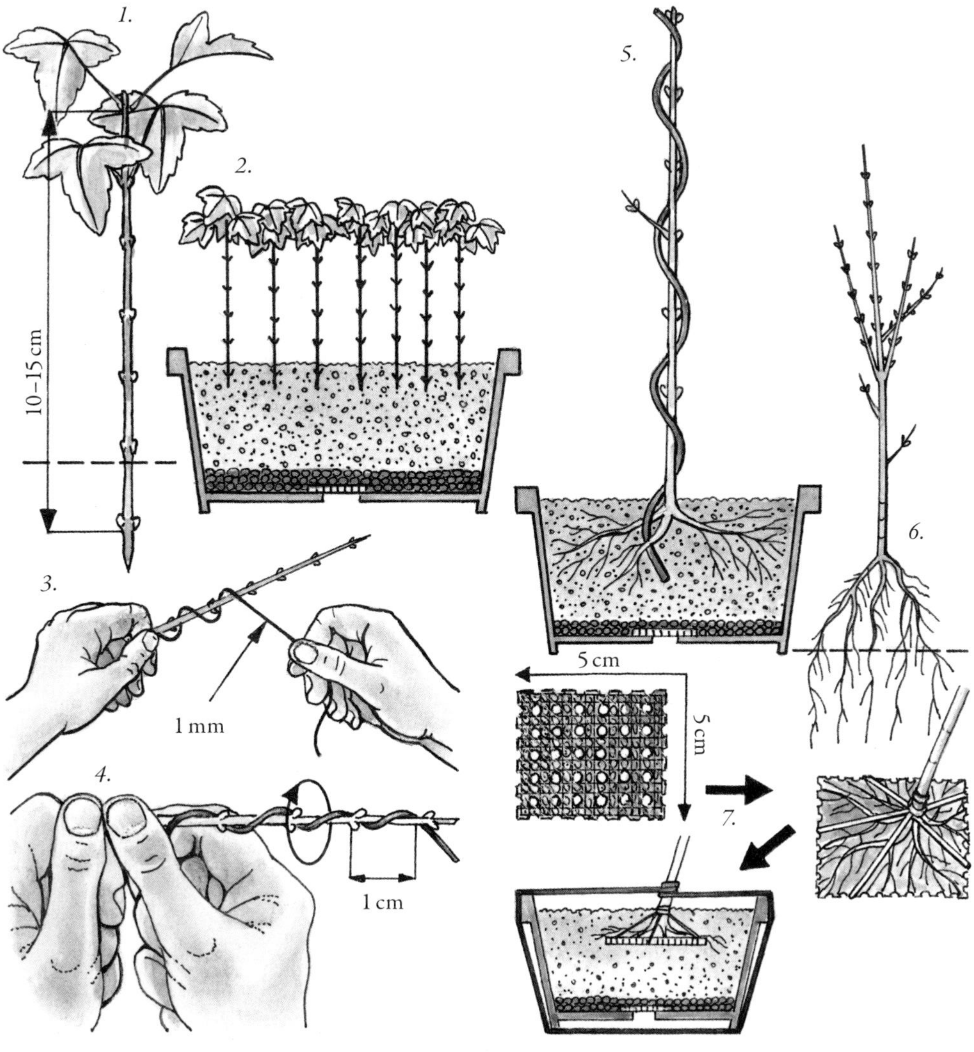

Ahornstecklinge

1. *Für Ahornstecklinge verwendet man leicht verholzte diesjährige Triebe, deren noch weiche Spitze entfernt wurde. Bis auf die obersten beiden Blattpaare werden alle anderen Blätter abgeschnitten.*
2. *In einem geeigneten Gefäß steckt man die Triebe so tief, dass sich ein Knoten in der Erde befindet.*
3. *Bei Ahornen stehen die Knospen kreuzgegenständig. Um eine Verteilung der neuen Triebe in alle Richtungen um den Stamm herum zu erreichen, wird der bewurzelte Steckling mit 1 mm starkem Bonsai-Draht umwickelt.*
4. *Die einzelnen Drahtwindungen liegen etwa 1 cm voneinander entfernt. Nun wird der Steckling so in sich verdreht, dass die Knospen variabler um den Stamm verteilt sind.*
5. *Jeder Steckling wird für ein Jahr einzeln in ein Anzuchtgefäß gepflanzt.*
6. *Im folgenden Jahr erfolgt ein mäßiger Wurzelschnitt, um einen kompakten Wurzelballen aufzubauen.*
7. *Zur Erziehung des Wurzelhalses werden die Wurzeln sternförmig auf einem Plastiknetz (5 cm × 5 cm) verteilt.*

zeigen. Die weitere Behandlung erfolgt wie bei der normalen Stecklingsbewurzelung. Wenn sich unterhalb des Brettchens Wurzeln bilden, beginnen die jungen Pflanzen auch mit dem Dickenwachstum. Da der Baustoffstrom von oben kommt, staut er sich auf der Oberseite des Brettchens, sobald die jungen Pflanzen dicker sind, als der Durchmesser der Löcher im Brettchen. Aus dem sich bildenden Staukallus wachsen bald wie beim Abmoosen neue Wurzeln. Zusätzlich wachsen die Wurzelscheiben der verschiedenen Stecklinge aufeinander zu und verschmelzen bald miteinander. So entsteht nach etwa zwei bis drei Jahren ein Wurzelteller wie bei einem Mehrfachstamm. Nach dem Entfernen des Brettchens, wie in den Zeichnungen beschrieben, kommt die neugeschaffene Pflanze in normale Pflanzerde. Während der nächsten Jahre arbeitet man nach der „Wachsen-lassen-und-schneiden-Methode" an der Stammverdickung. Die neuen Triebe lässt man kräftig durchwachsen und schneidet dann stark zurück. Macht man das über mehrere Jahre, wird das Dickenwachstum deutlich gefördert.

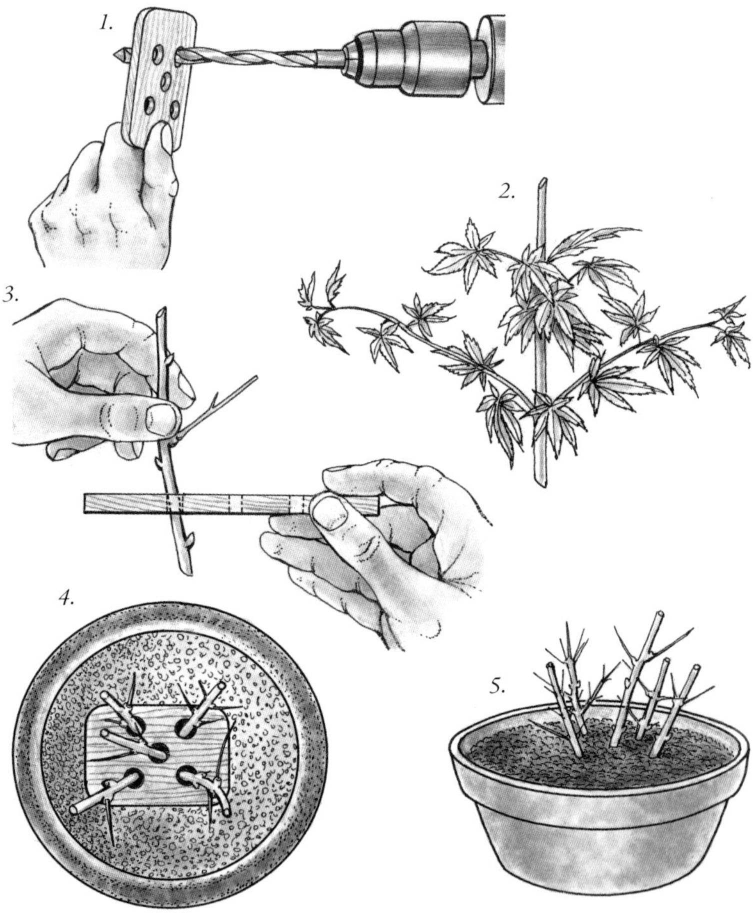

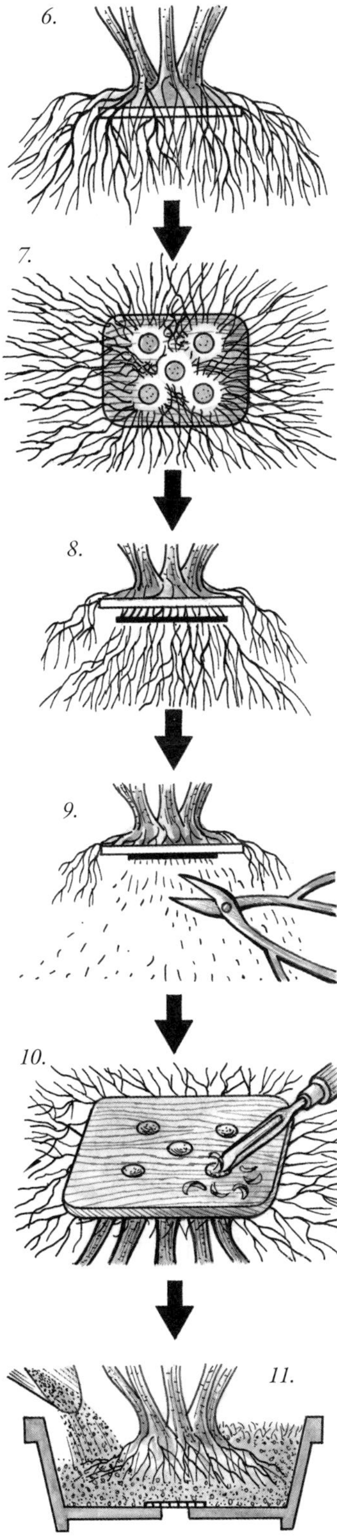

Spezielles Steckverfahren für Bonsai

1. *In ein etwa 1 cm dickes Brettchen ausreichend große Löcher bohren.*
2. *Von zweijährigen Trieben Ende Mai Stecklinge schneiden.*
3. *Am Steckling einen Blattschnitt (die Blattstiele bleiben stehen) vornehmen, um die Verdunstungsfläche zu verringern.*
4. *Die vorbereiteten Stecklinge so durch die Löcher stecken, dass sich ein Knoten unterhalb des Brettchens im Boden befindet.*
5. *Das Brettchen auf die glatte Erdoberfläche legen, die Stecklinge so in die Löcher stecken, dass die Knospen der Stecklinge in unterschiedliche Richtungen zeigen. Das Brettchen mit einer ca. 3 cm dicken Erdschicht bedecken.*
6. *Die bewurzelten Stecklinge werden dicker, es kommt zu einer zweiten Bewurzelung oberhalb des Brettchens.*
7. *Die Wurzelscheiben der Stecklinge wachsen auf dem Brettchen aufeinander zu und bilden einen gemeinsamen Wurzelhals.*
8. *Bei ausreichend vielen Wurzeln auf der Brettchenoberscite können die Wurzeln unterhalb des Brettchens abgeschnitten werden.*
9. *Mit der Konkavzange die herausragenden Stümpfe der einzelnen Stecklinge abtrennen.*
10. *Mit einem Stechbeitel die Stümpfe bearbeiten, um die miteinander verwachsenen Stecklinge abheben zu können.*
11. *Zur weiteren Entwicklung den neuen Mehrfachstamm bis oberhalb des Wurzelhalses in ein Gefäß einpflanzen.*

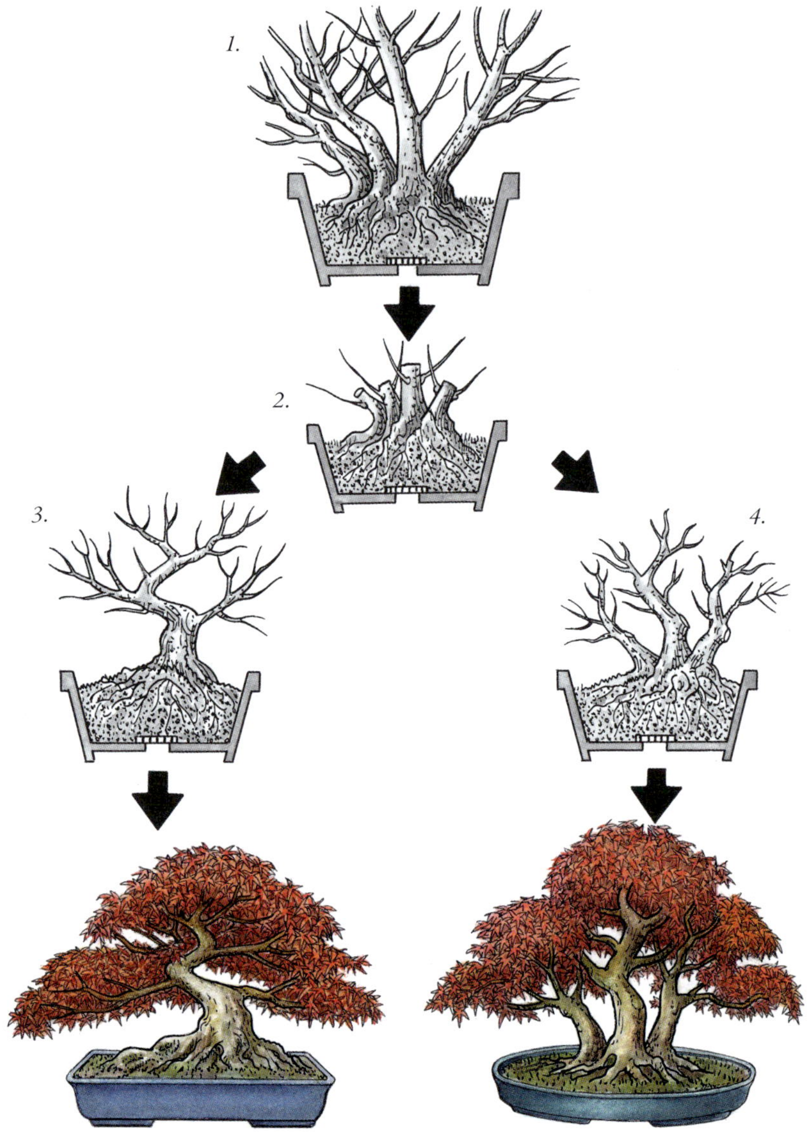

Entwicklung dicker Stämme dank Abmoosen

1. *Zur Entwicklung dicker Stämme lässt man den Mehrfachstamm ein bis zwei Jahre durchtreiben.*
2. *Mit dem starken Rückschnitt der Stämme beginnt die eigentliche Gestaltungsarbeit.*
3. *Werden bis auf einen Stamm alle anderen Stämme entfernt, erhält man eine Pflanze mit ausgeprägtem Wurzelhals. Nach mehreren Jahren ist ein Bonsai in frei aufrechter Form mit einem hervorragenden Wurzelteller entstanden.*
4. *Für die Gestaltung eines Mehrfachstammes lässt man eine ungerade Anzahl von Stämmen stehen. Nach einigen Jahren ist das Ergebnis ein Bonsai mit Mehrfachstamm, der überzeugen kann.*

ABMOOSEN – DER WEG ZU NEUEN WURZELN

Das wichtigste Gestaltungsdetail eines guten Bonsai ist sein Stamm, der eine der Gestaltungsaussage entsprechende Dicke und Linienführung aufweisen sollte.

Für dieses Gestaltungsdetail benötigt der Baum naturgemäß die längste Entwicklungszeit. So braucht ein Sämling oder ein Steckling mehrere Jahre bis Jahrzehnte für die Entwicklung des Stammes. Alle anderen Gestaltungselemente wie Äste und Verzweigung, selbst Wurzelhals und Wurzelballen lassen sich mehr oder weniger schnell durch gärtnerische Techniken und künstlerisches Geschick aufbauen.

Manchmal finden wir an einem freiwachsenden Baum oder Strauch einen Ast, der sich in idealer Weise als Stamm für einen Bonsai eignen würde. Oder man hat einen Bonsai, dessen Stamm nur im oberen Bereich die Forderungen an einen guten Stamm erfüllt, während der untere Stammbereich in der Linienführung uninteressant ist oder Gestaltungsmängel aufweist. In beiden Fällen können wir durch Abmoosen (Luftbewurzeln) diesen Stammteil an der beabsichtigten Stelle bewurzeln und dadurch den Anfang für einen guten Bonsai setzen. Ich habe diese Technik schon häufig erfolgreich angewendet, um nach einigen Jahren bei einem Sämling, der nur zu einer Seite kräftige Wurzeln ausbildet, einen guten Wurzelansatz zu erreichen. Ein ausgewogener Wurzelhals sollte möglichst zu allen Seiten dickere Wurzeln ausbilden. Der Abmoosungsbereich liegt hier häufig knapp über dem bisherigen Wurzelansatz.

Ein ursprünglich einseitiger Wurzelhals wurde hier durch Abmoosen verbessert.

ABMOOSEN – WARUM GEHT DAS?

Bei Pflanzen enthält das sich bildende Wundgewebe (Kallus) Zellen, die sich je nach äußerer Umgebung in verschiedene Gewebearten entwickeln können. Das feuchte Milieu in der Moosmanschette setzt den Reiz zur Bildung von Wurzeln in dem Verletzungsbereich. Ist die Moosmanschette von neuen Wurzeln durchzogen, versorgen sie die neu gewonnene Pflanze mit Wasser und Nährsalzen und der neue Baum kann von der Mutterpflanze getrennt werden.

DIE TECHNIK

Im Grunde handelt es sich beim Abmoosen um eine Form der Stecklingsvermehrung, nur dass hierbei der zu bewurzelnde Trieb bis zur ausreichenden Wurzelbildung mit der Mutterpflanze verbunden bleibt. Da die Wasser- und Nährsalzversorgung von den Wurzeln nach oben über den Holzteil geschieht, können wir Rinde und Kambium durchtrennen, ohne dabei die Wasserversorgung der darüber liegenden Baumteile zu gefährden.
Durch die inneren Rindenteile erfolgt gleichzeitig der Assimilatstrom (Nährstoffe und Baustoffe) von den Blättern nach unten. Im Bereich des Einschnitts sind jetzt die Leitungen nach unten unterbrochen und es kommt zu einem Assimilatstau, der zunächst zur Bildung von Wundgewebe und schließlich zu einer Neubewurzelung führt. Bei den meisten Bäumen und Sträuchern ist das Frühjahr, direkt nach dem Austrieb, die günstigste Zeit, um mit dem Abmoosen zu beginnen.
Grundsätzlich werden zunächst alle Blätter im Bereich der Abmoosungszone entfernt, da sie im Bewurzelungssubstrat absterben und faulen, was den Erfolg gefährden würde. Der nächste Schritt ist die Schnittführung um den Stamm herum. Im einfachsten Fall schneidet man mit einem scharfen Messer jeweils auf der Vorder- und der Rückseite zungenförmig bis ins Holz in den Stamm ein. Durch Unterklemmen von kleineren Steinchen oder Stöckchen wird verhindert, dass die Schnittzungen wieder an den Stamm angedrückt werden und festheilen. Eine Bewurzelung würde in diesem Fall nicht stattfinden.
Bei allen Stämmen, die mehr als bleistiftdick sind, eignet sich zur Initialisierung eines guten Wurzelhalses die folgende Methode: Zunächst schneidet man mit einem scharfen Messer in der gewünschten Höhe um den ganzen Stamm herum bis ins Holz hinein. Der zweite Schnitt erfolgt etwa 1 bis 2 cm tiefer, auch wieder um den ganzen Stamm herum. Zwischen den beiden Schnitten werden nun Rinde, Kambium und eventuell die äußeren Holzjahresringe vollständig entfernt. Diese Arbeit muss sehr sorgfältig ausgeführt werden. Wird beispielsweise das Kambium nicht vollständig entfernt, heilt die Wunde einfach nur zu und es findet keine Bewurzelung statt. Schneidet man zu tief ins Holz ein, werden alle saftführenden Leitungsbahnen durchtrennt, und der obere Baumteil vertrocknet, noch bevor er neue Wurzeln bilden konnte. Bei Laubbäumen dürfen höchstens ein bis zwei Holzjahresringe entfernt werden, während bei Nadelbäumen vier bis fünf Holzjahresringe abgeschabt werden können. Anschließend legt man direkt unter dem oberen Schnitt Bonsai-Draht von etwa 2 mm Stärke um den Stamm und drückt ihn gut an. Der Draht muss rundherum engen Kontakt mit dem Holz haben. Die Neubildung der Wurzeln findet immer an der oberen Schnittwunde statt, wobei der angelegte Draht die Wurzelhalsbildung nachhaltig verbessert.
Anschließend wird der Wundbereich dünn mit einem Bewurzelungshormon bepudert. Zum Schutz gegen Austrocknung wird nun eine Schicht aus feuchtem Torfmoos um die Wunde gelegt. Liegt der Abmoosungsbereich weit oben am Stamm, kann man eine Manschette aus dunkler Plastikfolie um das

Moospolster legen. Oberhalb und unterhalb des Bewurzelungsbereiches wird die Manschette zugebunden. Das Moos muss nun ständig feucht gehalten werden.
Alternativ kann man auch einen Plastiktopf an der Seite aufschneiden und in den Topfboden ein Loch im Stammdurchmesser schneiden. Mithilfe von Drähten zwischen Topfrand und einigen Ästen wird der Topf im Baum fixiert und mit Erde aufgefüllt, die ständig feucht gehalten wird. Hier kann es sinnvoll sein, die Erdoberfläche in dem Bewurzelungstopf mit einer feuchten Moosschicht gegen schnelle Austrocknung zu schützen.
Erfolgt die Bewurzelung nur geringfügig oberhalb der bisherigen Erdoberfläche, kann man eine nach oben und unten offene Kunststoffmanschette anlegen, mit Erde auffüllen und diese gut feucht halten.

DIE NÄCHSTEN JAHRE

Je nach Baumart dauert die Bildung eines neuen, ausreichenden Wurzelballens ein bis drei Jahre. Während dieser Zeit können bereits sämtliche Gestaltungsarbeiten an dem neu entstehenden Bonsai erfolgen.
Der Wurzelballen ist ausreichend für die Versorgung des neuen Bonsai, wenn die Moosschicht in der Manschette gut durchwurzelt ist. Nun wird der neue Baum unterhalb des neuen Wurzelballens vom Reststamm abgetrennt.
Bei dickeren Stämmen empfiehlt es sich, die Abtrennfläche an dem neuen Baum mit einem Wundverschlussmittel zu behandeln. Die weitere Erziehung des neu geschaffenen Bonsai erfolgt, je nach Reifegrad, in der Bonsai-Schale, im Blumentopf oder direkt im Freiland.

Durch Abmoosen zieht man auch aus größeren Ästen Ausgangspflanzen für Bonsai heran.

DIE BASIS-ARBEITEN

Chinesische Zelkove (Zelkova carpinifolia)

DIE TÄGLICHE PFLEGE

Der Lebensraum eines Bonsai ist durch die flache Schale sehr beschränkt. Die geringe Menge an vorhandener Erde kann nur begrenzt Wasser und Nährsalze speichern.

In der freien Natur würde der Baum seine Wurzeln auf der Suche nach Wasser und Nährsalzen in alle Richtungen wachsen lassen. Manchmal sind Bäume sogar in der Lage, das Grundwasser anzuzapfen. All diese Möglichkeiten haben Bonsai nicht. Ihr Leben hängt von der Sorgfalt ab, die man ihrer Pflege widmet.
Bevor Sie einen Bonsai kaufen, sollten Sie überprüfen, ob Sie ihm den richtigen Standort bieten können. Auch ist sicherzustellen, dass dem Bonsai ständig eine ausreichende Menge an Wasser zur Verfügung steht. Eine tägliche Pflege ist in der Regel unerlässlich.

DER RICHTIGE STANDORT

Alle Lebewesen haben sich in einer Jahrmillionen währenden Evolution an die klimatischen Bedingungen einer Region angepasst. So können auch Bäume, die zu Bonsai gestaltet sind, nur unter den Klimabedingungen auf Dauer weiterleben, die weitestgehend denen ihres natürlichen Verbreitungsgebietes entsprechen.

FREILAND-BONSAI

Bonsai aus Bäumen unseres Klimabereiches mit seinem deutlich ausgeprägten Jahreszeitenwechsel müssen das ganze Jahr über einen Standort im Freien haben. Entsprechend bezeichnet man solche Bonsai als Freiland-Bonsai. Schon mehr als zwei bis drei Tage in Innenräumen können bei heimischen Bäumen Schäden hervorrufen. Ein Freiland-Bonsai braucht den jahreszeitlichen Unterschied an Wärme, Luftfeuchtigkeit und Luftbewegungen sowie den Wechsel von Tag und Nacht. All diese äußeren Bedingungen kann ihm ein Zimmer nicht bieten.
Ein Freiland-Bonsai braucht während der Wachstumszeit von Frühling bis Spätherbst einen hellen, luftigen Platz im Garten, auf der Terrasse oder dem Balkon. Je nach Baumart kann der Standort vollsonnig bis schattiert sein. Als Stellfläche eignen sich Holzregale, die aus einzelnen Latten beste-

DIE BEDEUTUNG VON LICHT UND SCHATTEN

Alle Pflanzen benötigen eine Mindestmenge an Licht, um Fotosynthese betreiben zu können. Vor allem bei Zimmerbonsai täuscht uns die subjektive Beurteilung der Beleuchtungsstärke. Unsere Augen stellen sich durch Veränderung der Pupillenweite auf verschiedene Lichtmengen ein. In einem Zimmer verringert sich die Lichtmenge bereits in 1 m Abstand vom Fenster auf ein Viertel der Menge direkt am Fenster. Ob die Lichtintensität für den Zimmerbonsai ausreicht, können wir daher objektiv nur mit einem Lichtmesser feststellen.

hen. Zwischen den Holzlatten sollten Zwischenräume sein, damit das überschüssige Gießwasser gut abfließen kann und Staunässe vermieden wird. Bevorzugen Sie aus optischen Gründen Regale mit einer durchgehenden Holzfläche, so sollte diese leicht geneigt sein, damit auch hier überschüssiges Wasser abfließen kann. Heikel kann eine glatte Fläche, zum Beispiel eine Marmorplatte, sein. Hier bildet sich unter den Abflusslöchern der Schalen eine Wasserblase, wodurch Staunässe entsteht. Bei einer solchen Unterlage sollten Sie nach dem Gießen an der Unterseite der Schalen vorhandenes Wasser wegwischen.

Der ideale Standort bietet dem Bonsai von allen Seiten gleichmäßige Lichtverhältnisse. Da alle Pflanzen dem Licht entgegenwachsen, sollte der Bonsai bei einseitigem Lichteinfall regelmäßig gedreht werden.

Im Laufe des Herbstes stellen sich die Bäume langsam auf die kalte Jahreszeit um. Die Laubbäume zeigen jetzt ihre Herbstfärbung und werfen bald ihre Blätter ab. Auch bei den Nadelbäumen werden nun die älteren Nadeln braun und fallen ab. Die Intensität der Herbstlaubfärbung ist häufig ein Indiz für die Qualität des Standortes. Je farbenfroher die Herbstfärbung, zum Beispiel bei einem Ahorn, ist, umso idealer war der Standort während der Vegetationszeit Waren die Bäume während der Wachstumszeit insgesamt richtig versorgt, bilden sie im Herbst auch die nötigen Abwehrstoffe, um die kalte Jahreszeit unbeschadet zu überstehen.

Im Winter müssen bei Temperaturen ab –5 °C vor allem die Wurzeln geschützt werden. Ein durchgefrorener Wurzelballen kann das von den oberirdischen Baumteilen verdunstete Wasser nicht nachliefern – Frosttrocknis wäre die Folge.

In einem Garten kann man die Bonsai mitsamt ihren Schalen bis oberhalb des Wurzelhalses in die Erde einsenken. Hier sollte der Standort vollschattig sein, damit die Wintersonne einen über Nacht durchgefrorenen Baum nicht einseitig auftaut, während die sonnenabgewandte Seite weiterhin gefroren bleibt. Ansonsten besteht die Gefahr von starken Gewebespannungen innerhalb des Baumes, die zum Absterben ganzer Baumpartien führen können.

Haben Sie keinen Garten, kann eine mit Rinden- oder Nadelstreu gefüllte große Kiste gleich gute Dienste bei der Überwinterung Ihrer Bonsai leisten. Die Bonsai werden mit ihren Schalen in das jeweilige Substrat eingesenkt. Im Boden der Kiste sollten ausreichend viele Abflusslöcher sein, damit überschüssiges Wasser abfließen kann. In jedem Fall muss die Erde, in die die Bonsai eingesenkt wurden, immer feucht gehalten werden. Die Bonsai entnehmen der umgebenden Erde die Feuchtigkeit, die sie brauchen, um das Wasser, welches sie über ihre oberirdischen Pflanzenteile verdunstet haben, auszugleichen.

Weitere Überwinterungsmöglichkeiten bieten ein ungeheizter, heller Raum, ein Wintergarten oder ein Gewächshaus. Die Temperaturen dürfen hier auf keinen Fall höher als +10 °C steigen. Oberhalb dieser Temperatur können die Bonsai aus ihrem Winterschlaf geweckt werden und mit einem vorzeitigen Austrieb beginnen. Da im Winter die Lichtverhältnisse für gesundes Wachstum auf keinen Fall ausreichend sind, würden sich jetzt nur ungesunde Triebe bilden, die den Bonsai stark schwächen können. Deshalb dürfen Freiland-Bonsai im Winter auch auf keinen Fall (auch nicht kurzfristig!) in geheizte Räume gebracht werden.

KALTHAUSPFLANZEN

Unter Kalthauspflanzen verstehen die Gärtner Pflanzen, die in Gegenden mit nur mäßig kalten Wintern vorkommen. Hier erreichen auch im Winter die Temperaturen nur selten Frostgrade. Alle Bäume dieser Regionen legen im Winter eine Ruheperiode ein. Laubbäume wie Granatapfel oder Chinesische Ulme werfen einen Teil ihres Laubes ab. Im Winter ist ein helles, ungeheiztes (unter 15 °C), aber frostfreies Zimmer für Kalthauspflanzen der richtige Standort. Kalthauspflanzen können das ganze Jahr über im Zimmer gepflegt werden. Bietet man ihnen im Sommer aber einen Standort im Freien, bleiben die Bäume insgesamt gesünder und damit widerstandsfähiger gegen Erkrankungen. Auch zeigt sich dann eine intensivere Laubfärbung, und der Wuchs ist kräftiger.

ZIMMER-BONSAI

Im strengen Sinne als Zimmer-Bonsai kann man nur Pflanzen ansehen, die ihre Heimat in den Tropen haben. Viele dieser Pflanzenarten haben sich schon seit vielen Jahren als Zimmerpflanzen bewährt, wie beispielsweise die verschiedenen *Ficus*-Arten.

Ihrer Heimat entsprechend vertragen tropische Baumarten das Klima in unseren Wohnräumen recht unterschiedlich. Zwar sind die Temperaturen hier meist ausreichend, Probleme können hingegen bei manchen Arten wegen zu niedriger Luftfeuchtigkeit auftreten.

Im Sommer stehen die Zimmer-Bonsai entweder auf einem hellen, vor praller Sonne geschützten Fensterplatz oder im Freien auf der Terrasse oder dem Balkon auf einem Bonsai-Regal. Bei warmen Sommertemperaturen ist ein Außenstandort im Halbschatten für Zimmer-Bonsai eine Wohltat.

Da sich die Winter in den Tropen kaum von den Sommern unterscheiden, müssen die Zimmer-Bonsai in der kalten Jahreszeit ab einer Außentemperatur unter 15 °C in einem geheizten Raum aufgestellt werden. Die Bäume sollten möglichst hell an einem Süd-, West- oder Ostfenster platziert sein. Eine Erhöhung der Luftfeuchtigkeit durch Wasserverdunster ist ratsam. Ist der Standort zu dunkel, sollten die Bonsai mit Pflanzenlampen (mindestens zwölf Stunden am Tag) angestrahlt werden.

Wald in einer Steinpflanzung in typisch chinesischer Gestaltung

Das Laub verbleibt an der Buche bis zum nächsten Frühjahr.

WASSER GENAU DOSIERT

Jedes Lebewesen besteht zu einem großen Teil aus Wasser. Wasser ist Transportmittel für lebenswichtige Stoffe. In ihm laufen aber auch die chemischen Reaktionen ab, die man als Stoffwechsel bezeichnet. Es ist daher auch für die Bonsai lebensnotwendig, ständig mit der richtigen Wassermenge versorgt zu werden.
Die richtige Dosierung hängt stark von Temperatur, Standort und Jahreszeit ab. So kann es an heißen, windigen Sommertagen notwendig sein, mehrmals am Tag zu gießen. Im Winter hingegen muss möglicherweise nur einmal in der Woche Wasser nachgeliefert werden. Grundsätzlich sollte die Erde nie ganz austrocknen, da nur so ein gleichmäßiger Wasserdruck im Pflanzengewebe aufrechterhalten werden kann. Laubbäume verdunsten im Winter auch ohne Laub immer noch Wasser über Stamm, Äste und Zweige. Entsprechend ist auch im Winter für eine ausreichende Erdfeuchte zu sorgen. Natürlich können die Wurzeln nur Wasser aus einem ungefrorenen Boden aufnehmen (siehe S. 120 f.).

WASSER – DAS UNIVERSELLE TRANSPORTMEDIUM

Das von den Wurzeln aufgenommene Wasser hat viele Funktionen in den Pflanzen. In den Blättern sorgt der Wasserdruck für ausreichend Spannung in den Zellen, was wiederum die Blätter stabil hält. Die Wasserverdunstung über die Spaltöffnungen kühlt einerseits die Blätter und hält andererseits durch den hierbei entstehenden Sog den Wassertransport von den Wurzeln bis in die Baumspitze in Gang. Im Wasser werden die für den Stoffwechsel notwendigen Mineralsalze gelöst und nach oben transportiert. Umgekehrt werden die in den Blättern hergestellten Zucker gelöst, nach unten bis in die Wurzeln geleitet und für den Bau neuer Zellen genutzt.

Der Wasserbedarf ist aber auch in hohem Maße von der Baumart abhängig. Allgemein kann man sagen, dass Laubbäume mehr Wasser verdunsten als Nadelbäume. Weich- und großlaubige Laubbaumarten wiederum müssen häufiger gegossen werden als hart- und kleinlaubige Arten.

ANZEICHEN FÜR WASSERMANGEL

Alle Bäume reagieren auf Wassermangel in mehreren Stufen. Wird die Erde trocken, schließen die Bäume zunächst die Spaltöffnungen in den Blättern, um so die Wasserverdunstung zu vermindern. Gleichzeitig lassen Laubbäume die Blätter herabhängen, um sie der direkten Sonnenbestrahlung zu entziehen. Diese Schutzmaßnahme ist sehr wirksam, da etwa 90 % des aufgenommenen Wassers über die Blätter verdampft werden. Junge, noch nicht ausgehärtete Triebspitzen hängen ebenfalls schlaff herunter.
Wird jetzt nicht gegossen, sterben langsam die feinen Wurzelspitzen ab. Sind diese abgestorben, kann kein Wasser mehr aufgenommen werden, die Blätter welken und werden abgeworfen. Gibt man nun Wasser, erholen sich viele Baumarten wieder, bilden langsam neue Wurzelspitzen und treiben neue Blätter aus. Sicher werden aber mehr oder weniger viele Zweige und Äste abgestorben sein und nicht mehr austreiben. Bekommt der Bonsai in diesem Trockenstadium immer noch kein Wasser, ist er meist unrettbar verloren, da der Wasserdruck in den Leitungsbahnen unter einen bestimmten kritischen Wert herabgesunken ist. Ist das Wasserleitungssystem einer Pflanze einmal durch eine zu lange währende Trockenheit zusammengebrochen, kann es nicht wieder aktiviert werden.
Die gleichen Symptome treten übrigens auch bei anhaltender Staunässe auf. Die Wurzelspitzen sterben ab und können kein Wasser mehr aufnehmen. Die oberirdischen Pflanzenteile trocknen langsam wegen Wassermangels aus.

DAS RICHTIGE GIESSEN

Grundsätzlich sollte die Erdoberfläche hinsichtlich des Feuchtigkeitszustands genau beobachtet werden. Spätestens, wenn die Oberfläche beginnt heller zu werden, sich Risse in der Erde bilden und sich die Erde vom Schalenrand löst, muss gegossen werden, auch wenn der Baum noch keine Trockenerscheinungen zeigt.

Gegossen wird mit einer feinbrausigen Kanne mit langem Gießhals. Je feiner die Wassertropfen zerstäubt werden, umso geringer ist die Gefahr, dass Erde beim Gießen abgespült wird. Grundsätzlich sollte man mehrmals hintereinander und so lange gießen, bis überschüssiges Wasser über die Abflusslöcher auszufließen beginnt. Dies gewährleistet ein ausreichend feuchtes Erdreich.

Solange die Erde feinkörnig ist, nimmt sie das Wasser recht gut auf und speichert es zufriedenstellend. Verwendet man eine Erde mit hohem Humusanteil, ist es schwierig, diese nach Trockenheit wieder ausreichend feucht zu bekommen. Ist solch eine Erde richtig trocken geworden, stellt man die Schale für einige Stunden in ein Wasserbad, um sie wieder feucht zu bekommen.

STAUNÄSSE

Da die Bäume über die Wurzeln auch Sauerstoff aufnehmen, muss überschüssiges Wasser immer gut abfließen können. Die Bodenlöcher müssen hierzu frei sein. Bildet sich auf einer glatten Unterlage unter den Löchern eine Wasserblase, wird der Wasserabfluss behindert und es kommt zu Staunässe. Gleiches gilt, wenn Wurzeln durch die Abflusslöcher gewachsen sind und diese verstopfen. Anhaltende Staunässe führt zum Ersticken der feinen Wurzelspitzen, zum Verfaulen des gesamten Wurzelballens und letztlich zum Tod des Bonsai. Da über den geschädigten Wurzelballen kein Wasser mehr aufgenommen werden kann, vertrocknen die oberirdischen Pflanzenteile trotz des feuchten Erdreiches.

Frisch grünes Moos deutet auf eine gute Wasserversorgung hin.

Beginnen die Blätter zu welken, sollte der Wurzelballen kontrolliert werden. Stellt man fest, dass die Wurzeln keine weißen Spitzen mehr haben und der Wurzelballen moderig riecht, muss unbedingt umgetopft werden. Diese Sofortmaßnahme ist auch dann zu ergreifen, wenn eigentlich nicht die richtige Jahreszeit für das Umtopfen ist.

Alle geschädigten Wurzelteile sind zu entfernen und der Bonsai ist in frische, grobkörnige Erde einzutopfen. Anschließend sollte der Bonsai einen schattigen Standort bekommen, bis er sich wieder erholt hat. Auf keinen Fall darf ein wegen eines Wurzelschadens umgetopfter Bonsai gedüngt werden. Gedüngt wird erst wieder, wenn der Baum gesunden Neuaustrieb zeigt.

BONSAI-DÜNGER

Pflanzen nehmen für die Fotosynthese in den Blättern aus der Luft Kohlendioxid und über die Wurzeln Wasser auf. Die daraus hergestellten Stoffe werden mithilfe wichtiger anderer Nährelemente in die Körpersubstanz eingebaut. Diese Nährelemente

Hier rollen die Düngerkugeln leicht herunter.

Spezielle Körbchen fixieren die Düngerkugeln.

werden gemeinsam mit dem Wasser von den Wurzeln dem Boden entzogen.
Bonsai-Erden enthalten in der Regel nur wenige als Dünger verwertbare Stoffe. Wir müssen für ein ausreichendes Wachstum und zur Gesunderhaltung der Bäume regelmäßig düngen. Neben den drei Hauptnährelementen Stickstoff (N), Phosphor (P) und Kalium (K) sollte ein guter NPK-Dünger eine Reihe von Spurenelementen enthalten.

BEDEUTUNG DER NÄHRELEMENTE

Stickstoff (N) ist für den Aufbau von Zellwänden wichtig und regt das Wachstum an. Über die Menge an Stickstoff können wir das Wachstum der Bonsai steuern. Im Frühjahr sollte der Stickstoffanteil für ein ausreichendes Wachstum recht hoch sein. Den Sommer über sollte die Düngerlösung einen geringeren Stickstoffanteil aufweisen. Im Herbst schließlich sollte kein Stickstoff im Dünger enthalten sein. Ein Mangel an Stickstoff zeigt sich zunächst an den älteren Blättern. Sie werden in der Wachstumszeit hellgelb und wirken insgesamt fahl.
Phosphor (P) regt das Wurzelspitzenwachstum an, sorgt für eine gute Ausreifung des Holzes und wirkt mit bei der Bildung von Blüten- und Blattknospen. Nur bei ausreichender Versorgung mit Phosphor sind eine gute Wasseraufnahme, eine gute Blühwilligkeit und ein gesunder Austrieb im Frühjahr gewährleistet. So können Freiland-Bonsai selbst strenge Fröste meist schadlos überstehen (siehe S. 120 f.).
Kalium (K) wirkt als Katalysator an vielen chemischen Reaktionen in der Pflanze mit. Bei Mangel wird der Bonsai anfälliger gegen Krankheiten und Schädlinge und übersteht den Winter eventuell nur mit Schäden. Der Mangel zeigt sich an älteren Blättern, die vom Rand her braun werden und deren Blattränder sich nach unten wellen.

DER RICHTIGE DÜNGER

Im Handel findet man anorganische Dünger, meist in Form flüssiger Lösungen, und organische Dünger, meist in fester Form. Anorganische Dünger bezeichnet man auch als „Pflanzendünger“, da die darin enthaltenen Nährelemente von den Wurzeln direkt mit dem Wasser aufgenommen werden können. Bei den meisten Mangelerscheinungen helfen solche Dünger schnell und wirksam. Angewendet werden diese Düngerlösungen in der vom Hersteller angegebenen Konzentration. Leider werden die Anteile an Spurenelementen häufig nicht auf den Packungen aufgeführt. Ich rate daher, verschiedene handelsübliche Lösungen im Wechsel zu verwenden.

Gedüngt wird niemals bei trockenem Erdreich, da die Düngerlösung sonst die feinen Wurzelspitzen verbrennt. Erst wird hinreichend gewässert und etwa eine Stunde später der Dünger verabreicht.

Organische Dünger bestehen aus pflanzlichen oder tierischen Stoffen, die von den Mikroorganismen im Boden aufbereitet werden müssen, ehe die Nährelemente der Pflanze zur Verfügung stehen. Wegen ihrer Depotwirkung und langsamen Verfügbarkeit für die Pflanzen nennt man sie auch „Bodendünger". Die im Bonsai-Fachhandel angebotenen organischen Dünger haben meist Pulver- oder Kugelform. Sie sind nach traditionellen japanischen Rezepturen zusammengestellt und können bedenkenlos eingesetzt werden.

Pulverdünger werden auf den Boden gestreut und nach Verbrauch durch neuen ersetzt. Kugeldünger legt man auf den Boden, nach ihrem Verbrauch werden an anderer Stelle neue aufgelegt. Die Anzahl der Düngerkugeln hängt von der Größe der Schalenoberfläche ab (kleine Schalen bis 150 cm^2 Fläche: zwei Kugeln; mittlere Schalen bis 300 cm^2 Fläche: vier Kugeln; große Schalen bis 1200 cm^2 Fläche: acht Kugeln).

Bei allen organischen Düngern entsteht bald eine Schimmelschicht, die andeutet, dass der Dünger von den Mikroorganismen aufbereitet wird. Auch legen Fliegen gern ihre Eier in die Düngerschicht. Die ausschlüpfenden Maden schaden nicht. Zum Schluss bleiben von dem Dünger unverwertbare, schwarze, harte Reste übrig, die Sie absammeln können, bevor Sie neuen Dünger auftragen.

Hat sich auf der Erdoberfläche ein Moospolster gebildet, stirbt es unter dem aufgelegten organischen Dünger ab. Will man ein schönes Moospolster erhalten, sollte man auf anorganische Flüssigdünger ausweichen.

WANN WIRD GEDÜNGT?

Freiland-Bonsai haben einen deutlichen Jahreszeitenwechsel. Entsprechend wird nur in der Wachstumszeit von Frühjahr bis Herbst gedüngt. Sobald sich die Knospen öffnen, können Sie mit dem Düngen beginnen. Bei Flüssigdünger geben Sie alle zwei Wochen die Lösung ins Gießwasser (nicht auf trockenen Boden gießen!). Im Frühjahr kann der Dünger einen höheren Stickstoffanteil haben. Im Herbst erfolgt die Abschlussdüngung mit einem Phosphor-Kalium-Dünger. Organische Dünger werden wegen ihres Depotcharakters nur von Frühjahr bis Spätsommer angewendet. Im Winter werden Freiland-Bonsai nicht gedüngt, da sie in dieser Zeit mit den Nährelementen nichts anfangen können. Eine Winterdüngung verursacht Schäden. Die erhöhte Salzkonzentration im Boden entzieht den Wurzeln das Wasser, der Bonsai trocknet aus.

Für Kalthauspflanzen gilt im Prinzip das Gleiche wie für Freiland-Bonsai. Lediglich bei wärmerer Überwinterung, bei der die Bäume ihr Laub behalten, wird im Winter alle vier Wochen gedüngt. Zimmer-Bonsai werden in der Wachstumszeit genauso gedüngt wie Freiland-Bonsai. Im Winter erhalten sie wegen des reduzierten Wachstums alle vier Wochen eine Düngergabe.

MANGEL AN SPURENELEMENTEN

- **Magnesiummangel:** Bei älteren Blättern entstehen zwischen den Blattadern Aufhellungen. Die Blätter sehen schließlich schmutzig gelbbraun aus, haben aber noch grüne Blattadern. Die Blätter wirken steif und spröde.
- **Manganmangel:** Auf älteren Blättern bilden sich gelbbraune Flecken. Dieses Symptom ist leicht mit einer Pilzerkrankung der Blätter zu verwechseln.
- **Schwefelmangel:** Junge Blätter sind gelbgrün mit hellgelben Blattadern.
- **Eisenmangel:** Junge Blätter sind gelbgrün bis gelb mit grünen Blattadern.

Wollläuse an Kiefer

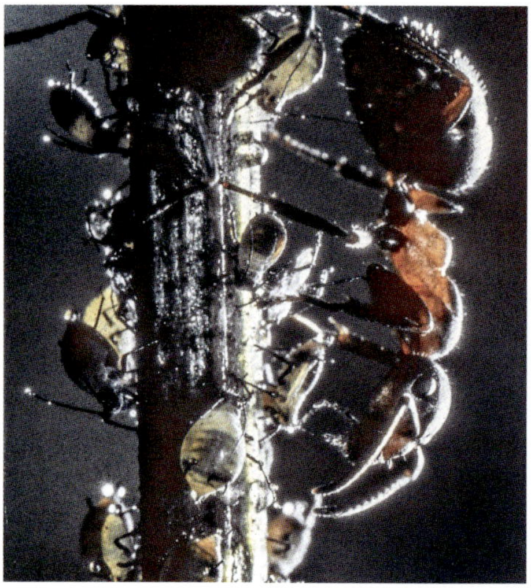

Blattläuse und Ameise

WICHTIGE KRANKHEITEN UND SCHÄDLINGE

Die weitaus häufigsten Krankheiten an Bonsai lassen sich auf unsachgemäße Pflege und einen falschen Standort zurückführen. Auch bei bester Pflege kann es zu einem Schädlingsbefall kommen.

PFLEGEFEHLER

Wird beispielsweise bei einigen Baumarten ein zu sonniger Standort gewählt, kommt es zu Verbrennungen an den Blättern. Ist ein erheblicher Anteil der Blätter verbrannt, wird der Baum durch den Mangel an Fotosyntheseprodukten unter Umständen schwer geschädigt und damit anfällig für Schädlinge.
Ein weitaus gefährlicheres Problem stellt die Staunässe dar. Immer wenn überschüssiges Gießwasser nicht ungehindert abfließen kann, kommt es zu einer starken Schädigung des Wurzelballens. Je nachdem, wie groß der Anteil an abgestorbenen Wurzeln ist, kann Staunässe zum Absterben des gesamten Bonsai führen (siehe S. 123).
Düngermangel schädigt den Bonsai zwar, bringt ihn aber nicht um. In den meisten Fällen sind Düngermangelkrankheiten leicht durch Zugabe des entsprechenden Düngers zu beheben (siehe S. 124).

SCHÄDLINGE

Als Schädlinge an unseren Bonsai treten alle Lebewesen auf, die auch sonst an Pflanzen Schäden anrichten können. Entsprechend

Blatttläuse an Ahorn

Wurzelläuse sind bei Bonsai eher selten.

ergreift man auch dieselben Gegenmaßnahmen wie bei anderen Garten- oder Zimmerpflanzen. Die meisten Schädlinge kommen aus dem Reich der Insekten.

Blattläuse: Die kleinen grünen, schwarzen oder rötlichen, meist flügellosen Insekten saugen hauptsächlich an jungen Pflanzenteilen. Häufig entdeckt man sie anhand ihrer zuckerhaltigen Ausscheidungen, die die Blätter mit einem klebrigen Überzug bedecken und auf denen sich schwarze Mikropilze ansiedeln. Bei starkem Befall krümmen sich die jungen Pflanzenteile und werden braun.

Wollläuse: Sie schützen sich unter einer Kappe aus einem watteartigm Gespinst. Die Schäden an den Bonsai sind ähnlich wie die bei Blattläusen.

Schildläuse: Diese Läuse verbergen sich unter einem festen Schild. Die Schäden an den Bonsai sind ähnlich wie die bei Blattläusen.

Gallwespen: Sie legen ihre Eier in das Blattgewebe. Die schlüpfenden Larven regen den Baum an, charakteristische Neubildungen zu bilden. In diesem „Gallen" leben die Larven und ernähren sich von dem Gallgewebe.

Raupen: Angefressene oder sogar skelettierte Blätter sind von Raupen befallen. Ein untrügliches Zeichen sind kleine schwarze Kothäufchen auf darunterliegenden Blättern.

Borkenkäfer: Sägemehl in der Nähe des Stammfußes und kleine Löcher in der Rinde deuten auf Borkenkäfer hin.

Weiße Fliege: Die nur wenige Millimeter großen Tiere findet man auf der Unterseite der Blätter. Sie fliegen bei Berührung des Baumes auf und sehen wie weißer Puder aus. Sowohl die erwachsenen Tiere als auch deren Larven ernähren sich durch Aussaugen der in den Blättern befindlichen Leitungsbahnen. Die Blätter werden frühzeitig gelb und fallen ab.

Spinnmilben: Die auch „Rote Spinne" genannten winzigen Insekten befallen die Blätter. Man findet zunächst weiße bis gelbliche Flecken, später verfärbt sich das ganze Blatt graubraun. Leicht kann man die Rote Spinne mit einem weißen Blatt Papier diagnostizieren. Die kleinen Tierchen, auf das Blatt Papier geschüttelt, sehen wie Paprikapulver aus.

BESEITIGUNG VON SCHÄDLINGEN

Hierbei sollte man immer das richtige Augenmaß haben. Es erweist sich nie als richtig, auf den bloßen Verdacht hin die Giftspritze einzusetzen. Der Einsatz von Giften sollte immer dem Fachmann überlassen werden. Schon oft hat die sorglose Anwendung von Pflanzengiften zu nicht unerheblichen Gesundheitsschäden bei Menschen und Haustieren geführt.
Größere Tiere, wie zum Beispiel Raupen oder Schnecken, werden einfach abgesammelt.
Dem Laien steht eine ganze Reihe von sogenannten Hausmitteln zur Verfügung, die in ihrer Anwendung nicht gefährlich und bei richtigem Gebrauch auch durchaus wirksam sind. Hilfreiche Brühen können Sie selbst ansetzen (siehe S. 129) und mittels einer Sprühflasche ausbringen. Im Gartenhandel werden mittlerweile auch einige gebrauchsfertige Hausmittel angeboten. So wirken zum Beispiel Pyrethrumpräparate, die aus bestimmten Chrysanthemen gewonnen werden, gegen alle schädlichen Insekten. Der Ansatz der Lösungen und deren Einsatz sollte streng nach der Gebrauchsanweisung durchgeführt werden. Bei der Anwendung aller Präparate sollte man als Vorsichtsmaßnahme Gummihandschuhe tragen. Sollten sich die Hausmittel als nicht ausreichend wirksam erweisen, suchen Sie ein Gartenfachgeschäft oder einen Bonsai-Fachhändler auf und lassen Sie Ihren kranken Bonsai von diesen Fachleuten behandeln.
Marienkäfer, Ohrwürmer und Florfliegen sind sowohl als Jungtiere als auch als erwachsene Tiere ausgesprochene Nützlinge. Sie beseitigen mit großem Appetit erhebliche Mengen an Blattläusen, aber auch Blattflöhe und Wollläuse werden von ihnen gefressen. Darüber hinaus wird in größeren Gartencentern und Gartenfachgeschäften, auch online, eine ganze Reihe von Nützlingen gegen die verschiedensten tierischen Schädlinge angeboten.

Raupen des Kiefernspanners

Rostpilze

PILZERKRANKUNGEN

Bei den schädlichen Pilzen handelt es sich meist um sogenannte Mikropilze, die über die Spaltöffnungen der Blätter in das Gewebe eindringen und sich von den Fotosyntheseprodukten oder den Blattzellen ernähren. Die sich bildenden Fruchtkörper der Pilze erinnern in ihrem Aussehen an weißlichen Schimmel.

Echter Mehltau: Dieser Pilz befällt gern Eichen- und Buchenblätter. Er bildet einen weißlichen Überzug auf der Ober- oder Unterseite der Blätter und lässt sie schließlich vertrocknen.

Schaden durch Eichengallwespe

In den Gallen wachsen die Larven der Gallwespe.

Rostpilze: Sowohl Blätter als auch Zweige sind betroffen. Die Pilze bilden mehr oder weniger lange Pusteln, aus denen rostbraune bis schwarze Sporen hervortreten. Befallene Blätter entfernen und verbrennen!

Teerfleckenkrankheit: Man sieht 1 bis 2 cm große, schwarze Flecken, häufig mit weißen Rändern, auf den Blättern, meist bei Ahornbäumen.

Kiefernschütte: Im Frühjahr werden bis Ende Mai die jungen Blätter von Kiefern braun und fallen ab. Bei genauem Hinsehen erkennt man, dass die Blätter am Blattstiel häufig noch grün sind.

MASSNAHMEN GEGEN PILZERKRANKUNGEN

Bei geringem Befall reicht es häufig, die befallenen Blätter abzusammeln und anschließend zu verbrennen.

Im Gartenfachhandel findet man gegen Pilzerkrankungen Präparate auf Kupfer- und Schwefelbasis. Diese Präparate sind nach ihrer Gebrauchsvorschrift anzuwenden.

☞ PFLANZENBRÜHEN

PFLANZE	ZUBEREITUNG	SCHÄDLINGE
Brennnessel	1 kg frisches Kraut in 10 l kaltem Wasser 24 Stunden ziehen lassen, abseihen	Blattläuse
Wermut	30 g trockenes Kraut mit 10 l Wasser für 24 Stunden ansetzen, abseihen	Läuse, Raupen und Ameisen
Wurm- oder Adlerfarn	1 kg frisches Kraut in 10 l kaltem Wasser für 24 Stunden ansetzen, abseihen	Schild-, Schmier-, Blutläuse

BONSAI UMTOPFEN

Jede Pflanze kann nur so lange gesundes oberirdisches Wachstum haben, wie auch ihren Wurzeln genügend Raum zur Ausbreitung zur Verfügung steht.

Spätestens wenn sich das oberirdische Wachstum deutlich verringert, muss umgetopft werden. Bei einer normalen Topfpflanze setzt man sie in die nächstgrößere Topfgröße um und füllt mit Pflanzerde auf. Bei einem Bonsai wird neuer Wurzelraum durch einen Wurzelschnitt geschaffen, um ihn anschließend in dieselbe Schale mit neuer Erde zurückzupflanzen. Der Wurzelschnitt hat den Nebeneffekt, dass der Restwurzelballen in der Nähe des Stammfußes angeregt wird, sich zu verzweigen und neue Wurzelspitzen zu bilden.

DIE RICHTIGE ERDMISCHUNG

Eine optimale Bonsai-Erde muss genügend Wasser bis zum nächsten Wässern speichern können. Überschüssiges Gießwasser oder Regenwasser muss gut abfließen können. Für eine gute Sauerstoffversorgung der Wurzeln und der nützlichen Bodenorganismen muss gesorgt sein.
Diese Forderungen erfüllt nur eine Mischung aus den Erdkomponenten Lehm, Humus und „scharfer Sand“.

WURZELN HABEN VIELE FUNKTIONEN

Nur die feinen Wurzelspitzen entnehmen dem Boden Wasser und Nährsalze. Die dickeren Wurzeln verankern den Baum in der Erde und geben ihm Stabilität. In ihnen verlaufen auch die Leitungsbahnen, die die aufgenommenen Stoffe an den Baum weiterleiten. Nach einem Wurzelschnitt erhöht der Baum die Anzahl an feinen Wurzeln und damit an Wurzelspitzen. Dadurch kommt ein Bonsai mit einer geringeren relativen Wurzelmasse aus als ein Baum in der Natur.

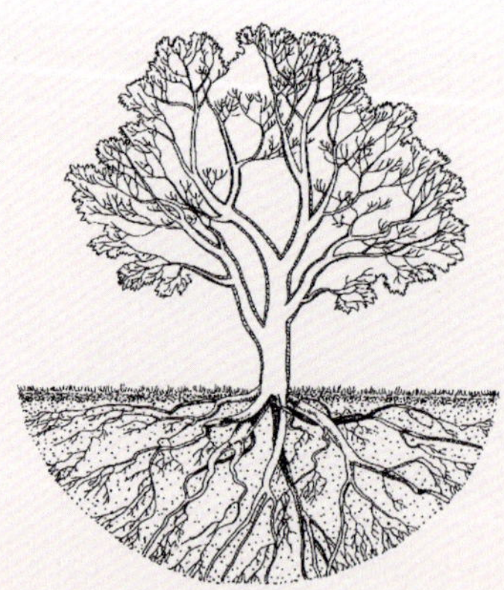

Das Wurzelsystem wird zu den Spitzen hin immer dünner.

LEHM

Der Lehm hat die Aufgabe, Dünger-Ionen so zu binden, dass sie bei Bedarf wieder an den Bonsai abgegeben werden können. Zusätzlich sorgt er für nur geringe pH-Wert-Schwankungen im Boden. Wichtig ist, dass der verwendete Lehm lange seine krümelige Struktur behält und nicht zu einer Verdichtung des Bodens führt. Die aus Japan importierte Akadama erfüllt genau diese Forderungen.

HUMUS

Als Humus eignet sich Komposterde, aber auch Rindenhumus ist gut zu verwenden. Auf keinen Fall sollte Torferde verwendet werden. Torf hat einen zu hohen Huminsäureanteil, den die meisten Bonsai nicht vertragen.

In gutem Humus leben viele nützliche Bodenorganismen, die organischen Dünger in pflanzenverwertbare Nährsalze umwandeln. Zusätzlich speichert der Humus das lebensnotwendige Wasser (siehe S. 122).

SCHARFER SAND

Der sogenannte scharfe Sand sollte eine Korngröße von mindestens 1 mm haben. Er besteht aus den Verwitterungen von Basalt, Granit oder Lava. Seine Aufgabe ist es, für eine gute Durchlüftung des Bodens zu sorgen, da die Wurzeln für ihren Stoffwechsel Sauerstoff benötigen. Durch diesen Bodenbestandteil fließt überschüssiges Gießwasser gut ab und Staunässe wird verhindert. Völlig ungeeignet ist sogenannter Bausand oder Meeressand.

BONSAI-ERDE SELBST MISCHEN

Grunderdmischung: Für 1 kg Pflanzerde benötigt man 450 g Akadama, 50 bis 100 g trockenen Humus und 450 g Lavakies.

Wistarien- und Granatapfelerde: Für 1 kg Pflanzerde mischt man 500 g Akadama mit 300 g trockenem Humus und 200 g Lavakies.

Azaleenerde: Wie die Wistarienerde, nur wird hier der Humusanteil wegen des höheren Huminsäureanteils durch sogenannten Düngetorf ersetzt.

Vor dem Gebrauch wird die Bonsai-Erde immer gesiebt. Man verwendet dazu Siebe mit den Maschenweiten 10, 6 und 1 mm. Die gröberen Erdbestandteile (größer als 1 cm) verwendet man als Drainageschicht am Boden der Bonsai-Schale. Die Pflanzerde hat die mittlere Körnung, also zwischen 10 und 6 mm. Die Erde bis 1 mm verwendet man als Deckerde. Der feine Staubanteil (kleiner als 1 mm) wird nicht verwendet.

MYKORRHIZA – EINE HILFREICHE SYMBIOSE

Viele Baumarten leben mit Pilzen in einer Lebensgemeinschaft (Symbiose). Die Pilzfäden durchziehen den Boden und verzahnen sich mit den Wurzelspitzen der Bäume. Hier übergeben die Pilzfäden Wasser und Nährsalze an den Baum und erhalten dafür Fotosyntheseprodukte von dem Baum. Beide Lebensformen profitieren so voneinander. Beim Umtopfen können Sie das Vorhandensein des Symbiosepilzes an den weißen Fäden und dem angenehmen Pilzgeruch erkennen.

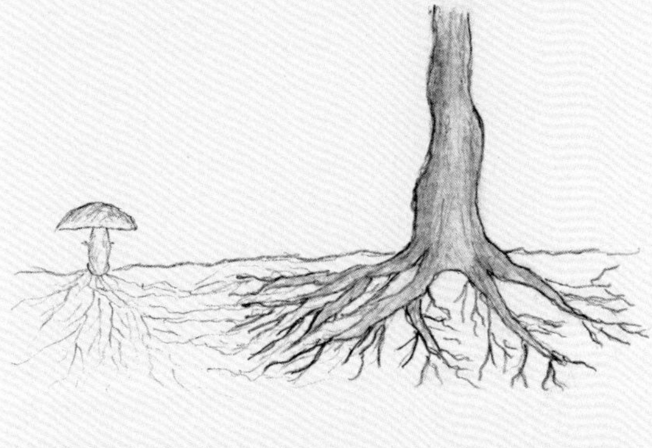

Das Pilzmyzel geht mit den Baumwurzeln eine Symbiose zum gegenseitigen Nutzen ein.

UMTOPFEN UND WURZELSCHNITT

Das Frühjahr ist die beste Jahreszeit für das Umtopfen und den Wurzelschnitt. Zur Vorbereitung lässt man die Erde in den Schalen recht trocken werden.

BENÖTIGTE MATERIALIEN

- gesiebte Bonsai-Erde
- scharfes Messer oder Bonsai-Sichelmesser
- Wurzelkralle
- Essstäbchen oder dünnes Stöckchen mit abgerundeter Spitze
- Plastiknetze zum Abdecken der Abzugslöcher in den Schalen
- Bonsai-Draht (1 und 2 mm dick)
- Bonsai-Scheren unterschiedlicher Stärke
- Drahtzange

SCHRITT FÜR SCHRITT

Zunächst durchtrennt man eventuell vorhandene Fixierdrähte mit der Drahtzange. Mit dem scharfen Messer löst man nun den Wurzelballen vom Schalenrand. Weit unten am Stamm wird der Bonsai umfasst und aus der Schale gehoben. Bei einem kompakten Wurzelballen muss man zusätzlich mit der anderen Hand die Schale nach unten ziehen. Mithilfe der Wurzelkralle wird der Wurzelballen von außen her gelockert. Bald hängen lange Wurzelbärte herab, die stark zurückgeschnitten werden. Da der Wurzelballen recht flach sein muss, werden die Wurzeln auf der Ballenunterseite ebenfalls gelockert und beschnitten.

Mit einem Essstäbchen lockert man den verbliebenen Wurzelballen, sodass ein großer Teil der alten Erde herausrieseln kann. Abgestorbene Wurzelbereiche werden herausgeschnitten. Auf der Ballenoberseite werden der Wurzelhals und die dickeren Oberflächenwurzeln freigearbeitet. Zusätzlich schneidet man zwischen den Wurzeln des Wurzelhalses keilförmige Stücke aus dem Wurzelballen heraus.

1. Vorhandene Fixierdrähte mit der Drahtzange entfernen und mit einem scharfen Messer den Wurzelballen vom Schalenrand lösen. Bonsai unten umfassen und aus der Schale heben.

4. Über den Wasserabzugslöchern mithilfe von Bonsai-Draht Plastiknetze befestigen. Durch die Bodenlöcher Fixierdrähte ziehen. Drainage-Erdschicht einfüllen.

Insgesamt werden bei einem normalen Wurzelschnitt zwischen einem Drittel und der Hälfte der Wurzelmasse entfernt Bei einem mäßigen Wurzelschnitt liegt der Anteil zwischen einem Viertel und einem Drittel.
Will man in die vorherige Schale zurückpflanzen, wird diese zunächst mit klarem Wasser gut ausgewaschen. Über den Wasserabzugslöchern im Boden der Schale befestigt man mithilfe von 2 mm dickem Bonsai-Draht Plastiknetze, damit die Erde später nicht herausrieselt. Nun werden

2. Der Wurzelballen hat bereits die gesamte Schale ausgefüllt. Er muss daher gelockert und um etwa ein Drittel durch Beschnitt reduziert werden.

3. Abgestorbene Wurzelbereiche herausschneiden. Wurzelhals und dickere Oberflächenwurzeln freiarbeiten. Zwischen den Wurzeln des Wurzelhalses keilförmige Stücke herausschneiden.

5. Den Wurzelballen in die Schale setzen. Fixierdrähte diagonal über den Wurzelballen legen und miteinander verdrehen. Mit dem Stäbchen alle Wurzelzwischenräume mit der Erde ausfüllen.

6. Zum Schluss eine dünne Deckschicht Erde aufstreuen und ausgiebig wässern, bis überschüssiges Wasser durch die Abzugslöcher herauszufließen beginnt.

durch die Bodenlöcher Fixierdrähte aus 1 mm starkem Bonsai-Draht gezogen. Bei Schalen über 5 cm Wandhöhe füllt man eine Drainage-Erdschicht bis auf ein Viertel der Schalenhöhe ein. An der Stelle, wo später der Baum stehen soll, macht man einen kleinen Hügel aus Pflanzerde. Mit leichten Hin- und Herbewegungen setzt man den Wurzelballen auf dem Erdhügel auf und drückt den Baum tiefer in die Schale. Der Wurzelhals sollte in Höhe der Schalenkante oder knapp darüber liegen.

Die Fixierdrähte werden diagonal über den Wurzelballen gelegt und miteinander verdreht – nicht um den Stamm wickeln! Mithilfe des Essstäbchens füllt man alle Wurzelzwischenräume mit der trockenen Pflanzerde aus. Dazu stochert man vorsichtig mit dem Stäbchen die Erde zwischen die Wurzeln. Es ist empfehlenswert, noch eine dünne Deckschicht Erde aufzustreuen. Zum Abschluss wird ausgiebig gewässert. Für ein bis zwei Wochen wird der umgetopfte Bonsai wind- und sonnengeschützt aufgestellt.

DIE SCHALE – MEHR ALS NUR EIN GEFÄSS FÜR DEN BAUM

Der japanische Begriff „Bonsai" setzt sich aus den Wörtern „Bon" für Schale und „Sai" für Pflanze zusammen.

Bonsai-Gestaltung ist nicht nur die Formgebung bei einem Baum, sondern auch die Auswahl der passenden Schale. Erst aus der gelungenen Synthese des miniaturisierten Baumes mit der Schale entsteht ein Bonsai. Ich vergleiche das Zusammenwirken von Baum und Schale immer gern mit dem eines Gemäldes mit seinem Rahmen. Setzen wir beispielsweise ein Gemälde von Rubens in einen modernen Rahmen, verliert das Gemälde viel von seiner Wirkung. Der richtige Rahmen ist mehr als nur eine Halterung für das Gemälde, er soll die Aussage des Gemäldes unterstreichen, aber nicht dominieren. Ähnlich ist es mit der Auswahl der passenden Schale für einen kleinen Baum oder eine Gruppenpflanzung. Nur die stilistisch genau passende Schale unterstreicht die Aussage der Pflanzung, wobei sich die Schale in ihrer Wirkung der Pflanzung unterzuordnen hat. Neben ihrer Funktion als Gestaltungselement muss die Schale noch einige andere Funktionen erfüllen:

— Sie muss genügend Erde für die ausreichende Versorgung des Baumes mit Wasser und Nährsalzen aufnehmen können.
— Im Boden müssen hinreichend große und viele Löcher vorhanden sein, damit überschüssiges Wasser abfließen kann.
— Sie dient als Gegengewicht, damit der Baum auch bei stärkeren Windböen nicht umgeworfen wird.

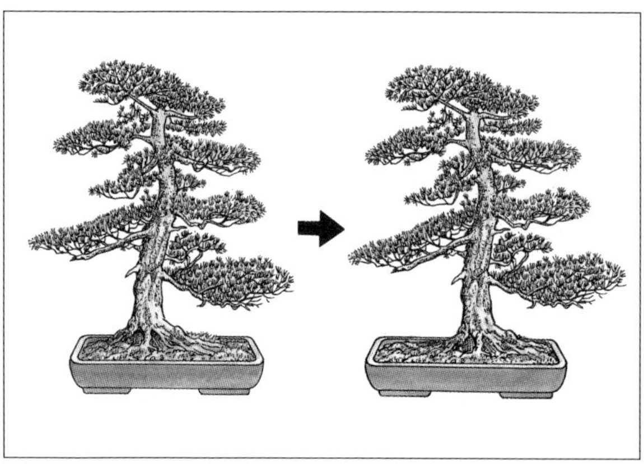

Erst wenn der Baum auf der richtigen Seite der Schale steht, wirkt die Gesamtgestaltung stabil.

DIE WAHL DER RICHTIGEN SCHALE

Bei der Auswahl der passenden Schale gehen wir immer von der gestalteten Pflanze aus. Unsinnig wäre es, für irgendeine Schale einen Bonsai zu gestalten. Schalenform und -größe, aber auch Farbe und Muster richten sich nach der Pflanze bzw. nach der Aussage, die wir der Gestaltung geben wollen.

FORM UND GRÖSSE

In den meisten Fällen hat die richtige Schale eine Länge von etwa zwei Drittel der Baumhöhe bzw. der Hauptbaumhöhe bei Waldpflanzungen. Bei einem gedrungenen Baum mit weit ausladenden Ästen wählen wir eine Schale, die etwa zwei Drittel der Gesamtbreite der Baumsilhouette entspricht. Eine Ausnahme bildet die Literatenform. Hier wird eine sehr kleine, flache, meist runde Schale ausgewählt (siehe S. 53).

Soll die Aussage eines Einzelbaumes oder einer Gruppenpflanzung eine weite Landschaft sein, wählt man eine entsprechend großflächigere Schale aus.
Die Breite der Schale ist bei ovalen und rechteckigen Schalen meist genormt und spielt damit bei der Auswahl der Schale eine untergeordnete Rolle.
Die Höhe des Schalenrandes richtet sich nach der Dicke des Stammes des Einzelbaumes oder des Hauptbaumes in einer Gruppenpflanzung. Meist wird man auf eine Schale zurückgreifen, deren Schalenwandhöhe etwa dem Stammdurchmesser des Baumes oder Hauptbaumes an der dicksten Stelle entspricht. Lediglich bei sehr dünnen Bäumen oder bei Bäumen, die noch einen dickeren Stamm entwickeln sollen, wählt man eine etwas tiefere Schale.

Die dunkelblaue Glasur symbolisiert kühlendes Wasser.

FARBE UND GLASUR

Da die meisten Nadelbäume eine rustikale, männliche Aussage haben, harmonieren mit ihnen erdfarbene, unglasierte Schalen. Die Tonfarben gehen von Grauschwarz über Grau bis hin zu verschiedenen Brauntönen oder Terrakottafarben. Bei handgetöpferten Schalen darf ein Hauch einer Asche-Anflugglasur vorhanden sein.
Laubbäume sind meist leichter und beschwingt mit einer mehr weiblichen Aussage, womit auch glasierte Schalen mit dezenten Pastellfarben harmonieren.
Unerwünscht sind alle stark leuchtenden Glasurfarben oder gar unruhige, sogenannte Effektglasuren.
Bei der Auswahl der Glasurfarbe sollte man sich immer vor Augen führen, dass die Wirkung der Schale der Aussage des Baumes untergeordnet ist. Hilfreich ist es, sich an den Farben des Baumes zu orientieren. Das können die Farben der Blüten, der Früchte, der Laubfärbung in den Jahreszeiten oder die der Borke sein. Nach allgemeinem Harmonieverständnis wählt man bei der Glasur eine Komplementärfarbe zu einer der Baumfarben aus (siehe S. 136). Beispielsweise ist Gelb die Komplementärfarbe zu Violett. Mächtige Laubbäume mit dickem Stamm, zum Beispiel Eichen, wirken am besten in unglasierten, erdfarbenen Schalen.

SCHALENRAND, -FÜSSE UND VERZIERUNGEN

Neben der Form – rund, oval, quadratisch, rechteckig, sechs- oder achteckig – beeinflussen die Art des Schalenrandes, die Form der Schalenfüße und eventuelle Bemalungen der Schalenflächen die Gesamtaussage des Bonsai. So wird ein großer schwerer Baum in eine Schale mit nach außen gebogenem Schalenrand, gerader Linienführung und massiven Schalenfüßen gepflanzt. Ein

langsam wachsender Baum kommt hingegen in einer Schale mit eingebogenem Schalenrand, runderen Formen und auf leichten, vielleicht wolkenförmigen Schalenfüßen besser zur Geltung.
Mit ornamentalen Verzierungen oder farbigen Bildern bemalte Schalen werden in erster Linie mit Komplementärpflanzen wie Kräutern oder Gräsern bepflanzt. In Einzelfällen können unglasierte Schalen mit Zeichnungen, die an Tuschezeichnungen erinnern oder mit Schriftzeichen versehen sind, auch mit einem Bonsai bepflanzt werden. Zeichnungen wie Schriftzeichen sollten sich dabei aber auf die Grundaussage des Baumes beziehen.

DER SCHALENKAUF

Zur Sicherheit sollten Sie den Baum beim Kauf einer Schale mitnehmen. Man kann dann mehrere infrage kommende Schalen vor den Baum halten und die Gesamtwirkung von Baum und Schale besser beurteilen. Wenn Ihnen die Entscheidung schwerfallen sollte, wird Sie Ihr Bonsai-Händler oder der Schalen-Künstler bei der Auswahl beraten.
Schalen können eine aktive oder passive Aussage haben. Dabei kann eine Schale von ihrer Form her eher passiv sein, während Farbe oder aufgebrachte Verzierungen sie aktiv werden lässt. Grundsätzlich kann man sagen: Je deutlicher Rand oder Füße auffallen, je verzierter die Schalenwände und je auffälliger die Farben der Glasur sind, um so dominanter, aktiver ist die Schale. Eher passive Schalen haben zurückhaltende Schalenränder, sind erdfarben und haben unauffällige Füße, die sich häufig ohne Absatz an die Schalenwände anschließen.
Die in den Tabellen aufgeführten Richtlinien können helfen, die Schaleneigenschaften in Beziehung zur Aussage des Baumes zu setzen. Es müssen nicht alle Eigenschaften erfüllt sein. Sie sind teilweise auch nicht gemeinsam an einer Schale vertreten.

Hellblaue Glasur: komplementär zum roten Laub

Zu Hainbuchen passt eine zurückhaltende Schalenfarbe.

Komplementärfarben sind nach der Farbenlehre die Farben, die sich im Farbkreis gegenüberliegen.

☞ SCHALEN FÜR DOMINANTE BÄUME

KRÄFTIGER STAMM, DICKE ÄSTE MIT AUSGEPRÄGTEN WINKELN ZUM STAMM, RAUE BORKE, AUSGEPRÄGTER STAMMFUSS

SCHALE	GERADER STAMM	GEWUNDENER STAMM
Form	rechteckig, quadratisch	rechteckig, quadratisch, rund, oval, sechseckig, achteckig
Wand	geradlinig, schwach gewinkelt	nach außen gewölbt, nach innen gewölbt, gerade mit leichter Biegung am Rand
Oberer Rand	breite, auffallende Lippe, einwärts gebogener Rand	schmale Lippe, einwärts gebogener Rand
Füße	sichtbar in Wolkenform, sichtbar	geradlinig sichtbar in Wolkenform, sichtbar verziert

☞ SCHALEN FÜR ZURÜCKHALTENDE BÄUME

WENIGER DICKER STAMM, DÜNNERE ÄSTE, GLATTE RINDE, WENIGER STARK AUSGEPRÄGTER STAMMFUSS

SCHALE	GERADER STAMM	GEWUNDENER STAMM
Form	oval, rund, langgezogen	rechteckig oval, rund, langgezogen rechteckig
Wand	zum Rand hin leicht nach außen gebogen	einwärts gebogen
Oberer Rand	gerade, leicht ein- oder auswärts gezogen	gerade, leicht ein- oder auswärts gezogen
Füße	unauffällig und flach, schließen sich ohne Absatz an die Wände an	unauffällig und flach, leicht auswärts gebogen mit zurückhaltender Verzierung, flach und halbmondförmig

Schlichte Schalenform mit Engobe-Malerei

Handgetöpfert mit aufgelegten Knöpfen

HISTORISCHE SCHALEN

Schon vor mehr als 10.000 Jahren begannen Menschen, aus Ton Gegenstände für den täglichen Gebrauch zu formen und anschließend zu brennen. Zunächst waren die Gefäße nur grob und dem jeweiligen praktischen Verwendungszweck angepasst. Doch bald begannen die Menschen, auch Gegenstände aus Ton zu formen und im Feuer zu brennen, die sie hauptsächlich wegen ihrer Schönheit schätzten.

Die Chinesen waren eines der ersten Kulturvölker, die sich sehr intensiv um die Verfeinerung der Keramiken bemühten. Zunächst bestanden die Keramikgegenstände aus Steinzeug, doch bereits im 7. Jahrhundert stellten die Chinesen zum ersten Mal reines Porzellan her.

STEINZEUG

Unter Steinzeug fasst man alle Keramiken zusammen, die aus farbig brennenden Tonen geformt werden. Töpfertone bestehen aus Verwitterungsresten (Quarz, Glimmer), Verwitterungsneubildungen (den sogenannten Tonmineralien Kaolinit und Montmorillonit) und Beimengungen von Feldspat und Kalk. Bei Temperaturen zwischen 1200 und 1300 °C wird der Ton weißglühend und kristallisiert beim langsamen Abkühlen aus – man sagt, der Ton sintert. Die einzelnen Bestandteile sind nun steinhart und vor allem wasserdicht miteinander verbunden.

PORZELLAN

Porzellan besteht aus einem feinen Gemenge von Kaolin, Quarz und Feldspat. Das sogenannte chinesische (und japanische) Weich-Porzellan ist arm an Kaolin, aber reich an Quarz und Feldspat und entwickelt seine ganze Schönheit bei einem Brand zwischen 1200 und 1300 °C.

Die frühen chinesischen Porzellane hatten mit Vorliebe eine hellgrüne Glasur. In der Ming-Dynastie (1368–1644) erlangte die Blau-Weiß-Glasur eine beherrschende Stellung in der chinesischen Keramik. Bis in diese Zeit wurden die Porzellangegenstände noch nicht als Pflanzgefäße benutzt.

Erst zu Beginn der Ching-Dynastie (1644–1912) entwickelte sich die Überglasurmalerei mit drei oder fünf Farben und die Unterglasurmalerei in Blau. Unter dem

Historische chinesische Schale mit üppiger Bemalung

Kaiser Kanghi (1662–1722) war dann der Höhepunkt des chinesischen Porzellans erreicht mit seinen farbigen Glasuren, die mit feinsten Unterglasur- und Aufglasurmalereien verziert wurden. In diese Zeit gehören dann einige der schönsten Schalen, die auch als Pflanzgefäße Verwendung fanden.
Für Penjing, die chinesische Version von Bonsai, wurden weiterhin hauptsächlich unglasierte oder nur mit dezenten Farben glasierte Steinzeugschalen verwendet. Blumen, Gräser und andere Pflanzen, die man bei Bonsai-Ausstellungen als Komplementärpflanzen verwendet, wurden hingegen vornehmlich in Porzellanschalen präsentiert.

GLASIERTE KERAMIK

Gegen Ende der Kamakura-Periode (1185–1334) tauchten in Japan die ersten glasierten Keramiken auf. In dieser Zeit hatten die Japaner schon lange Handel mit China und Korea getrieben, und so kamen die dort hergestellten Keramiken nach Japan. Zen-Mönche, die nach China reisten, brachten unter anderem die Techniken des Glasurbrandes und der dafür nötigen Brenntechniken nach Japan.

Bis in diese Zeit kannten die Japaner lediglich unglasierte Keramiken bzw. zufällig beim Brennvorgang aufgetretene Asche-Anflugglasuren. Die Brennöfen waren in den Abhang eines Berges gegrabene Kammern von 30 bis 40 m Länge. Um die hohen Temperaturen zu erreichen, die für die Sinterung des Tons notwendig sind, muss mit großen Mengen Holz und Reisstroh gefeuert werden. Bei der Größe der Brennöfen kann es bis zu 60 Tage dauern, ehe auch die letzte Brennkammer die erforderliche Temperatur erreicht hat.
Jedes Mal, wenn das Feuer neu geschürt werden muss, werden Aschefunken aufgewirbelt, die sich als feiner Belag auf den Tonwaren niederlegen. Bei etwa 1240 °C schmelzen die darin enthaltenen Salze und bilden eine Art Glasur. Während des Abkühlungsvorgangs, der bis zu 60 Tage dauert, verbindet sich die Glasur mit dem steinhart gebrannten Ton. In kleineren Öfen dauern der Brennvorgang und die Abkühlung natürlich entsprechend kürzer.
Asche-Anflugglasuren unterscheiden sich von den bewusst aufgetragenen Glasuren durch ihren mehr oder weniger zufälligen

Historische chinesische Schale mit Glasurmalerei

Handgetöpfert mit feiner Malerei

Interessante Farbverläufe in der Glasur

Verspielte Form für Beipflanzung

Unglasierte Schale mit aufgelegtem Bildmotiv

Charakter. So entstehen beim Feuerwechsel Schattenflecken (jap.: yohen) in rotvioletter bis dunkelgrauer Färbung. Auch können Feuerspuren (jap.: hidasuki) leicht raue, dunkel verkrustete Flächen hinterlassen, die der Keramik einen besonderen Charakter verleihen. Aber auch eine ganze Reihe verschiedener Glasuren und Auftragetechniken für die Glasuren wurden entwickelt. Allen traditionell in Japan verwendeten Glasuren sind die zurückhaltenden Farben gemeinsam. Irdene, dunkle Farben lassen die Keramik ihre Schönheit entfalten.

Je nach Luftzufuhr im Ofen verändern Ton und Glasur ihre Farben. Wird viel Luft zugeführt, spricht man von einem Oxidationsbrand, weil der Sauerstoff der Luft mit dem Ton und der Glasur reagiert. Bei einem Reduktionsbrand kommt nur wenig Sauerstoff in den Ofen, und den Bestandteilen von Ton und Glasur wird chemisch gebundener Sauerstoff entzogen. So färben sich Eisenverbindungen in der Glasur im Oxidationsbrand gelb bis braun, während sie im Reduktionsbrand grün werden.

In den Keramikzentren von Seto, Tokoname, Shigaraki, Tamba, Echizen und Bizen wendet man noch heute diese alten Techniken an. Diese sechs Keramikzentren werden auch als die „Sechs Alten Öfen“ bezeichnet. Neben den Schalen aus den japanischen Keramikzentren wurden in Japan aber weiterhin aus China importierte Schalen für die Bonsai-Gestaltung verwendet. Zum Teil wurden nach dem zweiten Weltkrieg sogar historische Bonsai-Schalen von Japan in die Keramikzentren Chinas geschickt, um dort „nachgebaut“ zu werden.

Es ist daher recht schwierig, historische chinesische von alten japanischen Schalen zu unterscheiden, da sich die Stile nur unwesentlich voneinander unterscheiden. Die meisten wertvollen alten Schalen tragen auf der Unterseite des Schalenbodens einen Stempel. Chinesische Schalen haben immer das Zeichen des Künstlers, während japanische Schalen entweder das Zeichen des „Ofens“ oder des Künstlers tragen.

Alte Schalen, die von vornherein zur Bepflanzung gefertigt wurden, haben häufig sehr große Wasserabzugslöcher. Nicht selten sind die Bodenlöcher als „Vollmond“, „Halbmond“ oder „Stern“ gestaltet.

Wurde die Schale zunächst für einen anderen Zweck geformt, sind die meist sehr kleinen Wasserabzugslöcher erst später in den Schalenboden gebohrt oder gebrochen worden. Die Spuren der nachträglichen Zweckveränderung kann man noch heute gut erkennen.

INDUSTRIELL GEFERTIGTE SCHALEN

Für die große Nachfrage an preiswerten Schalen werden Bonsai-Schalen in Massen hergestellt. Solche Schalen produziert man in allen gängigen Formen und Größen, wobei sie maschinell in Formen gepresst und in Fließbandöfen gebrannt werden. Die Glasuren werden vor dem Brennvorgang meist nach dem Übergießverfahren aufgetragen. Hierbei wird auf den schräggehaltenen Schalenrohling die Glasurschlämme mit einer Schöpfkelle aufgegossen. Nach dem Trockenvorgang haftet die Glasurmasse auf dem Ton und wird beim anschließenden Brennen fest mit ihm verbunden.

Aus dieser Produktionsweise ergeben sich einige unverkennbare Eigenschaften:

- Alle Schalen einer Produktionsreihe sind von gleicher Qualität.
- Bei Schalen derselben Form gibt es nur sehr geringe individuelle Unterschiede.
- Die Wasserabzugslöcher sind bei Schalen derselben Form exakt an denselben Stellen und von gleicher Größe.

- Die Schalenwände sind immer sehr gleichförmig, fast steril.
- Die Schalenfüße und die aufgelegten Verzierungen sind meist sehr einfach geformt, und man sieht keine Arbeitsspuren, die durch das Aufmontieren von Hand entstehen.

Maschinell geformte Schalen eignen sich gut für Bonsai, die in großen Mengen und in gleichem Qualitätsstandard produziert werden. Da die Schalen recht preiswert sind, kann man sich einen größeren Vorrat anlegen und bei Bedarf dann die passende Schale für einen Bonsai zur Hand haben. In der Erziehungsphase des Bonsai sind solche Schalen vollkommen ausreichend.

HANDGETÖPFERTE SCHALEN

Sobald der Baum im Laufe der Jahre oder Jahrzehnte seine ganze Würde entwickelt hat, ist zu überlegen, ob man ihn nicht in eine handgeformte Schale umpflanzen sollte. Von Hand gearbeitete Schalen unterstreichen den individuellen Charakter des Baumes und lassen ihn zu einem echten Kunstwerk reifen. Außerdem stellt jede handgetöpferte Schale ein Unikat dar. Sie ist damit die angemessene Ergänzung zur Einmaligkeit des gestalteten Baumes.
Gute, ob nun historische oder neuere, handgetöpferte Schalen haben aber nicht nur eine Berechtigung als „Rahmen“ für einen Bonsai. Sie sind es auch wert, als eigene Sammlerobjekte betrachtet zu werden. In Japan gilt es als besondere Ehre, wenn ein Bonsai-Meister einem Gast seine Sammlung wertvoller (unbepflanzter) Schalen präsentiert.
Unter dem Begriff „handgetöpfert“ fasst man zwei völlig unterschiedliche Fertigungsweisen zusammen. Einerseits meint man damit die Formgebung in einer vorgefertigten Form und andererseits den freien Aufbau der Schale aus dem feuchten Ton. Bei beiden Methoden können wir mehr oder weniger viele Arbeitsspuren, vor allem im Innenraum der Schale, entdecken. Aber auch an den Stellen, an denen die Einzelteile der Schale zusammengefügt wurden, können wir zum Beispiel Streichspuren finden.

VORGEFERTIGTE FORM

Bei der ersten Methode wird zunächst eine Form aus Gips oder Holz hergestellt. In diese Form wird nun von Hand eine ausgewalzte Platte aus feuchtem Ton gelegt und an die

Flache, rechteckige Schale mit angeschrägten Ecken

Wände der Form dicht angedrückt. Nach einiger Zeit verliert der Ton einen Teil seiner Feuchtigkeit, wird fester und schrumpft dabei leicht. Nun kann die vorgeformte Schale aus der Form genommen und weiterbearbeitet werden. Von Hand werden nun die Löcher gestochen, die Füße anmontiert oder Verzierungen aufgelegt Auch können in den nun lederharten Ton Muster, Bildmotive oder Schriftzeichen eingeschnitten werden.

FREIER AUFBAU

Die zweite Methode ist komplizierter und zeitraubender. Hier baut der Künstler den Schalenkörper frei von Hand auf. So können runde Schalen auf der Töpferscheibe aus einem feuchten Tonklumpen gedreht werden. Hier sehen wir entsprechende Schleifspuren.
Eckige, aber auch runde Schalen können nach der Plattentechnik aufgebaut werden. Hierzu schneidet man aus dem Tonklumpen gewalzte Platten im feuchten Zustand zurecht und fügt sie anschließend zusammen. Auch die anderen Details der Schale wie die Füße, die Verzierungen, die Bildspiegel und Schalenränder werden von Hand geformt und an den Schalenkörper montiert. Bei den sehr sorgfältigen Nacharbeiten der fertig zusammengesetzten Schale werden alle Unebenheiten und Arbeitsspuren sorgfältig beseitigt. Trotzdem können die Spuren der reinen Handarbeit bei genauer Betrachtung immer noch ausgemacht werden. Sicher verleihen gerade diese minimalen Spuren der handgetöpferten Schale einen ganz besonderen Reiz und geben ihr eine gewisse Eigendynamik.

DAS BESONDERE AN HANDGETÖPFERTEN SCHALEN

Gebrannt wird heute in modernen Gas- oder Elektroöfen mit viel geringerer Brenndauer und vermindertem Risiko beim Brennen.

Handgetöpferte ovale Schale mit schattierter Glasur

Handgetöpferte sechseckige Schale mit verlaufender Glasur

Handgetöpferte Schalen haben natürlich einen viel höheren Preis als industriell gefertigte Schalen. Der hohe Aufwand und die vielen Unwägbarkeiten, die bei der Herstellung einer Schale von Hand entstehen, rechtfertigen sicher den höheren Preis.
Wird eine handgetöpferte Schale mit einem Bonsai bepflanzt, verändert sie im Laufe der Jahre ihre Ausstrahlung. Die chemischen Veränderungen durch Wasser, Dünger und Witterungseinflüsse geben ihr Patina. Die Spuren der Zeit lassen sie immer mehr an Charakter gewinnen.

FORMGEBUNG

FORMERHALTUNG UND FORMVERBESSERUNG

Ein Bonsai ist zwar die Miniaturisierung eines großen Baumes, aber weder erreicht er die Form von sich aus, noch bleibt sie ohne unsere Hilfe erhalten.

Ein guter Bonsai ist das Ergebnis einer Zusammenarbeit zwischen dem Baum und dem Menschen, der ihn gestaltet hat.
Ein Bonsai ist ein Kunstwerk, welches niemals fertig ist. Die erste Gestaltung stellt nur den Anfang von Arbeiten dar, die während des ganzen Lebens des Baumes durchgeführt werden müssen. Selbst ein ausgewogener, in allen Belangen einmaliger Bonsai muss immer wieder aufs Neue in Form gebracht werden. Würde man einen Baum, der viele Jahre als Bonsai gepflegt wurde, in den Garten pflanzen und sich frei entwickeln lassen, würde er bald seine Bonsai-Form verlieren und zum mächtigen Baum heranwachsen.
Je früher die Gestaltungsarbeit an dem Baum beginnt, umso weniger sichtbar sind die Eingriffe des Menschen. Ein sehr früher Beginn der Gestaltungseingriffe stellt allerdings die Geduld des Gestalters am stärksten auf die Probe.
Die Entwicklung eines Sämlings oder eines Stecklings zum fertigen Bonsai von Anfang an zu lenken, dauert viele Jahre. Das Ergebnis ist aber sicherlich ein in allen Merkmalen ausgewogener Bonsai mit nur wenigen, unbedeutenden Narben.
Beginnt man mit den gestalterischen Eingriffen in die Form des Baumes erst nach einigen Jahren, so sind die Maßnahmen drastischer und zunächst auch deutlich sichtbar. So führt die Umgestaltung einer mehrjährigen Baumschulpflanze recht schnell zu einem ansehnlichen Ergebnis, und man erspart sich viele Jahre vorausschauender Gestaltungsarbeit. Es wird aber nicht zu vermeiden sein, auch dickere Äste zu entfernen, deren Wunden mit der Zeit zwar von außen nach innen überwallt werden, die Narben bleiben trotzdem immer sichtbar.

DAS RICHTIGE WERKZEUG

Wie bei jeder Kunst benötigt man bei der Bonsai-Gestaltung einige spezielle Werkzeuge und Spezialzubehör. Die vorgestellten Werkzeuge werden zu Anfang zwar nicht alle benötigt, sind aber, gerade wenn man selbst Bonsai gestalten will, sehr hilfreich. Die Werkzeuge werden zum größten Teil aus Japan importiert und haben sich dort seit Langem bewährt.
Für den Anfang benötigt man folgende Werkzeuge und Hilfsmittel:

— Eine oder mehrere normale Bonsai-Scheren, mit denen man mit einem glatten Schnitt Triebe, Äste und Wurzeln beschneiden kann. Anders als übliche Gartenscheren verfügen Bonsai-Scheren wie eine Haushaltsschere über Schneidbacken auf beiden Seiten. Beim Schneiden

Werkzeuge für den Anfang: 1. Drahtzange, 2. Pinzette, 3. Schere, 4. Essstäbchen, 5. Kunststoffnetze, 6. Wurzelkralle, 7. Draht, 8. Erdschaufel, 9. Erdbesen

von Trieben wird so kein Pflanzengewebe gequetscht.

- Mit der Konkavzange trennt man dickere Äste und Wurzeln ab. Der Schnitt ist nach innen gewölbt und gewährleistet eine bessere Wundverheilung, ohne dass sich das Wundgewebe anschließend zu stark aufwölbt.
- Größere Wunden (ab Bleistiftstärke) sollten immer mit einem Wundverschlussmittel abgedeckt werden. In einem guten Gartencenter oder im Bonsai-Fachhandel werden verschiedene geeignete Produkte angeboten. Besonders zu empfehlen ist eine im Bonsai-Handel angebotene Wundknetmasse, die aus Japan importiert wird. Ist die behandelte Wunde verheilt, fällt diese Masse von selbst ab, ohne Spuren zu hinterlassen.
- Bonsai-Draht in verschiedenen Stärken dient der Formkorrektur und der Fixierung der Abdecknetze in den Bonsai-Schalen und der Bonsai in den Schalen.
- Abdecknetze werden für die Wasserabzugslöcher in der Bonsai-Schale benötigt.
- Mithilfe der Wurzelkralle und einiger Essstäbchen wird der Wurzelballen beim Umtopfen gelockert, anschließend wird mit den Essstäbchen die Erde zwischen die Wurzeln gestochert.
- Die Drahtzange findet Verwendung beim Einkürzen von Bonsai-Draht, beim Eindrahten und beim Entfernen des Drahtes vom Baum. Bei der Drahtzange sind die Kneifbacken so angeordnet, dass der Draht beim Entfernen durchgekniffen werden kann, ohne den Baumteil zu verletzen.
- Um die Bonsai-Erde in verschiedene Korngrößen zu sortieren, ist ein Set Bonsai-Siebe zu empfehlen. Vor allem der sandige Anteil kann hiermit sicher aus dem Erdgemisch entfernt werden.
- Für die Wassergaben ist eine langhalsige mit feinem Brausekopf versehene Gießkanne zu empfehlen. Diese Form der Gießkanne erzeugt einen ausreichenden Wasserdruck mit fein verteiltem Wasser.

Je nach Ihren Fortschritten in der Gestaltungsarbeit werden Sie im Bonsai-Fachhandel eine ganze Reihe weiterer, nützlicher Werkzeuge vorfinden.

STAMM- UND ASTENTWICKLUNG

Die Form eines Baumes wird durch seinen Stamm und die Anordnung seiner Äste bestimmt. Schon von Weitem kann man echte Baumindividuen in der freien Landschaft an ihrer typischen Form erkennen. Jeder gute Bonsai sollte ebenfalls ein einmaliges Baumindividuum darstellen und eine unverwechselbare Form erhalten. Dennoch gibt es einige Merkmale, die alle Bonsai gemeinsam haben.

Da wäre zunächst einmal der Stamm. Sein Verlauf vom Wurzelhals bis zur Spitze legt die grundsätzliche Form des Bonsai fest und bestimmt somit auch die Anordnung der Äste. So müssen die Äste an einem gewundenen Stamm teilweise anders angeordnet sein als bei einem geraden Stammverlauf.

Bei einem Stamm mit Biegungen und Windungen befinden sich die Äste vorzugsweise an der Außenseite der Stammwindungen. So können die Äste die Blätter für die Fotosynthese optimal ins Licht bringen. Ein Baum mit einem geraden Stamm hingegen kann seine Äste überallhin sprießen lassen, wobei übereinanderliegende Äste sich nicht gegenseitig beschatten sollten.

Ein Ast, dessen Laub kein Licht bekommt, wird absterben. Für den Baum wäre es reine Verschwendung, im Schatten Blätter wachsen zu lassen. Im Schatten könnten diese Blätter keine Fotosynthese durchführen.

Da der Stamm ein so wichtiges Merkmal eines Baumes darstellt, sollte ein Betrachter den Verlauf des Stammes auf der Vorderseite des Bonsai gut betrachten können. Das gilt vor allem für den unteren Bereich des Stammes. Hier entspringen die dicksten und längsten Äste und weisen zu den Seiten und nach hinten. Die nach hinten weisenden Äste geben dem Baum optische Tiefe und lassen ihn mächtiger erscheinen.

In der Mitte des Stammverlaufes können einzelne Äste auch leicht zur Vorderseite hin

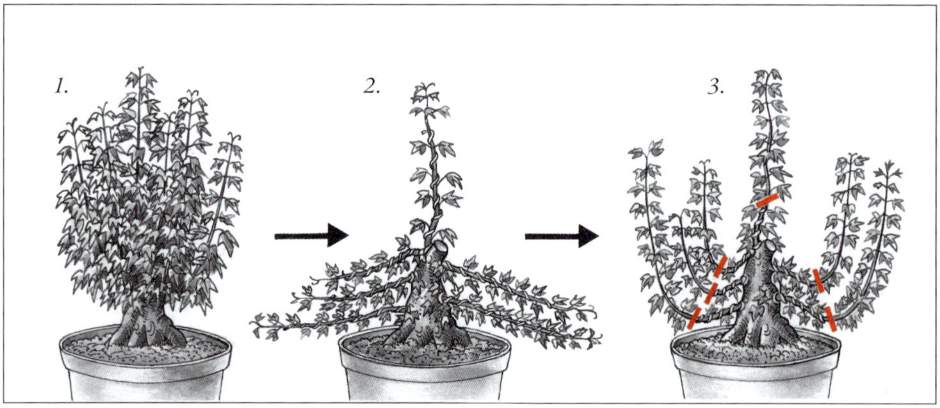

Astverdickung

1. *Zur Astverdickung lässt man die neuen Triebe lang durchwachsen.*
2. *Die Triebe, die zum Kronenaufbau benötigt werden, drahtet man ein und bringt sie in Form. Die nicht benötigten Triebe werden ganz entfernt.*
3. *Die Triebspitzen lässt man, bis die Äste die richtige Dicke haben, senkrecht nach oben wachsen. Spätestens im Herbst werden die Äste stark zurückgeschnitten.*

☞ JÄHRLICHER LEBENSZYKLUS EINES BAUMES

Ein Baum durchlebt während eines Jahres verschiedene Entwicklungsphasen:

Ruheperiode (R): Ab Anfang November bis Ende Februar ist die Ruhephase bei Laubbäumen verbunden mit dem laublosen Zustand. Der Wassergehalt ist im Ganzen niedrig, in der Rinde (70 %) niedriger als im Holz (90 %).

Mobilisierungsphase (M): Bei über 5 °C kann die Mobilisierungsphase ab Mitte Januar beginnen (siehe Zeichnung: schwarzes Kreissegment). Die Speicherstoffe in der Rinde werden aktiviert und aus dem Holz strömt Wasser in die Rinde. Der Nachstrom von Wasser aus den Wurzeln setzt ein und die Knospen schwellen an.

Wachstumsphase (W): Die Triebe wachsen zwischen Mai und Juni in die Länge. Bis Ende August findet das Dickenwachstum statt. Die voll entfalteten Blätter produzieren Zucker und Stärke und sorgen durch Verdunstung für den Strom von Wasser und Nährsalzen aus den Wurzeln in die oberirdischen Pflanzenteile.

Speicherphase (S): Trotz nachlassendem Wachstum und Reifung von Früchten produzieren die Blätter weiterhin Zucker und Stärke. Überschüssige Stärke wird in Rinde und Holz von Stamm und Wurzeln eingelagert. Die Blätter nehmen ihre Herbstfärbung an und werden abgeworfen; die Ruhephase beginnt.

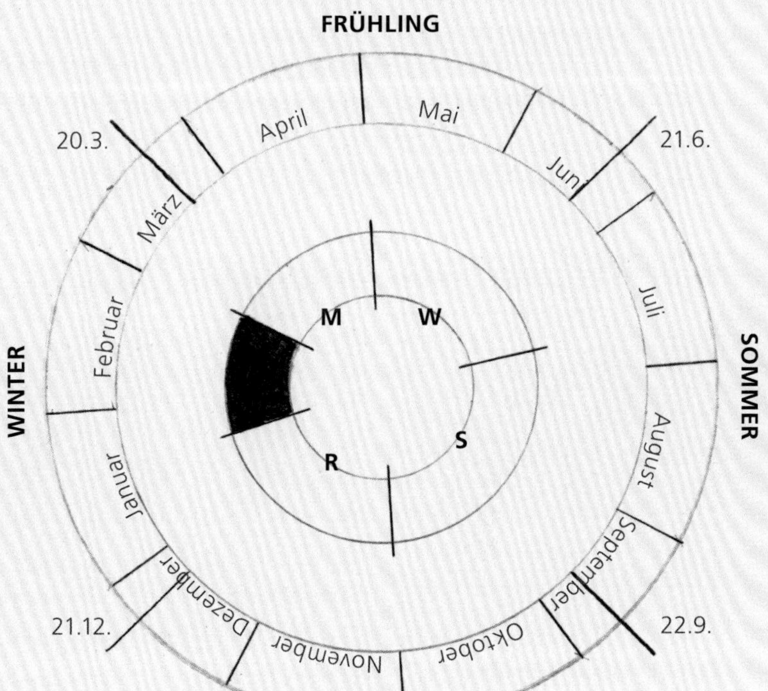

wachsen, sie dürfen aber niemals direkt auf den Betrachter zeigen. Erst im oberen Drittel des Baumes, der Krone, dürfen Äste auch direkt nach vorn weisen. Insgesamt nimmt die Dicke und Länge der Äste von unten nach oben hin ab. Ebenso nimmt die Dicke des Stammes von unten nach oben gleichmäßig ab. Da bei einem Baum der untere Stammbereich auch immer der älteste Teil ist, hat er hier die meisten Jahresringe und muss somit der dickste Teil sein.

Das Dickenwachstum eines Baumes hängt sehr stark von der Menge der Blätter ab. Nur sie können bei der Fotosynthese neue Baustoffe bilden, die für den Bau neuer Zellen verwendet werden können. Soll der Stamm an Dicke zulegen, lässt man die Äste stärker auswachsen, bevor sie dann wieder auf die gewünschte Länge zurückgeschnitten werden. Gleiches gilt natürlich, wenn ein einzelner Ast dicker werden soll. Auch hier lässt man die sprießenden Zweige länger auswachsen und schneidet sie erst später wieder zurück (siehe Zeichnung S. 148). Sind die Blattzwischenräume (Internodien) nun sehr lang, muss der notwendige Rückschnitt recht stark sein.

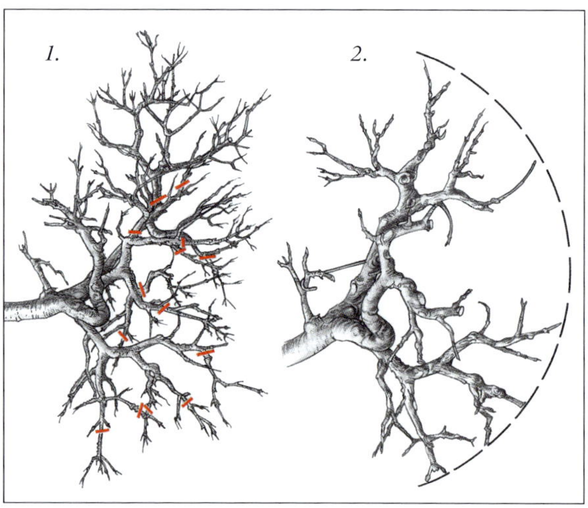

Astentwicklung

1. *Der Ast hat sich stark verzweigt, hat aber nicht die angestrebte Form eines Halbkreises oder eines ungleichschenkligen Dreiecks.*
2. *Die Astsilhouette ist durch Schnitt in Form gebracht und die Zweigstruktur überarbeitet worden.*

FREILANDWACHSTUM BRINGT DEN STÄRKSTEN ZUWACHS

Den stärksten Zuwachs erreicht man, wenn der Baum für einige Jahre ins Freiland gepflanzt wird. Hier findet er in der umgebenden Erde ein viel größeres Angebot an Wasser und Nährsalzen als in den beengten Verhältnissen einer Bonsai-Schale.

Damit die Wurzeln weiterhin einen kompakten Ballen bilden, sollte der Baum regelmäßig mit einem scharfen Spaten umstochen werden. Weit auswachsende Wurzeln werden so gekappt und der Baum wird gezwungen, in Stammnähe mehr feine Wurzeln zu bilden. Umstochen wird in einem Kreis, der der Ausdehnung der weitesten Äste entspricht. Die beste Zeit für das Umstechen ist etwa Ende August. Bis zum Beginn des Herbstes hat der Baum so die Chance, die Wunden an den Wurzeln zu verheilen und mit dem Wachstum neuer, feiner Wurzeln zu beginnen.

Die Formung der Äste wird natürlich auch im Freiland weiterhin durchgeführt. Alle erforderlichen Arbeiten wie Beschneiden, Ausdünnen oder Drahten werden genauso durchgeführt, als befände sich der Baum in einer Bonsai-Schale. Lediglich auf einen Blattschnitt sollte man verzichten, da die Blattmasse das Dickenwachstum bestimmt. Hat der Baumstamm nach einigen Jahren die gewünschte Dicke erreicht, wird der Baum im Frühjahr beim Anschwellen der Knospen vorsichtig ausgegraben, eventuell mit einem Wurzelschnitt versehen und in die ausgewählte Bonsai-Schale gepflanzt.

Die Japanische Hainbuche in frei aufrechter Form zeigt ein ungleichschenkliges Dreieck als Silhouette.

DER WURZELHALS

Neben dem Stamm ist der Wurzelhals, der Übergang des Wurzelbereiches zu den oberirdischen Baumteilen, eines der wichtigsten Merkmale eines guten Bonsai. Sichtbare, dickere Wurzeln sollten gleichmäßig von allen Seiten auf den Stamm zustreben. Ein gut ausgebildeter Wurzelhals vermittelt den Eindruck, der Baum sei fest in der Erde verwurzelt, wie man das auch bei einem sturmerprobten Baumveteranen in der freien Natur sieht.

Ohne einen guten Wurzelhals kann ein Bonsai seinen großen Vetter nicht überzeugend in Miniatur darstellen. Und das selbst dann nicht, wenn die sonstigen Baumteile gut gestaltet sind. Ein Bonsai ohne einen überzeugenden Wurzelhals erinnert eher an einen beblätterten Pfahl als an einen Baum.

Die Wurzeln, die den Wurzelhals bilden, sollten sich ein Stück weit knapp oberhalb der Erdoberfläche erstrecken, bevor sie sich dann sanft ins Erdreich wenden.

HERAUSARBEITEN EINES WURZELHALSES

Schon beim ersten Eintopfen eines jungen Baumes in seine Schale sollte ein besonderes Augenmerk darauf gelegt werden, dass sich Wurzeln in gleicher Höhe nach allen Seiten hin ausbreiten. Sind noch keine dickeren Wurzeln rund um den Stamm vorhanden, so ist das eine Frage von richtiger Pflege und Zeit, bis sich auch dünnere Wurzeln verdickt haben und einen Wurzelhals bilden. Dazu werden alle Wurzeln in der beabsichtigten Wurzelhalsebene direkt am Stamm entfernt, bis auf die Wurzeln, die man verdicken möchte. Hierdurch werden die ver-

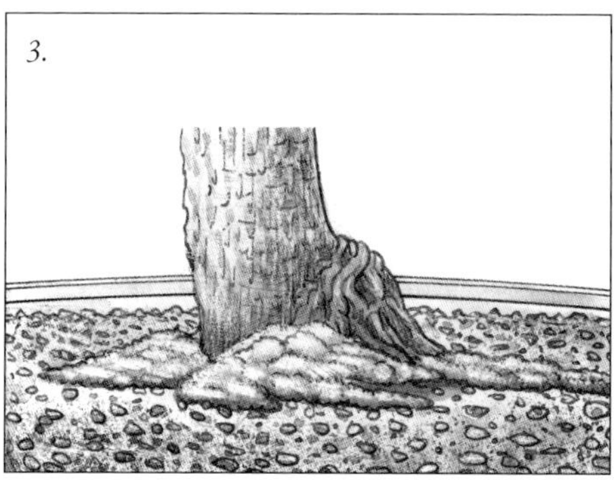

Auf einer Baumseite fehlen Wurzeln für den Wurzelhals:

1. *Mit einem Stechbeitel werden Löcher bis ins Holz gestochen.*
2. *Bewurzelungshormon wird in die Löcher gestrichen.*
3. *Mit feuchtem Moos und Erde wird die Bewurzelungsstelle abgedeckt. Die Erde muss an dieser Stelle immer feucht gehalten werden.*

Nach einem halben bis ganzen Jahr sind zunächst feine Wurzeln aus den Wundverheilungen herausgewachsen.

bliebenen Wurzeln in ihrem Wachstum gefördert. Sie verzweigen sich und werden umso dicker, je mehr Wurzelmasse sich an einem Wurzelansatz bildet.
Nach einigen Jahren kann man von Wurzelschnitt zu Wurzelschnitt den Wurzelhals immer mehr freilegen und präsentieren. Die freigelegten Wurzelteile bilden bald eine dickere Borke aus, um sich gegen Austrocknung zu schützen.
Zur weiteren Förderung der Wurzeln, die den Wurzelhals bilden, schneidet man bei jedem Wurzelschnitt keilförmige Stücke zwischen diesen Wurzeln aus dem Wurzelballen heraus. Dadurch wird für diese Wurzeln wieder Raum für weitere Verzweigungen geschaffen und damit ihr Dickenwachstum gefördert.

HERANZIEHEN NEUER WURZELN DIREKT AM STAMM: ABMOOSEN

Sind auf einer Seite des Stammes keine Wurzeln vorhanden, so kann man durch Abmoosen das Wurzelwachstum anregen. Die beste Zeit dafür ist im späten Frühjahr oder im Frühsommer. Dazu bohrt man an der geplanten Stelle Löcher mit dem Stechbeitel bis ins Holz und trägt etwas Bewurzelungshormon auf die Wunden auf. Das Hormon nur dünn auftragen, da eine Überdosierung das Wurzelwachstum sogar hemmen würde. Danach legt man feuchtes Moos auf, deckt das Ganze mit Erde ab und hält die Stelle feucht. Nach einiger Zeit setzt die Wundverheilung ein, und aus dem Wundgewebe sprießen in dem feuchten Milieu neue Wurzeln. Die feinen Wurzeln werden im Laufe der Zeit verzweigter und dicker.
Manchmal ist der Stammbereich direkt über dem Wurzelbereich nicht so gut ausgebildet, um sich als Wurzelhalsbereich zu eignen. Weiter oben am Stamm bietet sich ein Bereich aber förmlich an, nur sind hier keine Wurzeln. Das Problem ist zu lösen, indem man den Baum dazu bringt, an der beabsichtigten Stelle Wurzeln zu bilden.

FORMERHALTUNG BEI LAUBBÄUMEN

Die meisten bei uns heimischen Laubbäume werfen im Herbst ihr Laub ab. Bereits in dieser Wintervorbereitungsphase sind die Knospen für den Austrieb im nächsten Frühjahr angelegt.
Bringt ein Baum Triebe mit Blättern und Blüten aus verschiedenen Knospen hervor, so sind diese oft auch in ihrer Form verschieden. Vergleicht man die Knospen miteinander, so fällt auf, dass Triebknospen spitz zulaufen, während die Blütenknospen eine abgerundete Spitze haben.

DER FORMSCHNITT

Beim Formschnitt im Spätwinter oder im zeitigen Frühjahr ist auf die verschiedenartigen Knospen zu achten. Will man Blüten an seinem Blüten-Bonsai haben, sollte man die Triebe so beschneiden, dass die Blütenknospen geschont werden. Da zum Beispiel eine Azalee ihre Blütenknospen immer an der Triebspitze hat, wird ein Formschnitt erst nach der Blüte durchgeführt.
Bei nichtblühenden Bonsai ist vor dem Austrieb jedes Jahr ein Formschnitt nötig. Die Knospen, die sich an den letztjährigen Triebspitzen gebildet haben, sind meist stärker ausgebildet als die Knospen, die näher zum Stamm am Trieb gebildet wurden. Beim Austrieb erhält die Triebspitzenknospe immer den größten Anteil an Nährstoffen und unterdrückt das Wachstum der hinten liegenden Knospen. Wird die Triebspitzenknospe entfernt, werden die anderen Knospen stärker versorgt und treiben aus. Benötigt hingegen ein Ast noch verstärktes Dickenwachstum, werden hier die Triebspitzenknospen nicht entfernt. Je länger man Triebe auswachsen lässt, umso stärker ist das Dickenwachstum der Triebe und des Stammes. Der sich entwickelnde Trieb ist kräftig und lässt durch seine Fotosyntheseleistung den Ast schneller dick werden.

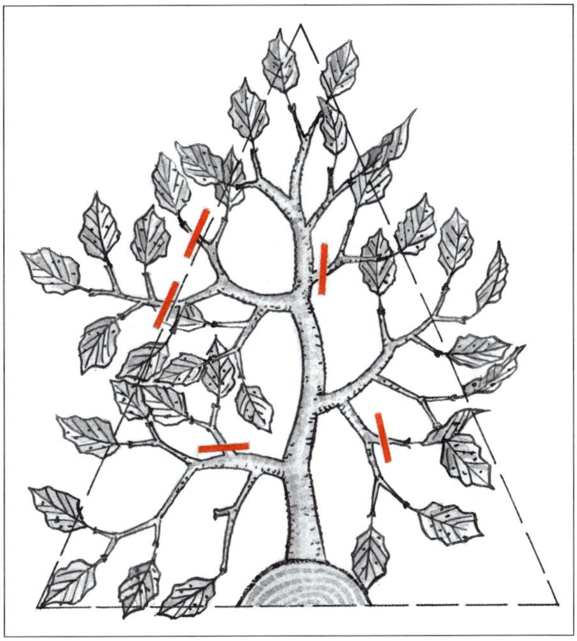

Auch die einzelnen Äste schneidet man auf die Form eines ungleichschenkligen Dreiecks zurück. Gleichzeitig wird die zu dichte Verzweigung ausgedünnt.

LAUBBÄUME UND IHRE KNOSPEN

Die Knospen von Laubbäumen werden meist schon im vorherigen Jahr in den Blattachseln angelegt. Hier bildet der Baum eng gefaltete Blätter an Zweiganlagen mit nur sehr kurzen Abständen. Im nächsten Frühjahr streckt sich die Zweiganlage und die Blätter werden entfaltet. Nimmt man schon in der Streckungsphase die Spitze des Triebs zurück, werden die verbliebenen Blattabstände kürzer. Vor allem bei bereits ausgereiften Bonsai kann man so ein kompakteres Wachstum erreichen.

Lang auswachsende Triebe haben aber die Nachteile, dass sie sich nur wenig verzweigen und große Blattabstände haben. Nach erfolgtem Dickenwachstum müssen solche Langtriebe auf nur sehr wenige Knospen zu-

01

02

03

01 *Vielfach bilden sich ganze Büschel von Trieben in der Krone oder an den Zweigen. Triebe mit langen Blattabständen (A) werden ganz entfernt. Die Büschel werden, bis auf die Triebe, die für die weitere Gestaltung wichtig sind (B), ausgedünnt.*

02 *Zum Teil werden die verbliebenen Triebe auch in Form gedrahtet.*

03 *Japanische Buche im Austrieb (Sommer siehe S. 87)*

rückgeschnitten werden. Diese Methode des „Wachsen Lassens und starken Zurückschneidens“ wendet man so lange an, bis die beabsichtigte Ast- oder Stammdicke erreicht ist.

Nun erarbeitet man eine feine Verzweigung. Die im Kapitel „Die häufigsten Bonsai“ (siehe S. 212 ff.) angegebenen Formgebungsmaßnahmen dienen genau diesem Ziel. Dazu schneidet man die Triebe sehr früh zurück und führt häufig auch einen Teilblattschnitt durch – jedoch nur bei gesunden Bäumen! Der frühe Rückschnitt beginnt an den äußeren Trieben, weil hier das Wachstum am stärksten ist. Zunächst werden die Baumkrone und die Spitzen der dicken Äste beschnitten. Etwa zwei Wochen später erfolgt der Rückschnitt der feineren Zweige an den Ästen. Grundsätzlich muss die Krone des Baumes den stärksten Rückschnitt erfahren, da sich hier die größte Wachstumskraft sammelt und die Form des Baumes sonst aus dem Gleichgewicht gerät. Bei allen Schnittmaßnahmen muss das unterschiedliche Verzweigungsschema der verschiedenen Laubbaumarten berücksichtigt werden.

Die Laubbaumarten, die für die Bonsai-Gestaltung infrage kommen, haben im Wesentlichen zwei Verzweigungsschemata:

- Wechselständig: An einem Zweig folgt dem Blatt auf der rechten Seite im weiteren Zweigverlauf ein Blatt auf der linken Seite usw.
- Gegenständig: Immer zwei Blätter stehen sich genau gegenüber.

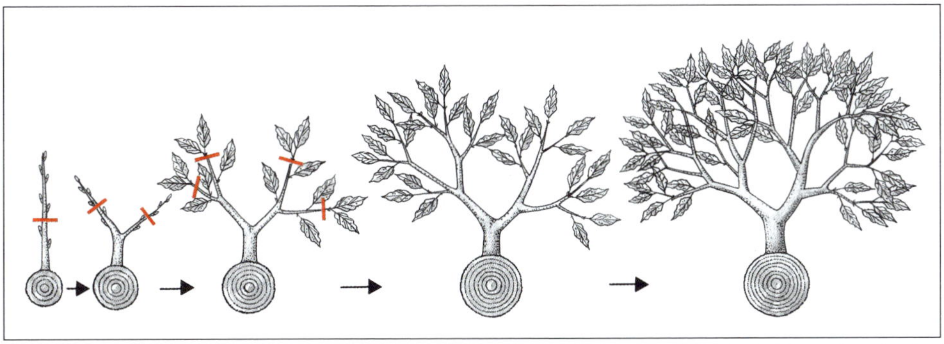

Astentwicklung bei wechselständiger Verzweigung nur durch den Schnitt über mehrere Jahre: Die Knospe bzw. das Blatt hinter dem Schnitt zeigt jeweils in die Richtung, in die der folgende Trieb wachsen wird. Natürlich muss in jedem Jahr geschnitten werden.

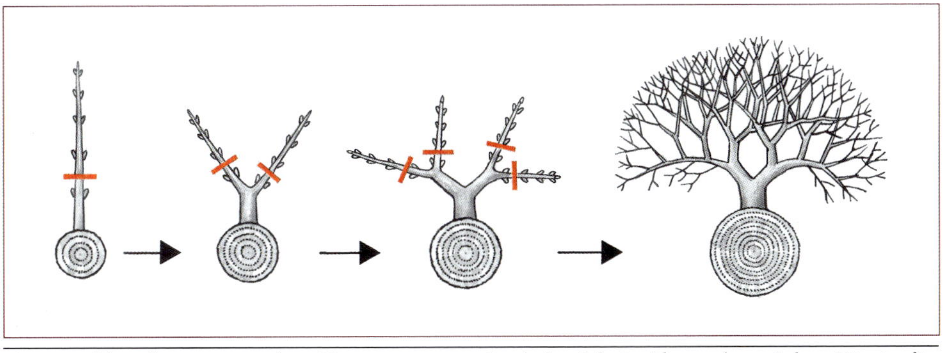

Astentwicklung bei gegenständiger Verzweigung nur durch den Schnitt über mehrere Jahre: Hier ist die Verzweigung regelmäßiger als bei der wechselständigen Verzweigung.

Grundsätzlich bildet sich in jeder Blattachsel eine neue Knospe, aus der beim Austrieb ein neuer Trieb mit Blättern herauswächst. Entsprechend haben Bäume mit gegenständigem Verzweigungsschema ein symmetrischeres Wachstum als Bäume mit wechselständiger Verzweigung.
Die Achselknospe zeigt immer in die Richtung, in die der folgende Trieb wachsen wird. Wenn man sich die Stellung der Knospen genau anschaut, kann man das Wachstum des Folgetriebes vorhersagen. Der Schnitt erfolgt also, von der Triebspitze aus gesehen, vor der Knospe, die in die Richtung zeigt, in die der neue Trieb wachsen soll. Will man bei Bäumen mit gegenständiger Verzweigung nur einen Spitzentrieb in einer bestimmten Richtung haben, bricht man gleichzeitig die Knospe heraus, die nicht austreiben soll.

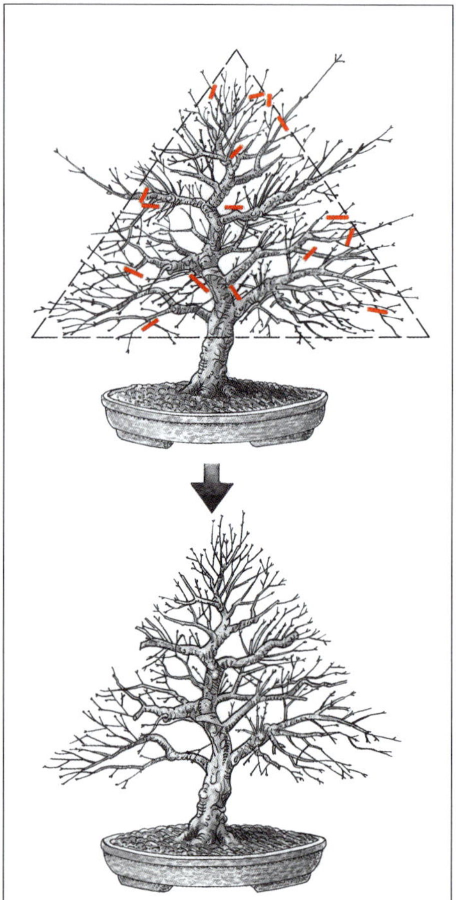

Beim Formschnitt im Frühjahr werden alle Triebe, die über die Grenzen des ungleichschenkligen Dreiecks hinausreichen, eingekürzt. Gleichzeitig wird die Krone ausgelichtet.

STÄRKERER RÜCKSCHNITT

Nach einigen Jahren sollten dicht verzweigte Bäume stärker zurückgeschnitten werden. Vor allem an den Astspitzen und im äußeren Kronenbereich stehen die Blätter gut im Licht und können viel Fotosynthese betreiben. In den Kroneninnenbereich und zur Basis der Äste dringt nur wenig oder gar kein Licht vor. Alle Zweige, deren Blätter kein ausreichendes Licht bekommen, bilden keine Blätter mehr aus und sterben ab. Das hat zur Folge, dass der Baum innen verkahlt. Nach einem stärkeren Rückschnitt der Äste kann nun wieder mehr Licht in die inneren Baumbereiche dringen. Eventuell ist eine zu dichte Verzweigung gleichzeitig auszudünnen. Hierdurch werden sogenannte schlafende Augen zum Austrieb angeregt. In der Folgezeit wird der Baum von innen her wieder dichter.

TEILBLATTSCHNITT UND VOLLBLATTSCHNITT

Von der Triebbasis zur Triebspitze werden die Blätter und damit auch die jeweiligen Achselknospen immer größer. Große Knospen haben gegenüber kleinen Knospen einen Wachstumsvorsprung; das Wachstum verlagert sich so zur Spitze hin.
Mit einem Teilblattschnitt kann man diese Tendenz umkehren. Dazu schneidet man von dem Spitzenblatt einen großen Teil der Blattfläche ab. Dem nächsten Blatt nimmt man weniger seiner Blattfläche weg (siehe Zeichnung S. 157). Wird diese Methode durchgeführt, hat nun das innerste Blatt die größte Blattfläche, während das äußerste Blatt die kleinste Blattfläche hat. Beim

Bei ausgereiften Ahornen wird bereits das zweite Blattpaar mit der Knospenzange entfernt.

nächsten Austrieb haben nun die inneren Knospen einen Wachstumsvorsprung, und wir bekommen insgesamt eine gleichmäßige, feine Verzweigung.

Mit einem Vollblattschnitt verfolgt man ein anderes Ziel, nämlich die Verkleinerung zu großer Blätter. Der Vollblattschnitt darf nur bei absolut gesunden Bäumen durchgeführt werden, weil der Baum durch den Blattschnitt geschwächt wird. Auch sollte man nicht in jedem Jahr einen Vollblattschnitt durchführen.

Beim Vollblattschnitt schneidet man alle Blattflächen direkt am Blattstiel ab, lässt den Blattstiel aber stehen. Nach einiger Zeit wird der Blattstiel trocken und fällt ab. Aus den Achselknospen erfolgt ein Zweitaustrieb im selben Jahr, aber mit kleineren Blättern und kürzeren Blattabständen. Diese Methode macht nur Sinn, wenn nicht gleichzeitig übermäßig gedüngt wird.

Die richtige Zeit für einen Blattschnitt ist im Frühsommer, sobald die Blätter voll ausgebildet sind und ihre endgültige Färbung erhalten haben.

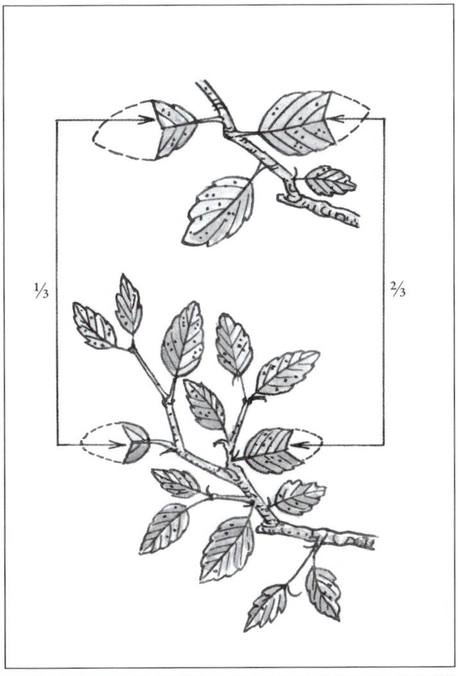

Beim Teilblattschnitt werden die Blattflächen von vorne nach hinten verkleinert. So treiben alle Achselknospen gleichmäßiger aus. Die Angaben 1/3 und 2/3 beziehen sich auf die am Baum verbleibende Blattfläche.

Kiefernkerzen werden mit den Fingerspitzen zurückgezupft.

Wurzeltriebe beim Ginkgo sind mit der Knospenzange zu entfernen.

FORMERHALTUNG BEI NADELBÄUMEN

Je nach Art werden zur Verfeinerung der Gestaltung und Erhaltung der Form unterschiedliche Techniken angewendet.

FORMERHALTUNG BEI KIEFERN

Aus den Kiefernknospen treiben im Frühjahr kerzenartige Triebe aus. Haben die Kerzen fast ihre endgültige Länge erreicht, schieben sich die Nadeln aus ihren Blattscheiden. Bei der Mädchen-Kiefer kommen aus jeder Blattscheide fünf Nadeln, während die Schwarz-Kiefer und die Gemeine Kiefer nur zwei Nadeln pro Scheide ausbilden.
Jetzt ist der richtige Zeitpunkt, um die neuen Triebe einer Mädchen-Kiefer einzukürzen: Das Einkürzen wird mit den Fingerkuppen durchgeführt. Hierzu hält man mit den Fingern der einen Hand den unteren Teil der Kerze fest, während man mit den Fingern der anderen Hand den Teil der Kerze herausdreht, den man entfernen will.
Auf keinen Fall erfolgt das Einkürzen junger Triebe mit der Schere. Bei einem Schnitt werden fast unvermeidlich auch Nadeln angeschnitten, deren Schnittstellen sich braun färben und ein unschönes Bild abgeben.
Kerzen, an deren Basis im Frühjahr viele gelbe, männliche Blüten waren, werden nach dem Abwurf der Blüten ganz entfernt. In dem Bereich, an dem die männlichen Blüten saßen, entwickeln sich keine Nadeln, sodass der Trieb nur an der Spitze ein kleines Büschel Nadeln aufweisen würde. Am Stumpf des abgeschnittenen Triebs bilden sich kleine Knospen, aus denen in diesem oder im nächsten Jahr neue Triebe wachsen.
Die Formerhaltung der Gemeinen Kiefer und der Japanischen Schwarz-Kiefer ist

Letztjährige Lärchentriebe auf wenige Knospen zurücksetzen.

Chinesischer Wacholder mit Stamm-Shari in frei aufrechter Form

Junge Triebe bei Igel-Wacholder sollten zurückgezupft werden, um einen kompakten Wuchs zu fördern.

Längere Spitzentriebe auf kurze Nebentriebe zurückschneiden.

etwas aufwendiger und wird daher im Kapitel „Die häufigsten Bonsai“ (siehe S. 257 ff.) ausführlich beschrieben.

FORMERHALTUNG BEI TANNE UND FICHTE

Der Austrieb bei Tannen und Fichten unterscheidet sich vom Austrieb der Kiefern. Schon beim Öffnen der Knospen sieht man die Nadeln dicht gedrängt beisammenste

WASSERVERDUNSTUNG

Laubbäume: Die der Wasserverdunstung und dem Gasaustausch dienenden Spaltöffnungen von Laubbättern befinden sich auf der Unterseite der Blätter. Da sie direkt in der Unterhaut des Blattes liegen, verstärken vorbeistreichende Luftbewegungen die Verdunstung von Wasser.
Nadelbäume: Bei Nadelblättern hingegen liegen die Spaltöffnungen in einer Vertiefung. Die Verdunstungsrate ist deutlich reduziert, weshalb Nadelbäume mit weniger Wasser auskommen können als ein gleich großer Laubbaum.

hen. Die Dicke des Nadelbüschels ist ein Maß für die spätere Länge des neuen Triebs. Sobald sich der Trieb zu strecken beginnt, zupft man einen Teil des Nadelbüschels mit den Fingerspitzen heraus. Sehr dicken Nadelbüscheln nimmt man zwei Drittel ihrer Masse. Mittlere Nadelbüschel werden um ein Drittel eingekürzt. Kleine Nadelbüschel zupft man nicht zurück.

FORMERHALTUNG BEI LÄRCHE

An Lärchen bilden sich zwei Sorten von Trieben aus: Kurz- und Langtriebe. Sobald sich aus den Knospen der Langtriebe die Nadelbüschel zu strecken beginnen, zupft man die Triebe zurück. Man kürzt hier auf wenige Zentimeter ein. Sollen die Zweige hingegen länger auswachsen, um den Ast stärker zu verzweigen oder stärkeres Dickenwachstum zu fördern, werden diese Langtriebe auf das gewünschte Maß zurückgeschnitten, sobald die grünen Zweige beginnen, ihre gelbliche oder rötliche Rindenfarbe anzunehmen. Kurztriebe bilden hingegen nur Nadelbüschel aus, die dicht gedrängt angeordnet sind. Kurztriebe werden nicht eingekürzt.

Beim Chinesischen Wacholder auf kurze Nebentriebe zurückschneiden.

Bei der Scheinzypresse sind die Triebe mit einer Schere auf kurze Nebentriebe zurückzuschneiden.

FORMERHALTUNG BEI IGEL-WACHOLDER UND GEMEINEM WACHOLDER

Der Igel-Wacholder und der bei uns heimische Gemeine Wacholder haben nadelartiges Laub. Hier zupft man die Triebspitze ab, sobald der Trieb die gewünschte Länge erreicht hat. Dadurch wird das Längenwachstum des neuen Triebs gestoppt und ein kompaktes Wachstum gefördert. In den Achseln der verbliebenen Nadeln bilden sich bald neue Knospen. Sobald diese Knospen auszutreiben beginnen, werden die längeren Nadeln abgezupft.

FORMERHALTUNG BEI NADELBÄUMEN MIT SCHUPPENFÖRMIGEN BLÄTTERN

Schuppenförmige Blätter liegen dem Trieb ganz nah an. Beim Einkürzen junger Triebe mit einer Schere werden unweigerlich auch Blätter mit angeschnitten. Die Schnittstellen werden braun und bieten einen unschönen Anblick. Deshalb kürzt man junge Triebe durch Zupfen mit den Fingerkuppen ein.
Chinesischer Wacholder: Bei dieser Wacholder-Art erarbeitet man wolkenförmige Astpolster. Dazu werden alle jungen Triebe, die über die Silhouette hinausragen, zurückgeschnitten. Dabei achtet man darauf, dass möglichst wenige schuppenförmige Blätter angeschnitten werden. Der junge Austrieb aller anderen Triebe wird um ein bis zwei Drittel zurückgezupft, sobald er von hellgrün nach dunkelgrün überzugehen beginnt. Lang austreibende Zweige setzt man mit der Schere auf kürzere Nebentriebe zurück und bildet so die wolkenförmige Gestalt aus.
Scheinzypressen: *Chamaecyparis*-Arten haben eine fächerförmige Anordnung der Zweige an einem Ast. Dieses Charakteristikum sollte bei den Formerhaltungsmaßnahmen herausgearbeitet werden. Wenn es nur darum geht, den Austrieb im Frühjahr zu begrenzen, zupft man lediglich alle Triebe gleichmäßig zurück. Anders ist es beim Einkürzen eines längeren Triebs. Dazu schneidet man auf einen Nebentrieb zurück, der bereits Ansätze der Fächergestalt zeigt. Nun beginnt dieser Trieb stärker zu wachsen. Die jungen Triebe werden, sobald sie die gewünschte Länge erreicht haben, so zurückgezupft, dass die Fächergestalt wiederhergestellt wird.

Bei der Gestaltung einer Baumschulpflanze muss meist umfangreich gedrahtet werden.

FORMKORREKTUREN DURCH DRAHTEN

Nicht selten muss der Verlauf des Stammes, von Ästen oder Zweigen verändert werden, um eine harmonischere oder ausdrucksstärkere Baumgestalt zu erzielen.

Neben dem Schnitt ist die Formkorrektur mithilfe von Draht die wichtigste Eingriffsmöglichkeit in die Form des Bonsai.
Der Draht an einem Bonsai ist kein Gestaltungsmerkmal, sondern ein Gestaltungsmittel. Der Draht wird immer nur angelegt, um eine Formkorrektur vorzunehmen. Sobald die gewünschte Korrektur eingetreten ist, wird er wieder entfernt. Natürlich ist es unsinnig, einen Baumteil einzudrahten, dessen Form keiner Korrektur bedarf.
Eine Formkorrektur unter Verwendung einer Drahtung kann natürlich nur erfolgen, solange der betreffende Baumteil noch biegbar ist. In einigen Fällen kann man hier eine Korrektur mithilfe spezieller im Fachhandel erhältlicher Schraubzwingen versuchen.
Ist Draht ausreichender Stärke angelegt worden, kann der betreffende Baumteil in einen anderen Verlauf gebogen werden. Schon vor dem Anlegen des Drahtes sollte die geplante Formkorrektur feststehen. Sobald sich das Holz eines neuen Jahresringes bildet, stabilisieren die neugebildeten Zellen die durch den Draht vorgegebene Form. Je nach Baumart dauert dieser Stabilisierungsprozess zwischen einem halben und einem ganzen Jahr.
Ein neuer Jahresring bedeutet aber immer auch Dickenwachstum, das heißt, der Bonsai strebt von innen auf den Draht zu. Hat das Dickenwachstum den Draht erreicht, wird der Holzzuwachs an den Rändern des Drahtes verstärkt, und der Bonsai versucht, den Draht wie eine Wunde zu überwallen. Setzt diese Reaktion ein, und will man unschöne Narben vermeiden, muss der Draht entfernt werden. Dazu kneift man mit der Drahtzange den Draht Windung für Windung durch und sammelt die Drahtstücke ab (siehe S. 173).

WARUM SOLLTE GEDRAHTET WERDEN?

Lässt man einen Baum frei wachsen, so wird er in seiner Jugend normalerweise einen geraden Stamm ausbilden, um möglichst schnell Höhe zu erreichen. Gleichzeitig streben die Äste der meisten Bäume in der Jugend mehr oder weniger steil nach oben. Bei einem Bonsai wollen wir aber einen reifen Baum verkleinert nachbilden. In der freien Natur werden die Äste durch ihr Eigengewicht oder durch Schneelasten im Winter häufig herabgebogen, wodurch der Baum die für seine Art typische Gestalt erhält. Da an einem jungen Baum weder das Eigengewicht der Äste ausreichend ist noch

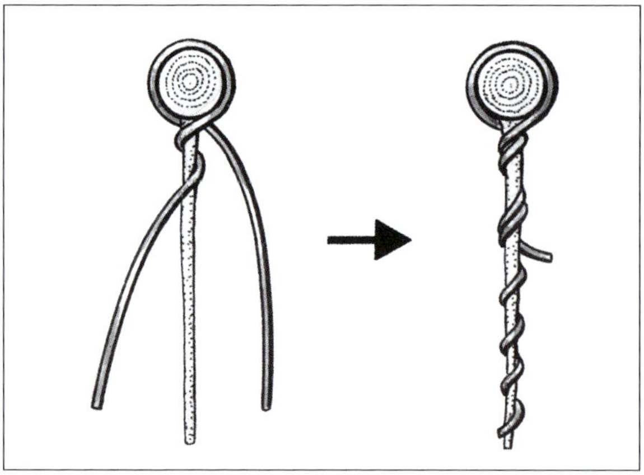

Steht kein gleichstarker Ast für eine gemeinsame Drahtung zur Verfügung, windet man den Draht um den Stamm und führt erst das eine Ende des Drahtes von oben, dann das andere Ende von unten um den Ast. Am Ende gehen beide Drahtenden in Parallelwindungen um den Ast.

DER BAUM REAGIERT AUF DEN DRAHTUNGSDRUCK

Um einen Ast eines Bonsai in seiner Form zu verändern, wird er eingedrahtet. Wird nun der Ast gebogen, werden auf der Biegungsaußenseite die Zellen gestreckt und kleine Verletzungen im Holz hervorgerufen. Die Zellen des Kambiums teilen sich nun verstärkt, um der Zugspannung auszuweichen. Etwas Ähnliches geschieht auf der Biegungsinnenseite. Nur werden hier die gestauchten Zellen in ihrem Wachstum gehemmt. Nach einiger Zeit stabilisieren diese Vorgänge die aufgezwungene Biegung und der Draht kann entfernt werden.

Schneelasten groß genug werden, müssen die Äste auf andere Weise herabgebogen werden. Eine bewährte Möglichkeit ist das Arbeiten mit Draht.

Ebenso haben in der Natur alte Bäume im freien Stand selten einen geraden Stamm. Durch die verschiedenen Witterungseinflüsse ist er häufig mehr oder weniger stark gebogen. Auch dieses Merkmal eines sturmerprobten Baumveteranen kann man bei einem jungen Baum mithilfe von Draht nachempfinden.

Dem Stamm kann man mit dem Draht selbst durch nur leichte Biegungen ein spannungsreicheres Aussehen verleihen. Mit dem Draht geformte Äste und Zweige unterstreichen die Form des Stammes und leiten so die Aufmerksamkeit des Betrachters.

IN WELCHER JAHRESZEIT WIRD GEDRAHTET?

Im Prinzip kann man einen Baum in jeder Jahreszeit drahten. Dennoch ist zu bestimmten Zeiten das Drahten empfehlenswerter als zu anderen Zeiten.

Im Winter führen die Leitungsbahnen wenig Saft, entsprechend gering ist die Flexibilität der Triebe. Nur mit äußerster Vorsicht kann man die Triebe von Nadelbäumen biegen. Bei den meisten laubabwerfenden Bäumen kann man zwar die Astkonstruktion

Mithilfe von Draht wird die Form überarbeitet.

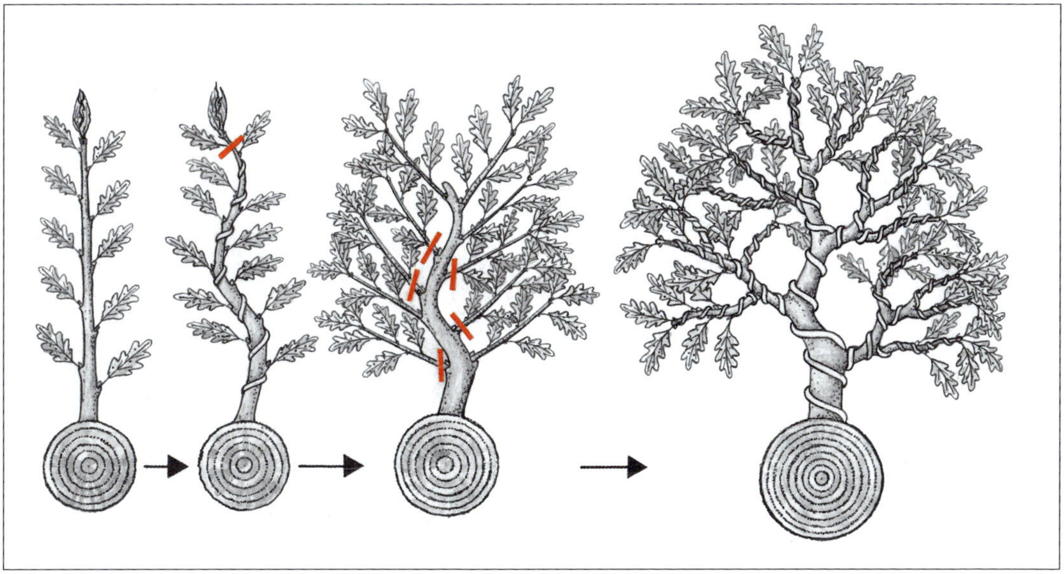

Astentwicklung über mehrere Jahre durch Schnitt und Drahtung: Der zunächst gerade Ast wird mithilfe von Draht gebogen. Im nächsten Jahr werden alle Triebe auf den Innenseiten der Biegungen entfernt. Im Laufe der Jahre hat sich der Ast fein verzweigt. Die harmonischen Biegungen des Astes spiegeln sich in den Biegungen der Zweige wider.

besser betrachten, es besteht jedoch größte Bruchgefahr, will man die Triebe biegen. Vor allem bei Ahornen und Azaleen besteht beim korrigierenden Biegen im Winter Bruchgefahr.

Der Vorfrühling ist die beste Zeit für das Eindrahten. Langsam beginnen die Säfte zu steigen, dies zeigt sich auch am Anschwellen der Knospen. Die Biegsamkeit von Ästen und Zweigen ist deutlich besser geworden, ohne dass gleichzeitig die Rinde beim Anlegen des Drahtes weggedrückt wird.

Frühling und Sommer sind die wuchsfreudigsten Jahreszeiten. Das Kambium bildet durch Zellteilung nach innen einen neuen Holzjahresring und nach außen einen neuen Rindenjahresring. In dieser Zeit sollte der Draht besonders vorsichtig angelegt werden. Drückt man den Draht zu stark an, besteht die Gefahr, dass die Rinde verletzt wird. Der Draht sollte der Rinde gut anliegen, nicht aber in die Rinde eindrücken.

Laubbäume können nach einem Blattschnitt ebenfalls bestens gedrahtet werden. Ohne das die Sicht versperrende Laub ist die Ast- und Zweiganordnung gut zu beurteilen und beim Eindrahten besteht nicht die Gefahr Blätter zu verletzen. Aus Sicherheitsgründen kann der Draht zur Formkorrektur von Laubbäumen mit Krepppapierstreifen umwickelt werden. Der Draht drückt, so behandelt, sanfter auf die Rinde und diese wird nicht so leicht verletzt. Auch wenn stärkere Biegungen durch die Drahtung erfolgen sollen, ist das Umwickeln des Drahtes mit Kreppstreifen ein guter Schutz für die Rinde.

Im Herbst sollten Freiland-Bonsai nach Möglichkeit nicht gedrahtet werden. Da die Bäume jetzt ihr Wachstum einstellen, würde die Eigenstabilisierung der Formkorrektur erst in der darauffolgenden Wachstumsperiode beginnen. Auch ist Metall ein guter Wärmeleiter, der bei tiefen Temperaturen die Kälte stärker in den Baum leitet. Die Gefahr von Frostschäden ist deutlich verstärkt. Aus den gleichen Gründen sollten Bäume nach Möglichkeit spätestens im Herbst entdrahtet werden.

DIE RICHTIGE DRAHTSTÄRKE

Die Stärke des Drahtes sollte so gewählt werden, dass die Korrektur in der beabsichtigten Form von dem Draht gehalten werden kann. Entsprechend wird im Bonsai-Fachhandel Draht unterschiedlicher Dicke angeboten und zwar in Stärken zwischen 0,5 und 6 mm (siehe unten).

Will man herausbekommen, welche Drahtstärke die richtige ist, braucht man ein wenig Fingerspitzengefühl. Zunächst legt man Zeige- und Mittelfinger etwas gespreizt an den Ast, den man drahten will. Mit dem Daumen drückt man von der gegenüberliegenden Seite den Ast gegen die Lücke zwischen Zeige- und Mittelfinger und merkt sich die Kraft des Drucks, den man für das Biegen des Astes aufwenden musste. In gleicher Weise verfährt man mit Drahtstücken unterschiedlicher Stärke. Ist der notwendige Druck für die Biegung des Drahtes ein wenig größer als für die des Astes, hat man die richtige Drahtstärke gefunden.

Meist reicht erfahrungsgemäß ein Draht aus, der eine Dicke hat, die etwa einem Drittel der Dicke des Astes entspricht. Findet man keinen Draht der richtigen Stärke, kann man auch zwei oder mehr Drähte geringerer Stärke verwenden. Die Druckkraft der dünneren Drähte addiert sich, wenn man sie einander parallel an dem Ast anlegt. Wichtig ist hier, dass die Drähte auch wirklich eng aneinander liegend um den Ast gewunden werden. Hier legt man zunächst einen Drahtstrang an und führt dann zu diesem parallel den Folgedraht an.

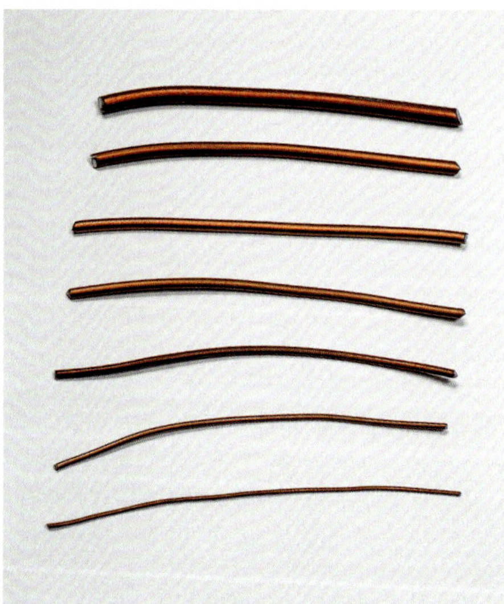

Bonsai-Draht in verschiedenen Stärken

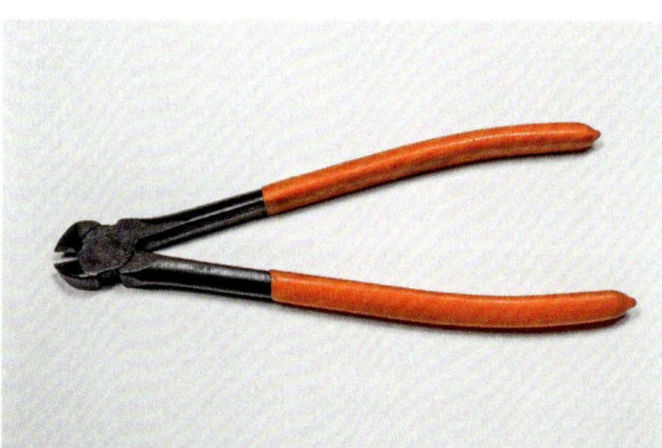

Unentbehrlich: Bonsai-Drahtzange

DRAHTUNGS-TECHNIKEN

Soll ein Bonsai von Grund auf eine neue Form erhalten und müssen alle Teile des Baumes eingedrahtet werden, drahtet man zunächst den Stamm, danach von unten nach oben die Äste und erst zum Schluss die Zweige an den Ästen. Die Drahtung erfolgt entsprechend von unten nach oben und von innen nach außen.

Während des Anlegens des Drahtes kann man bereits die beabsichtigten Biegungen einleiten. Endgültig wird die Biegung nach dem Drahtungsvorgang durchgeführt.

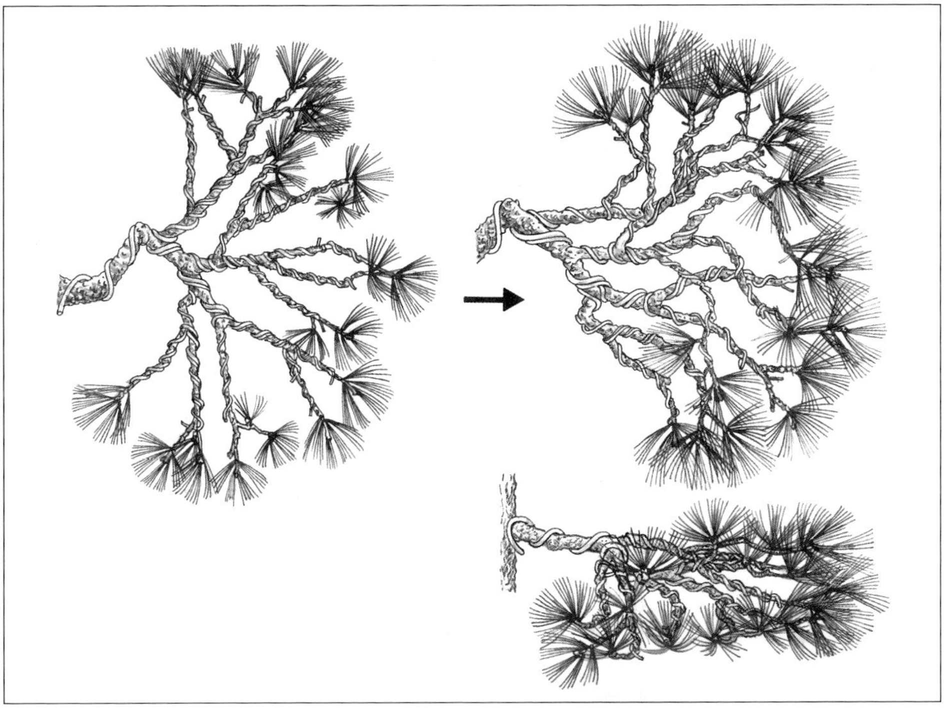

01

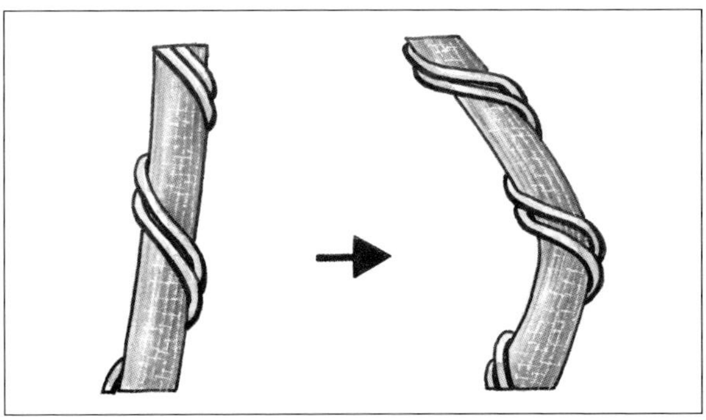

02

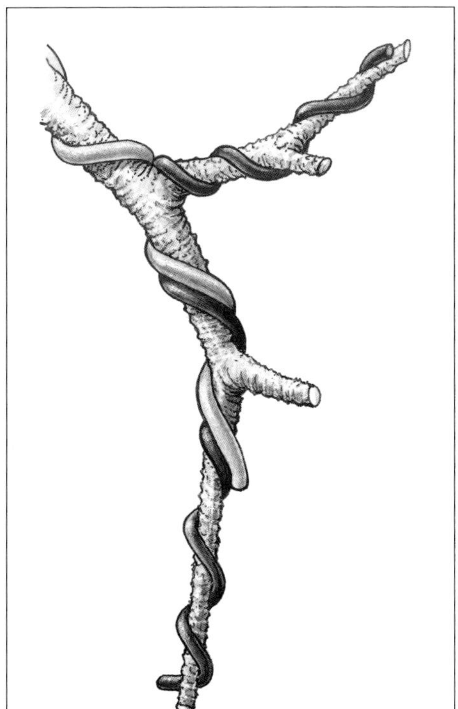

03

01 *Zunächst werden Ast und Zweige vollständig eingedrahtet. Die Zweige werden so gebogen, dass ihre Nadelbüschel, von oben betrachtet, einen Halbkreis bilden. Von der Seite gesehen, stehen die Nadelbüschel aufrecht und bilden ein leicht ansteigendes Laubpolster.*

02 *Der Draht sollte immer auf der Außenseite der Biegung entlanggeführt werden. So wird der Ast beim Biegen nicht gebrochen.*

03 *Der dickere Draht wird nur so weit geführt, wie es nötig ist. Mit einem dünneren Draht werden gleichzeitig ein Zweig und die Spitze des Astes gedrahtet.*

Beim Anlegen des Drahtes ist darauf zu achten, dass weder Laub noch feine Zweige gequetscht werden.

Hierzu platziert man den Daumen einer Hand an der Innenseite der beabsichtigten Biegung und beide Hände links und rechts an der Außenseite. Mit langsam wachsendem Druck führt man die Biegung durch, wobei man mit dem Daumen das Verhalten des Holzes zu erfühlen versucht. Kurz vor dem Brechen des Astes merkt man ein leichtes Ruckeln im Holz – jetzt nicht weiter biegen!
Besondere Vorsicht ist am Ansatz des Astes am Stamm geboten. Will man hier den Ast nach unten biegen, besteht erhöhte Bruchgefahr.

STAMMDRAHTUNG

Für die Drahtung des Stammes steckt man ein Ende des Drahtes ausreichender Stärke auf der Rückseite nah am Stamm in einem 45-Grad-Winkel möglichst tief in die Erde. Jetzt hat der Draht genügend Halt, und man kann ihn um den Stamm winden. Dazu greift man das freie Ende des Drahtes möglichst weit mit der einen Hand, damit der Draht ohne zu großen Druck um den Stamm gewunden werden kann. Mit der anderen Hand wird der Draht beim Winden gesichert und geführt. Gleichzeitig kann man mit dieser Hand den Stamm an den betreffenden Stellen während des Drahtens in die gewünschte Form biegen.
Die einzelnen Windungen sollten in einem Winkel von 45 Grad zur Waagerechten angelegt werden. Achten Sie darauf, dass der Draht der Rinde gut anliegt, nicht aber in die Rinde drückt. An einer beabsichtigten Stammbiegung sollte der Draht immer außen anliegen, weil er nur so seine größte Druckkraft ausüben kann.
Mit unveränderter Drahtstärke geht man nur so weit, wie sie auch tatsächlich nötig ist. Den dünneren Stammbereich drahtet man besser mit einem Draht geringerer Stärke. Dazu führt man den dünneren Draht einige Windungen parallel zum dickeren Draht, um ihm den nötigen Halt zu geben. Mit diesem dünneren Draht drahtet man nun bis in die Spitze des Stammes.

ASTDRAHTUNG

Erst nach der vollständigen Stammdrahtung beginnt man mit der Drahtung der Äste. Dazu stellt man sich den Baum in Augenhöhe auf. Der Ast, der im Moment gedrahtet wird, zeigt auf den Gestalter, sodass die Drahtung auf ihn zuführt.
Zur Drahtung benutzt man nach Möglichkeit einen gemeinsamen Draht für zwei Äste etwa gleicher Stärke. Zunächst windet man einige Umdrehungen um den unteren Ast, geht dann mit dem anderen Drahtende einige Windungen parallel zur Stammdrahtung in die nächste Astetage und drahtet diesen Ast ein. Erst danach wird der untere Ast zu Ende gedrahtet.
Die Windungen um den Stamm geben dem Draht den nötigen Halt, damit die beiden

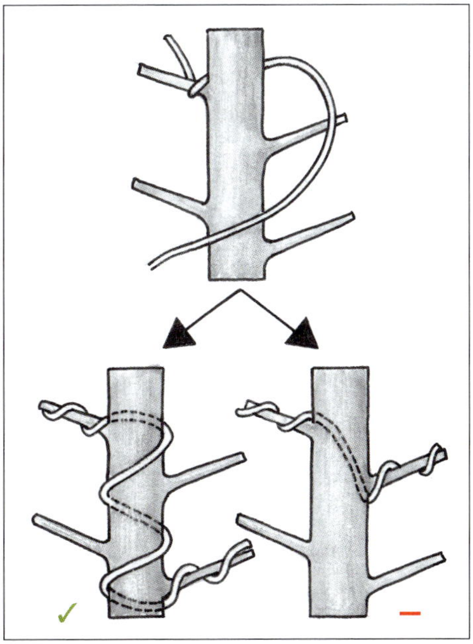

Zwei Äste verschiedener Astetagen werden mit einem gemeinsamen Draht gedrahtet. Der Draht wird zur Stabilisierung einige Male um den Stamm gewunden. Unten links ist die richtige Drahtung zu sehen. Unten rechts ist falsch.

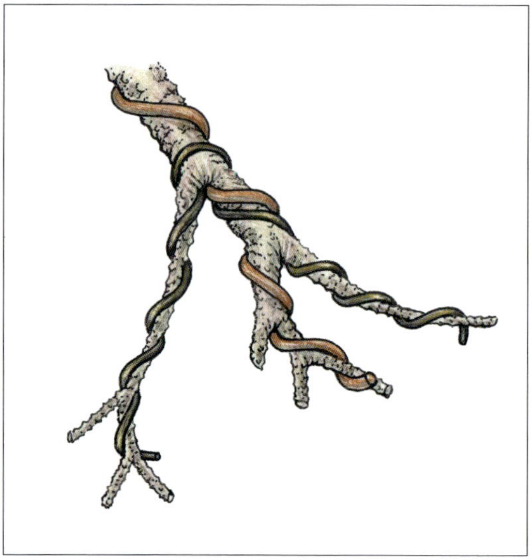

1. Bei einer Astgabel erhält die Drahtung mit dem dünneren Draht Stabilität durch die parallele Führung längs des dickeren Drahtes.

2. Die Drahtung eines Astes erfolgt von innen nach außen. Immer zwei Zweige gleicher Stärke werden mit einem gemeinsamen Draht geformt.

Äste unabhängig voneinander in Form gebogen werden können. Ohne die Stammumwindungen würde zwischen den beiden Ästen eine Drahtschaukel entstehen, die nur unzureichend Stabilität geben kann.
Je nachdem, welche Korrektur vorgenommen werden soll, muss der Draht unterschiedlich an den Ast angelegt werden. Soll der Ast nach unten weisend gedrahtet werden, geht die erste Windung des Drahtes von oben um den Ast herum. Beabsichtigt man ein Anheben des Astes, wird die erste Drahtwindung von unten um den Ast herumgeführt. Entsprechend gibt der erste erfolgende Drahtdruck die Biegerichtung vor.

ZWEIGDRAHTUNG

Erst nach Abschluss der Astdrahtungen werden die Zweige an den Ästen eingedrahtet. Hier arbeitet man sich langsam von innen nach außen vor.
Zu beachten ist, dass kein Laub mit eingedrahtet wird. Blätter oder Nadeln, die durch den Draht an den Zweig gepresst werden, sterben ab. Besonders bei Nadelbäumen ist das häufig recht schwierig, und daher ist das Drahten nicht selten langwierig. Wie schon bei der Astdrahtung, werden auch hier wieder zwei Zweige mit einem gemeinsamen Draht in der Form korrigiert. Je feiner die Äste werden, umso größer ist die Gefahr, dass man nicht mehr den Draht um den Ast, sondern den Ast um den Draht windet. Hier wird das konzentrierte Zusammenspiel von Drahtungshand und Führhand immer wichtiger. Natürlich können nur bereits verholzte Triebe eingedrahtet werden. Zu weiche Triebe knicken sehr schnell ab.

MIT WEIDE ÜBEN

Als Hilfe für die gerade für den Ungeübten schwierigen Drahtungstechniken empfehle ich, mit einem abgeschnittenen Weidenzweig zu beginnen. Mit Gips in einem Blumentopf fixiert, kann man so gefahrlos für einen vielleicht wertvollen Bonsai die Drahtungstechniken bis zu einer gewissen Perfektion einüben.

Auch mithilfe von Spanndrähten kann die Neigung der Äste korrigiert werden.

Die Spanndrähte wurden von der Schalenunterseite durch die Wasserabzugslöcher geführt.

FORMKORREKTUR MITHILFE VON SPANNDRÄHTEN

Manchmal ist es schwierig, die Äste eines relativ dicht wachsenden Baumes durch Anlegen von Draht in ihrer Neigung zu verändern. Hier kann man auch mit sogenannten Spanndrähten arbeiten. Man verwendet bei dieser Methode relativ dünne Drähte, da hier nur deren Zugkraft gefordert ist.
Zunächst werden unter dem Schalenboden Haltedrähte durchgeführt, deren freie Enden man auf der Oberseite miteinander verdreht. An diesen Haltedrähten befestigt man die eigentlichen Spanndrähte.
An den Ästen sucht man sich nun Bereiche, die sich einerseits als Druckpunkte für den Draht eignen und andererseits ein Verrutschen des Drahtes verhindern. Gabelungen von Zweigen sind hier geeignet.
Das eine Ende des Drahtes befestigt man nun an einem der Spanndrähte und führt das andere Ende über den Ast. Mit entsprechender Zugspannung versehen, wird das freie Drahtende am Haltedraht befestigt. Eine zweite Person ist hierbei hilfreich.

ENTDRAHTUNGS-TECHNIKEN

Das Entdrahten erfolgt in umgekehrter Reihenfolge wie das Eindrahten. Die Arbeitsrichtung geht hier von oben nach unten und von außen nach innen.
Grundsätzlich wird der Draht nicht abgewickelt, sondern mit der Drahtzange Windung für Windung durchgekniffen. Die einzige Ausnahme stellen ganz dünne Drähte bis 1 mm Drahtstärke dar. Ganz vorsichtig können solche Drähte abgewickelt werden. Man sichert mit der einen Hand den Zweig, während die andere Hand den Draht abwickelt.
Die Bonsai-Drahtzange ist so konstruiert, dass die Kneifbacken wie die Schneiden einer Schere zupacken. So kann man kontrol-

liert den Draht nah an der Rinde durchkneifen, ohne dabei die Rinde zu verletzen. Mäßig eingedrückter Draht hinterlässt nach dem Entfernen Narben. Sollte der Draht bereits tief in die Rinde eingeschnitten und seine Überwallung schon begonnen haben, wird der Draht auf keinen Fall mit Gewalt herausgerissen, sondern verbleibt an dem Bonsai. Lediglich zur Entlastung des Baumes kann der Draht Windung für Windung durchgekniffen werden. Nach einigen Jahren ist der Draht vollständig überwallt und man sieht nur noch die Narben.

NACH ENTDRAHTUNG BEOBACHTEN

Nach dem Entdrahten (spätestens im Herbst) beobachtet man den Bonsai in der Folgezeit sehr genau. Manchmal hat die Zeit, in der der Baum eingedrahtet war, nicht ausgereicht, um die beabsichtigte Korrektur zu stabilisieren. Förmlich im Zeitlupentempo bewegen sich dann die Baumteile wieder in ihre ursprüngliche Form zurück. Als Faustregel gilt: Je härter das Holz der jeweiligen Baumart ist, umso länger muss der Draht bei einer Formkorrektur an dem Baum verbleiben. Weichhölzer wie Weiden oder Pappeln haben eine eingeleitete Korrektur meist schon nach einem halben Jahr stabilisiert. War also eine Formkorrektur nicht erfolgreich, muss der betreffende Baumteil im nächsten Frühjahr erneut eingedrahtet werden. Die Drahtführung kann dann vielfach der ursprünglichen Drahtung folgen. Man wählt lediglich eine modifizierte Drahtführung, falls sich bereits Drahtnarben gebildet haben.

Mit der Drahtzange werden die Drähte Windung für Windung durchgekniffen.

Nur ganz dünne Drähte können, um sie zu entfernen, sehr vorsichtig abgewickelt werden.

EIN KUNSTWERK WIRD GESCHAFFEN

WEITERFÜHRENDE GESTALTUNGSPRINZIPIEN

Wie bei ihren großen Verwandten in der freien Natur ist die Formgebung bei Bonsai unbegrenzt. Die weiterführenden Grundstile erweitern den Gestaltungsspielraum um ein Vielfaches.

Wie bei jeder verkleinerten Darstellung müssen wir uns bei der Bonsai-Gestaltung auf die wesentlichen Merkmale eines Baumes konzentrieren, wir müssen ihn gewissermaßen abstrahieren. Um das richtige Maß an Abstraktion zu finden, ist es hilfreich, einige grundsätzliche Formalien zu beachten, ohne dabei formalistisch zu werden. Wir sollten immer bedenken, dass es sich bei dem Hauptgestaltungsgegenstand um ein Lebewesen handelt, welches sich nur bedingt gestalterischen Prinzipien unterordnet. Auch hier finden wir wieder die philosophischen Prinzipien des Zen: Ein Bonsai repräsentiert die wichtigen Prinzipien von „Sabi" und „Wabi". Mit Sabi ist in der Zen-Kunst die Reife und stille Würde des Alters und Gebrauchtseins, die unaufdringliche Schlichtheit gemeint. In diesem Sinne hat ein alter Baum Patina angesetzt, die ihn Ruhe, Würde und Charakter ausstrahlen lassen. Wabi bezeichnet mehr die mit Bedacht gewählte Armut, Kargheit, Einfachheit, die unspektakuläre Reduktion auf das Wesentliche.

Vielfach ist es für eine Gestaltung wünschenswert, einen Ast in einer bestimmten Position und in einem gewissen Reifegrad vorzufinden, aber leider ist gerade dieser Ast nicht vorhanden. Als Folge müssen wir unsere Gestaltungsvorstellungen relativieren und von den Formalien abweichen. Andererseits kommen wir nur so zu Bonsai-Gestaltungen, die in jedem Fall einzigartig sind. Je näher wir aber der idealisierten Ausformung einer bestimmten Grundstilart (siehe S. 16 ff.) durch geschickte Anwendung der Gestaltungstechniken kommen, umso mehr nähern wir uns der eigenen Meisterschaft.

Der eigenen Meisterschaft sind wir sicherlich dann sehr nahe, wenn wir es schaffen, die optimale Gestaltung für den Baum so auszuformen, dass die Gesamtgestaltung in sich stimmig ist. Unter Umständen müssen wir sogar Stilelemente verschiedener Grundstilarten kombinieren. Einige der größten Bonsai-Meisterwerke haben bei formaler Betrachtung sogar Gestaltungsfehler, stellen aber einen bestimmten Baum dermaßen überzeugend dar, dass sie jeden Menschen in ihren Bann ziehen.

Formale Gestaltungsprinzipien helfen bei der Suche nach der richtigen Form für einen konkreten Baum, ersetzen aber nicht die Intuition und Kreativität des Gestalters. Bonsai nur nach formalen Kriterien gestaltet, weisen zwar keine Fehler auf, haben aber auch keine individuelle Aussagekraft.

GRUNDKONZEPTION

Welche Ausgangspflanze auch immer für eine Bonsai-Gestaltung zur Verfügung steht, der Beginn der Gestaltung ist grundsätzlich derselbe. Nur in Ausnahmefällen beginnt man mit dem Aufbau der späteren Baumkrone. Die Gestaltung des Baumes erfolgt in der Regel von unten nach oben.

01

02

03

01 *Im Hochsommer und Herbst stellen die roten Äpfel des Zier-Apfels (Malus halliana) einen ganz besonderen Blickfang dar.*

02 *Die in Besenform gestaltete Hainbuche (Carpinus cordata) besticht durch ihre auf den ersten Blick schlichte Schönheit.*

03 *Ein Bonsai-Wald (hier aus Kerb-Buche) stellt einen Ausschnitt aus der Natur auf kleinstem Raum dar.*

Ein Bonsai präsentiert sich dem Betrachter immer von einem genau festgelegten Standpunkt aus – kurz gesagt, der Bonsai hat eine Vorderseite. Niemals wird er so gestaltet, dass er von einem beliebigen Standpunkt aus betrachtet werden kann. Alle gestalterischen Maßnahmen richten sich nach diesem Betrachtungsstandort. Entsprechend beginnt die Gestaltung eines Bonsai immer mit der Feststellung und Festlegung der Vorderseite.

EIN BONSAI HAT EINE VORDERSEITE

Es gibt einige Faktoren, die hierfür hilfreich sein können:

1. Die Analyse der Stammform legt die Grundstilart fest. Hierbei berücksichtigt man den Verlauf des Stammes vom Wurzelhals bis zur Spitze. Mit der grundsätzlichen Festlegung der Grundstilart, in der wir den Baum gestalten wollen, treffen wir eine wichtige Vorentscheidung für das weitere Vorgehen.
2. Die Betrachtung des Wurzelansatzes mit seinen gleichmäßig kräftigen Wurzeln und auch die Winkel zwischen den einzelnen Wurzelansätzen spielen eine wichtige Rolle. Der Wurzelhals sollte zwar nach allen Seiten mit dickeren Wurzelansätzen vom Stamm wegstreben, es zeigen aber keine Wurzelansätze direkt auf den Betrachter. Wichtig sind also kräftigere Wurzelansätze vor allem zu den beiden Seiten, da sie dem Baum optische Stabilität geben, und zur Rückseite; diese geben der Gestaltung den Eindruck von Tiefe.
3. Zur Festlegung der Vorderseite schauen wir uns auch die Stellung eines infrage kommenden Hauptastes genau an sowie die Verteilung und Richtung der Ast- und Zweigansätze.

Bei richtiger Stellung bilden die Baumspitze und die Spitzen des ersten und zweiten Astes dieses Fächer-Ahorns die Eckpunkte eines ungleichschenkligen Dreiecks.

DIE ASTKONSTRUKTION EINES BONSAI

Der erste Ast oder Hauptast (jap.: Ichi-no-Eda) zeigt bei den häufigsten Grundstilarten zu einer der beiden Seiten mit einer ganz leichten Tendenz nach vorne, nie direkt nach hinten oder vorne. Der Hauptast ist der dickste, längste und verzweigteste Ast des Bonsai. Bei den Grundstilarten mit gebogenem Stamm liegt er an der Außenseite der ersten stärkeren Stammkrümmung. Diese wiederum befindet sich unterhalb der Mitte der Stammlänge, meist sogar im unteren Drittel des Baumes und zeigt zu einer der beiden Seiten mit gleichzeitiger Neigung nach unten.
Nachdem der Hauptast festgelegt und gestaltet ist, wenden wir uns dem Rückseitenast (jap.: Ushiro-Eda) zu. Er gibt der Gestaltung die optische Tiefe, liegt etwas höher als der Hauptast und weist nach hinten. Für eine überzeugende Tiefenwirkung muss eine der beiden Astseiten von der Baumvorderseite gesehen werden können. Er zeigt also nicht direkt nach hinten, sondern weist leicht in die dem ersten Ast entgegengesetz-

te Richtung oder liegt mit leichter Tendenz zu derselben Seite wie der Hauptast. Der Rückseitenast sollte ein wenig kürzer und dünner sein als der erste Ast.
Noch etwas höher setzt der zweite Ast (jap.: Ni-no-Eda) an. Er weist bevorzugt in die dem Hauptast entgegengesetzte Richtung. Wie sein Name schon andeutet, hat dieser Ast eine wichtige Bedeutung für die Gesamtgestaltung des Bonsai. Seine Spitze ist ein Eckpunkt für das ungleichschenklige Dreieck, welches die Baumsilhouette darstellen sollte. Die anderen beiden Eckpunkte sind die Spitze des ersten Astes und die Baumspitze.
Der Ansatz für den dritten Ast (jap.: San-no-Eda) wird vorzugsweise dem zweiten Ast gegenüber liegen, wobei beide Äste aber nicht in gleicher Höhe dem Stamm entspringen sollten.
Bis zu dieser Gestaltungshöhe, wir befinden uns jetzt bereits im oberen Drittel des Baumes, weist nach Möglichkeit noch kein Ast nach vorne. In den unteren zwei Dritteln des idealisierten Bonsai muss der Stammverlauf gut gesehen werden können, wird also nicht von Ästen verdeckt. Nur so ist der Eindruck eines großen Baumes in der freien Natur durch seine miniaturisierte Ausgabe überzeugend darzustellen.
Nun können wir uns der Gestaltung des Vorderseitenastes (jap.: Mae-no-Eda) widmen. Obwohl dieser Ast auf der Vorderseite des Stammes entspringt, weist auch er nicht direkt auf den Betrachter. Ein solcher Ast würde „Augenstecher" genannt werden. Bei mittelgroßen Bonsai befindet sich der Vorderseitenast oberhalb der Augenhöhe. Bei allen Bonsai-Formaten beginnt mit diesem Ast das obere Drittel des Bonsai.
Die Krone baut sich aus Ästen auf, die in die verschiedenen Richtungen des Baumes weisen. Die Krone stellt ein ruhiges, dem Baum Stabilität gebendes Gestaltungselement dar. Sie liegt über dem optischen Schwerpunkt des Baumes, welcher sich meist im Lot über

Der rote Fächer-Ahorn hat eine feine Verzweigung.

dem Stammfuß befindet. Auf keinen Fall weist die Krone vom Betrachter weg nach hinten, sondern sie neigt sich mit einem Winkel von etwa 15 Grad freundlich und leicht zum Betrachter hin.
Die Dichte der Kronenäste richtet sich nach den Abständen zwischen den Ästen, die die Gestaltung bestimmen, wie zuvor beschrieben. Eine enge Abfolge der Hauptäste erfordert entsprechend eine dichte Baumkrone, während größere Abstände zwischen den Hauptästen eine weniger dichte Krone nach sich ziehen.
Bei richtiger Stellung bilden die Baumspitze und die Spitzen des ersten und zweiten Astes die Eckpunkte eines ungleichschenkligen Dreiecks. Unter Berücksichtigung dieser Erkenntnis wird die Stammhöhe festgelegt.
Bei der Grundgestaltung eines Bonsai lässt man sinnvollerweise mehr Äste stehen, als für die finale Gestaltung eigentlich erforderlich wären. Erfahrungsgemäß stirbt auch mal der eine oder andere Ast nach der Grundgestaltung ab oder entwickelt sich nicht in dem gewünschten Maße. Ein solcher Ast kann dann möglicherweise durch

Durch zu dichte Astetagen fehlt es an Transparenz. Die hutartige Krone wirkt zu schwer, die Steinschale erscheint ungeeignet. Nach einem starken Beschnitt und einer kräftigen Ausdünnung wird die Aussagekraft des Stammes sichtbar. Die neue Schale unterstreicht die Formgebung. Äste und Zweige müssen durch Drahtung neu geordnet und in Form gebracht werden.

einen der Reserve-Äste ersetzt werden. Haben sich die für die Gestaltung wichtigen Äste als gesund erwiesen, werden die Reserve-Äste nach und nach entfernt.

HÖHE, BREITE UND ANDERE PROPORTIONEN

Neben der Abfolge der Hauptäste wird die Gesamthöhe des Bonsai auch durch seine Stammdicke bestimmt. Mit Ausnahme der Literatenform (siehe S. 50 f.) ergibt bei allen anderen Grundstilarten der sechsfache Stammdurchmesser die richtig proportionierte Baumhöhe. So sollte ein Bonsai mit 3 cm dickem Stamm nach der endgültigen Ausreifung der Gestaltung etwa 18 cm hoch sein.

Ist ein Stamm zu Beginn der Gestaltung noch recht dünn, werden wir die ungefähre Höhe des Baumes daran orientieren, welche Stammdicke in kurzer Zeit (ein bis drei Jahre) erreichbar erscheint. Natürlich wird sich mit dicker werdendem Stamm auch die Baumhöhe weiterentwickeln müssen.

Aus der endgültigen Stammhöhe ergibt sich, wie weit die Äste ausladen. Die Spanne zwischen den Spitzen des ersten und zweiten Astes sollte maximal die Hälfte der Stammhöhe betragen. So weist die Astsilhouette eines 18 cm hohen Bonsai maximal eine Breite von 9 cm auf.

Die einzelnen Äste bilden von oben betrachtet mit ihrer Verzweigung je ein ungleichschenkliges Dreieck (siehe S. 178) oder ein ungleichseitiges Karo. Die größte Breite entspricht auch hier wieder etwa der halben Länge des Astes. Die Proportionsangaben sind natürlich keine festgeschriebenen Werte.

1. Der rote Fächer-Ahorn ist stark durchgetrieben und braucht eine neue Vorderseite.

2. Zunächst wird der Baum stark zurückgeschnitten und ausgedünnt.

DIE KÜNSTLERISCHE ARBEIT

Ziel jeder gestalterischen Arbeit ist ein Bonsai mit individueller Aussagekraft. Obwohl der Künstler den Baum während des Gestaltungsprozesses wie eine Skulptur bearbeitet, sollten seine Eingriffe, falls überhaupt, nur erahnt werden können. Alle Einzelteile an dem Bonsai sollten so natürlich wie möglich aussehen.

Die Hauptgestaltungsarbeit besteht im Beschneiden des Baumes. Schneiden und Zupfen der Triebe sind neben dem Wurzelschnitt die Hauptfaktoren, die den Baum klein halten. Zusätzlich werden zur Herausarbeitung der künstlerischen Aussage aber auch unschöne oder überproportionierte Äste herausgeschnitten oder umgeformt. Bei richtiger Anwendung der Schnitttechniken über viele Jahre wird am Ende einer jeden Wachstumsperiode die Verzweigung deutlich feiner geworden sein. Als erwünschter Nebeneffekt werden die Internodien zunehmend kürzer sowie die Blätter bzw. Nadeln vieler Baumarten kleiner. Neben den reinen Gestaltungseffekten erfährt der Baum mit jedem Formschnitt, zur richtigen Zeit durchgeführt, eine Verjüngung und Auffrischung seiner Lebenskraft. Man kann feststellen, dass viele Baumarten, als Bonsai gepflegt, ein höheres Lebensalter erreichen als ihre Brüder in der freien Natur.

DER BONSAI ALS LEBENDE SKULPTUR

Vor allem, wenn man einen Bonsai aus einer Baumschulpflanze oder einem in der Natur gefundenen Baum gestalten will, kommt man meistens nicht umhin, ihn stark zu beschneiden. So müssen vielfach der Stamm drastisch eingekürzt und dicke, die beabsichtigte Form störende Äste herausgeschnitten werden.

Oberirdische Baumteile und Wurzeln stehen in einem bestimmten Gleichgewicht zueinander, welches bei jedem starken Rückschnitt wieder neu hergestellt werden muss. Schneidet man einen Baum nur oberirdisch stark zurück, so liefert der nun überproportional große Wurzelballen weiterhin die vorherige Menge an Wasser und Nährsalzen. Die Folge ist, dass der Baum aufgrund des hohen Wasserdrucks stark aus den Wunden blutet und dabei eventuell sogar abstirbt, weil sein Säftegleichgewicht gestört ist. Deshalb sollte grundsätzlich ein starker Rückschnitt der oberirdischen Teile mit

3. Die neue Vorderseite wird durch Zurücksetzen auf kürzere Nebentriebe aufgebaut.

4. Der umgestaltete Bonsai erhält eine neue Schale, die seine Form unterstreicht.

Die Japanische Rot-Buche wird auch Kerb-Buche genannt. Der Baum hat einen ausgeprägten Wurzelhals.

einem entsprechenden Wurzelschnitt verbunden sein, um so den Baum wieder ins Gleichgewicht zu setzen. Natürlich gilt das umgekehrt genauso für einen starken Wurzelschnitt. Auch hier müssen wir die oberirdischen Teile im Verhältnis zum erfolgten Wurzelschnitt zurückschneiden.
Selbstverständlich braucht man nach einem normalen Formerhaltungsschnitt keinen Wurzelschnitt durchzuführen. Dasselbe gilt für den regelmäßig notwendigen Wurzelschnitt bei einem fertigen Bonsai. Hier reicht es völlig aus, wenn der normale Formerhaltungsschnitt mit dem Wurzelschnitt kombiniert wird.
Obwohl wir künstlerisch arbeiten, um wie aus einem Stein eine Skulptur herauszuarbeiten, sollten wir nie vergessen, dass es sich bei dem Hauptgestaltungsgegenstand um eine lebende Pflanze handelt, deren Gesundheit wir nicht gefährden dürfen.

SCHLAFENDE AUGEN

Das Maß des Rückschnitts richtet sich nicht zuletzt nach der Regenerationsfähigkeit der verschiedenen Baumarten. Im Prinzip besitzen zwar alle Bäume die Fähigkeit, mithilfe sogenannter schlafender Augen auch aus dem alten Holz neu auszutreiben, diese Fähigkeit ist aber unterschiedlich stark ausgeprägt. Während man bei einigen Baumarten wie Ulmen oder Ahornen ohne Weiteres bis ins alte Holz zurückschneiden darf und der jeweilige Baum dennoch willig aus schlafenden Augen neu austreibt, bedeutet das für andere Baumarten wie Kiefern oder Fichten den Tod.
Bei Laubbäumen bildet sich in jeder Blattachsel eine Knospe, während wir bei Nadelbäumen nur in den Achseln einiger Nadeln Knospenbildung haben. Einige dieser Knospen treiben nicht aus, sondern bilden sich zurück und fallen in einen Ruhestand, der bis zu 90 Jahre anhalten kann. Innerhalb der 90 Jahre kann der Baum solch ein schlafendes Auge wecken und austreiben lassen.
Grundsätzlich kann man sagen, dass alle langnadeligen Koniferen, zum Beispiel Kiefern, einen starken Rückschnitt mit der Entfernung aller grünen Teile nicht vertragen. Sofern man aber noch einige Nadeln pro Trieb stehen lässt, treiben auch Kiefern aus dem älteren Holz aus. In der nächsten Wachstumsperiode kann man dann, falls nötig, auf den Neuaustrieb am alten Holz zurücksetzen und dadurch eine kompaktere Form erlangen. Gleiches gilt für einige Laubbäume wie Buchen und Eichen. Auch hier muss bei einem extrem starken Rückschnitt, der immer erst erfolgen sollte, wenn die Knospen im Frühjahr schon anzuschwellen beginnen, an jedem Trieb noch die eine oder andere sichtbare Knospe für den Austrieb erhalten bleiben. Nachdem der Austrieb aus den verbliebenen Knospen im Frühjahr erfolgt ist, schneidet man die frischen Triebe auf ein bis zwei Blätter zurück und hofft darauf, dass schlafende Augen näher zum Stamm hin geweckt werden. Das ist aber gerade bei Buchen und Eichen nicht immer gewiss. Das gilt vor allem im unteren Bereich des Baumes oder wenn der Baum schon verhältnismäßig alt ist. Häufig erfolgt ein Austrieb aus schlafenden Augen auch erst in der folgenden Wachstumsperiode.
Die eingeschränkte Regenerationsfähigkeit dieser Baumarten liegt an ihrer nur beschränkten Speicherfähigkeit für Nährstoffe im alten Holz. Die Nährstoffe werden im Herbst auch in den neu angelegten Knospen gespeichert. Entsprechend gehen hier bei einem drastischen Rückschnitt zum Ende des Winters auch viele Speicherstoffe verloren, die dann für einen Austrieb im Frühjahr, vor allem aus dem alten Holz, nicht zur Verfügung stehen.
Anders sieht es bei Baumarten mit guter Speicherfähigkeit aus. Ahorne, Ulmen, *Ficus*-Arten und Azaleen zum Beispiel können bis aufs „nackte" alte Holz zurückgeschnitten werden und treiben dennoch willig aus schlafenden Augen neu aus.

Alle falsch stehenden Äste und Triebe (1 bis 11) wurden entfernt.

Das geschieht aber nur unter zwei Voraussetzungen: Ein gleichzeitiger Wurzelschnitt muss durchgeführt werden und der Rückschnitt erfolgt, bevor sich die vorher vorhandenen Knospen öffnen.
Da die Speicherstoffe vor allem im Holz eingelagert sind, stehen sie für den Austrieb auch aus schlafenden Augen zur Verfügung. Eine ähnlich gute Regenerationsfähigkeit können wir bei feinnadeligen Koniferen, zum Beispiel Wacholdern, Hemlocktannen, und Eiben feststellen. Vor allem, wenn sie noch recht jung sind, vertragen sie einen drastischen Rückschnitt sehr gut.
Mit einem starken Rückschnitt regen wir also neues Wachstum an, während ein mäßiger Formschnitt oder auch das Zurückzupfen von feinen Trieben das Wachstum hemmt. Diese Vorgänge werden von verschiedenen Pflanzenhormonen gesteuert.

UNERWÜNSCHTE ÄSTE

Viele Äste müssen entfernt werden, weil sie entweder in Positionen stehen, die die Form stören oder weil sie dem Baum einen jugendlichen Ausdruck verleihen. Zunächst analysieren wir den Baum unter den Aspekten, die wir weiter vorn (siehe S. 178) schon betrachtet haben. Wir legen also die Vorderseite und die Stellung der für die Gestaltung wichtigen Äste fest. Entfernt werden folgende Äste (siehe Zeichnung oben):

1. Feine Triebe, die direkt aus dem Wurzelhals herauswachsen, sogenannte Wurzelschösslinge.
2. Dickere und feinere Äste, die zu niedrig am Stamm entspringen, als dass sie für die Gestaltung des Bonsai infrage kämen.
3. Feine Triebe, die zwischen den Hauptästen direkt am Stamm wachsen.

4. Äste, die oberhalb der Hauptäste liegen, aber dicker sind als die Hauptäste.
5. Kräftige, senkrecht wachsende Zweige auf der Oberseite der Äste.
6. Zweige, die auf der Unterseite von Ästen entspringen.
7. Die Vorderseite kreuzende Äste.
8. Mehr oder weniger dicke Äste, die direkt auf den Betrachter zuwachsen.
9. Alle Zweige in der Krone, die den Aufbau eines ungleichschenkligen Dreiecks der Baumsilhouette verhindern.
10. Zweige, die auf der Innenseite von Stamm- oder Astbiegungen wachsen.
11. Zweige, die über das gedachte ungleichschenklige Dreieck der Baumsilhouette hinauswachsen.

ENTFERNEN VON DICKEN ÄSTEN

Je dicker ein Ast ist, der entfernt werden soll, umso größer ist auch die entstehende Wunde am Stamm. Eine Wunde beinhaltet grundsätzlich die Gefahr des Befalls mit holzzerstörenden Mikroorganismen. Bäume begegnen dieser Gefahr mit unterschiedlichen Strategien. Laubbäume versuchen, die Wunde möglichst schnell mit neuer Rinde zu verschließen. Dazu beginnt das Kambium an den Wundrändern mit verstärkten Teilungsaktivitäten, wodurch die neuen Zellen sich zunehmend von außen nach innen über die Wunde ausbreiten – es bildet sich ein sogenannter Kallus.

Da der Kallus immer mit einer sich vorwölbenden Wulstbildung verbunden ist, würde sich die spätere Wundverheilung bei einem glatten Schnitt ebenfalls verwölben, was noch nach Jahren unschön sichtbar wäre. Durch einen Schnitt mit der Konkavzange, der zur Mitte der Wunde hin tiefer ins Holz geht, gleichen wir die Verwölbung aus und erhalten als Ergebnis eine in die Stammoberfläche integrierte verheilte Wunde.

Je dicker der Ast ist, um so tiefer muss der Konkavschnitt ins Holz gehen. Das kann bei einem fingerdicken Ast zur Mitte der Wunde hin etwa 0,5 cm sein. Eine Ausnahme bilden Laubbäume mit sehr dünner Rinde wie Azaleen oder Quitten. Hier schwillt der Kallus nicht so stark an, weshalb wir den Ast entweder mit glattem oder mit nur

PFLANZENHORMONE

Auxine

Diese in den Endknospen hergestellten Pflanzenhormone haben eine zweifache Wirkung. Zum einen lassen sie den Trieb, der sich aus der Endknospe entwickelt, lang und stark wachsen. Zum andern unterdrücken sie das Austreiben weiter innen liegender Nebenknospen und schlafender Augen. Diese Phänomene wirken sich nach der Stellung der jeweiligen Endknospe unterschiedlich stark aus. Je näher die Endknospe der Baumspitze ist und je senkrechter ihre Stellung ist, um so stärker treibt sie aus und unterdrückt andere darunterliegende Knospen. Werden die dominierenden Endknospen entfernt, treiben Nebenknospen und meist auch schlafende Augen aus.

Gibberelline

Diese Gruppe von Pflanzenhormonen wird in den jungen Blättern und in den Wurzelspitzen gebildet. Je mehr Gibberelline gebildet werden können, um so stärker wächst der Bonsai. Nach einem Wurzelschnitt oder nach einem Formschnitt bzw. nach dem Zupfen von Trieben tritt entsprechend ein Mangel an Gibberellinen auf, es setzt ein Wachstumsstop ein und es kommt zu dem beabsichtigten Zwergwuchs des Baumes. Das heißt, die Blattzwischenräume (Internodien) werden kürzer, und die Blätter bleiben kleiner.

leicht konkavem Schnitt entfernen. Bei großen Wunden erstreckt sich die vollständige Verheilung über mehrere Jahre. Manchmal stoppt der Heilungsprozess ohne ersichtlichen Grund in einer Wachstumsperiode, noch bevor die Wunde vollständig verschlossen ist. Durch Anschneiden der inneren Wundkallusränder wird die Bildung neuer Wundverschlusszellen wieder angeregt und die Wunde schließlich doch noch ganz verheilt.

Nach der Entfernung eines dicken Astes wird eine Kugel aus der Wundpaste angedrückt und bis zu den Wundrändern glatt gedrückt.

Ein dominierender Ast auf der Innenseite einer starken Stammbiegung kann eine ansonsten sehr aussagekräftige Gestaltung nachhaltig stören.

Zusätzlich kann man die Wundverheilung durch die Form der Wunde beeinflussen. Eine Wunde, die nach unten hin spitz zulaufend verlängert wurde, heilt viel schneller als eine kreisrunde Wunde. Das liegt an dem in der Rinde von oben nach unten fließenden Baustoffstrom, der auf diese Weise um die Wunde herum aktiviert wird. Die Wundverheilung erfolgt nun verstärkt von unten nach oben und von beiden Seiten her. Verstärkt wird die Wundverheilung, wenn sich ein lebender Ast oberhalb der Wunde befindet.

Die meisten Nadelbäume brauchen für die Verheilung einer Wunde mehr Zeit. Außerdem lassen sie aus einer Wunde Harz auslaufen – man sagt, der Baum blutet. Um den Saftverlust gering zu halten, gehen wir bei der Entfernung eines dickeren Astes in zwei Stufen vor:

1. Zunächst kürzen wir den Ast nur ein und lassen einen Stumpen von 3 bis 4 cm Länge stehen.
2. Normalerweise ist der Stumpen nach etwa drei Monaten eingetrocknet und kann nun vollständig, wie bei den Laubbäumen beschrieben, entfernt werden.

Bei allen Wunden mit einem größeren Durchmesser als 1 cm wird zum Schutz gegen Infektionen und zur Beschleunigung der Kallusbildung ein Wundverschlussmittel aufgetragen. Durch das Wundverschlussmittel werden die Wundrandzellen gegen Austrocknung geschützt und das freiliegende Holz gegen eindringende Parasiten versiegelt.

Die besten Erfahrungen habe ich mit einer aus Japan importierten „Knetmasse“ gemacht (Bonsai-Fachhandel). Im Gegensatz zu den in Europa üblichen Mitteln verbleiben nach dem Wundverschluss keine Reste des Mittels an dem Baum. Mit zunehmendem Wundverschluss wird die immer noch plastische Masse langsam weggedrückt und fällt schließlich ab.

Harmonisch interagieren die Felsformation und der kleine Dreispitz-Ahorn miteinander. Der kurze Stamm trägt eine weit ausladende, reich verzweigte Krone.

Zum Auftragen der Knetmasse feuchtet man die Fingerspitzen leicht an, greift ein kleines Stückchen der Masse, formt daraus einen kleinen Ball und drückt ihn auf die Mitte der Wunde. Mit den feuchten Fingerkuppen lässt sich die kleine Kugel nun zu den Wundrändern hin flachdrücken. Wichtig ist, dass sich die Masse bis auf den anschließenden, unverletzten Rindenteil erstreckt.

NEUAUFBAU VON ÄSTEN

Wir haben schon gesehen, dass die meisten Bäume die Tendenz haben, gerade ihr Spitzenwachstum durch Hormone zu fördern. Entsprechend müssen wir, wollen wir das Wachstum weiter unten wachsender Äste unterstützen, die darüber liegenden Äste stärker zurückschneiden.

Wir können einen schwächeren Zweig, der eventuell zu einem Hauptast aufgebaut werden soll, durch den richtigen Schnitt darüber liegender Äste in seinem Wachstum fördern, indem wir seinen Endtrieb nicht beschneiden. Geben wir dem Baum gleichzeitig reichlich Dünger mit erhöhtem Stickstoffgehalt, wird der Trieb sehr stark auswachsen. Sobald der neue Trieb beginnt, die normale Rindenfärbung zu bekommen, können wir seine Richtung und Biegung durch eine Drahtung korrigieren. Eine sanfte Biegung erzeugen wir nur zwischen den ersten beiden Knoten (Blattansätzen). Um zu verhindern, dass der Draht zu schnell in

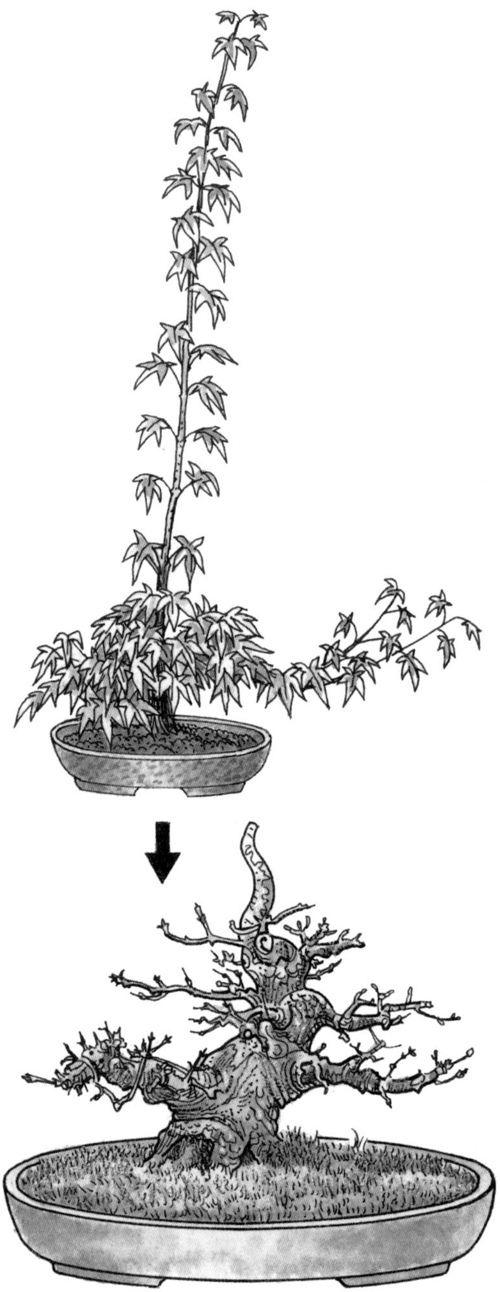

Bei der „Wachsen-lassen-und-Schneiden"-Methode lässt man die Triebe, die noch ein stärkeres Dickenwachstum benötigen, lang auswachsen. Die Formkorrektur erfolgt durch Drahten. Erst wenn die gewünschte Dicke erreicht ist, wird auf die richtige Gestaltungslänge stark zurückgeschnitten.

die Rinde einschneidet, wird er nur locker um den Trieb gelegt. Den Rest des Triebs biegen wir senkrecht nach oben und lassen ihn unbeschnitten kräftig weiterwachsen. Schon nach wenigen Wochen kann solch ein Trieb 20 cm und mehr erreichen. Die vielen Blätter an dem Trieb produzieren große Mengen an Baustoffen, und der neue Ast nimmt enorm an Dicke zu. Nun wird der Draht entfernt und der Trieb bis auf die ersten beiden Knoten zurückgeschnitten.
Bei allen Baumarten, die mehrere Wachstumsschübe in einer Wachstumsperiode haben, verfahren wir mit den folgenden Neuaustrieben jeweils in gleicher Weise. Ahorne, Ulmen, Zelkoven und *Ficus*-Arten, aber auch Lärchen, Hemlocktannen und Altwelt-Mammutbäume entwickeln so in einem Jahr recht starke, reich verzweigte Äste. Baumarten wie Buchen, Eichen, Kiefern, Tannen und Fichten zeigen häufig nur einen brauchbaren Austrieb pro Wachstumsperiode, weshalb sich die Astentwicklung hier über mehrere Jahre erstrecken wird.
Durch starkes Wachstum erlangen wir schnell die gewünschte Astdicke, während die jeweiligen Drahtungen dem Ast sanfte Krümmungen geben, die ihn interessant und abwechslungsreich werden lassen.

AUFBAU EINER FEINEN VERZWEIGUNG

Sobald der Ast die gewünschte Dicke und Länge erreicht hat, bauen wir durch frühzeitigen Formschnitt des Neuaustriebs eine feine Verzweigung auf. Konsequentes und frühzeitiges Zurückschneiden ist eine wichtige Voraussetzung für einen ausgewogenen und fein verzweigten Bonsai. Nachdem die Dominanz des Spitzentriebs bzw. der Endknospe durch einen entsprechenden Rückschnitt aufgehoben ist, treiben bekanntlich die Seitenknospen aus, welche die feine Verzweigung aufbauen.
Verstärken kann man diese Tendenz durch einen Teilblattschnitt an den Trieben, deren

Wachstum wir hemmen wollen, während wir die Blätter an den Trieben belassen, deren Wachstum wir fördern wollen.
Um zusätzlich schlafende Augen zu wecken, die ansonsten nicht die Tendenz zeigen auszutreiben, machen wir mit einem scharfen Messer direkt hinter der Knospe (von der Triebspitze her betrachtet) einen sehr kurzen Schnitt in die Rinde. Da die Baustoffe durch den inneren Rindenteil von den Blättern zum Stamm transportiert werden, wird er an der Knospe gestaut und das schlafende Auge zum Austreiben gezwungen. Der Einschnitt in die Rinde ist schon nach kurzer Zeit verheilt und der Baustoffstrom fließt nun wieder ungehindert zum Stamm.

STARKE RICHTUNGSÄNDERUNGEN BEI DICKEN ÄSTEN

Junge Bäume haben die Tendenz, ihre Äste möglichst gerade nach oben „schießen" zu lassen, während die Äste alter Bäume sich eher horizontal ausbreiten.
Genau hier liegt häufig das Problem, will man einen Bonsai aus einer Baumschulpflanze oder einem in der Natur gefundenen Baum gestalten. Bei Baumarten mit guter Regenerationsfähigkeit ist das Problem recht einfach zu lösen. Alle starken Äste, die sich nicht in die Gestaltung integrieren lassen, werden vollständig entfernt und nach der vorher beschriebenen Methode aus dem Neuaustrieb aufgebaut.
Anders sieht es bei den Baumarten aus, die nur unzureichend aus dem alten Holz austreiben. Hier können wir nicht auf einen Neuaustrieb aus dem alten Holz hoffen und müssen dazu mithilfe von Draht die Wuchsrichtung der für die Gestaltung notwendigen Äste korrigieren. Bei dickeren Ästen ist es recht schwierig, die erste notwendige Richtungsänderung direkt am Stamm nur mit einer Drahtung herbeizuführen.
Hier muss man zu einer etwas drastischeren Methode greifen. Zunächst wird direkt am Stamm auf der Unterseite des Astes ein V-förmiger Einschnitt gemacht und der so freigeschnittene Holzkeil entfernt. Der Winkel zwischen den beiden Einschnittseiten legt die Winkelkorrektur zwischen Stamm und Ast fest. Damit die Rinde auf der Oberseite des Astes bei der anschließenden Biegung nicht abreißt, nehmen wir der Rinde dort die Spannung. Dazu führen wir mit dem scharfen Messer einige tiefe Schnitte in Astrichtung durch. Nun lässt sich der Ast mithilfe von Draht biegen, wobei wir darauf achten, dass die beiden Seiten des V-förmigen Einschnitts genau aufeinanderstoßen. Mit einem Wundverschlussmittel unterstützen wir anschließend die Wundverheilung. Sobald sich ein ausreichender Wundkallus gebildet hat, kann der Draht wieder entfernt werden.
Bei sehr starken Korrekturen des Winkels zwischen Stamm und Ast müssen wir den Ast zusätzlich sichern. Dazu umkleiden wir den Ast dicht mit parallel gelegten Baststreifen, die zur Fixierung dicht mit Bast umwickelt werden. Anschließend wird die korrigierende Drahtung angelegt und in der oben beschriebenen Weise weiter verfahren.

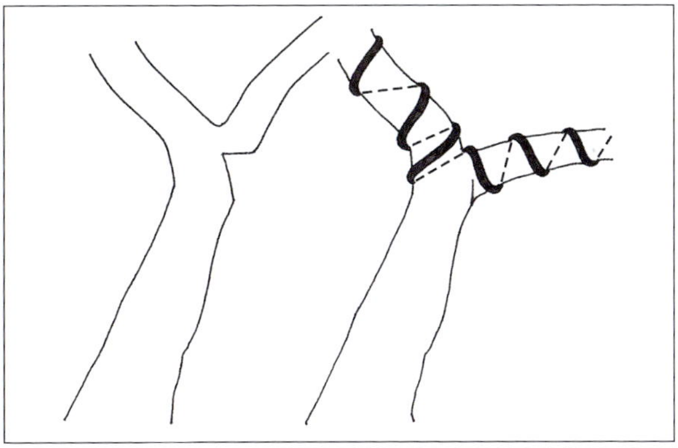

Ist ein dicker Ast nicht mehr biegbar, wird an seiner Unterseite ein Holzkeil herausgeschnitten und der Ast anschließend heruntergedrahtet.

Im Prinzip lässt sich diese Methode auch anwenden, wenn im weiteren Verlauf des Stammes oder eines dicken Astes eine stärkere Richtungsänderung vorgenommen werden soll, die nicht allein mit Draht korrigiert werden kann.

AUFBAU EINER NEUEN BAUMSPITZE

Um einen größeren Baum zum Bonsai zu gestalten, muss der Stamm eingekürzt werden. Natürlich wird dabei der Stamm nicht einfach in einer bestimmten Höhe „gekappt“, sondern nach reiflicher Überlegung, wo und wie die Baumhöhe enden soll, gestaltet.
Bei Nadelbäumen ist zu überlegen, ob nicht eventuell ein Spitzen-Jin geformt werden soll (siehe S. 204). Fällt die Entscheidung gegen einen Jin aus oder ist der Baum ein Laubbaum, muss in neuer Höhe eine Krone aufgebaut werden.

Ein vorheriger Nebenast wird zur neuen Krone hochgebunden.

Bei der Gestaltung eines Bonsai mit Stammbiegungen kann man auf einen geeigneten, starken Seitenast oder Vorderseitenast zurücksetzen. Der Seitenast stellt nun die Verlängerung des Stammes mit einer deutlichen Richtungsänderung dar. Ist die neu entstandene Stammbiegung zu abrupt, wird mithilfe von Draht die Biegung gemildert.
Zur Stammverlängerung aller Stilarten mit geradem Stamm schneidet man den Stamm auf einen Vorderseitenast zurück. Anschließend wird dieser Ast senkrecht gedrahtet, sodass er die neue Stammverlängerung darstellt.
Beim Hochbiegen des Astes besteht eine große Gefahr, dass er an seinem Ansatz abbricht. Um das zu verhindern, gehen wir folgendermaßen vor:

1. Auf der Rückseite wird am Stamm so viel Holz ausgehöhlt, bis der Stamm an dieser Stelle ein wenig dünner ist als der Seitenast. Hierbei ist darauf zu achten, dass sich die neu geschaffene Wunde ausreichend weit nach unten verlängert. Sobald sich der Seitenast als neue Spitze etabliert hat, verheilt die Wunde, und die Bereiche zwischen Stamm und neuer Spitze gehen harmonischer ineinander über.
2. Die Wunde wird mit einem Wundverschlussmittel, zum Beispiel japanischer Wundpaste, behandelt.
3. Ein Draht ausreichender Stärke wird vom Stamm zum Seitenast hochgeführt, und zwar so, dass der Biegedruck im Bereich des ausgehöhlten Stammes erfolgen kann.
4. Vorsichtig wird der Ast als neue Spitze hochgebogen, wobei die Biegung am ausgehöhlten Stammteil erfolgt.
5. Leider ist nicht zu vermeiden, dass der Draht in den sich bildenden Wundkallus einschneidet. Sobald der Draht deutlich einschneidet, wird er entfernt, und auch dieser Bereich schließt sich mit fortschreitender Wundverheilung.

VERBESSERUNG DER STAMMSTRUKTUR

Für einen guten Bonsai ist es vielfach wichtig, einen Stamm zu haben, der im unteren Bereich recht dick ist und sich dann auf einer verhältnismäßig kurzen Strecke harmonisch nach oben hin verjüngt. Um diesen Effekt zu erzielen oder auch nur zu verstärken, gibt es eine Reihe von praktikablen Maßnahmen. Alle Maßnahmen werden nur in der Hauptwachstumszeit an wirklich gesunden Bäumen durchgeführt.

Die Stammverdickung bei der Mädchen-Kiefer wurde durch eingewachsenen Draht erreicht.

DICKENWACHSTUM FÖRDERN

Grundsätzlich kann man sagen, dass ein Baum unterhalb von verstärktem Endknospenwachstum auch den Stamm schnell dicker werden lässt. In den Endknospen wird das Wachstumshormon Auxin gebildet, welches auch für das Dickenwachstum verantwortlich ist (siehe S. 185).

Lässt man gleichmäßig am ganzen Baum die Endknospen austreiben und ermöglicht damit verstärktes Triebwachstum, verdickt sich der Stamm des Baumes auf ganzer Strecke gleichmäßig stark.

Soll im unteren Stammbereich beschleunigtes Dickenwachstum initiiert werden, lässt man nur die Endknospen an den Ästen unbeschnitten austreiben, die sich oberhalb des Stammbereiches befinden, der verdickt werden soll. Der Austrieb der anderen Baumbereiche wird gleichzeitig durch frühzeitigen Rückschnitt begrenzt, und unter Umständen kann zusätzlich ab Mitte Juni ein Voll- oder Teilblattschnitt durchgeführt werden.

Ist die gewünschte Verdickung erfolgt, werden die lang durchgetriebenen Triebe stark zurückgeschnitten. Eventuell ist es sogar notwendig, diese verdickten Triebe ganz zu entfernen und damit auf feinere Nebentriebe zurückzusetzen.

Sind in dem Stammbereich, der verdickt werden soll, keine geeigneten Äste vorhanden, können diese Aufgabe auch Hilfstriebe aus austreibenden schlafenden Augen übernehmen. Wie schlafende Augen geweckt werden können, haben wir auf Seite 183 schon gesehen. Da diese Hilfstriebe später wieder vollständig entfernt werden müssen, ist es besser, wenn sie auf der Rückseite des Bonsai wachsen.

SCHNITTE BIS INS KAMBIUM

Bei Bäumen mit längsrissiger Borke bietet sich eine weitere Methode zur Verdickung des Stammes an. Hierbei werden in den Stammbereich, der sich verdicken soll, mit einem spitzen, sehr scharfen Messer mehrere 2 bis 3 cm lange Schnitte bis ins Kambium (zwischen Rinde und Holz) durchgeführt. Die Einschnitte verlaufen von oben nach unten in den jeweiligen Borkenrissen.

Das Kambium bildet, in der Absicht die Einschnitte zu schließen, Wundgewebe, welches den Stamm in dem Bereich deutlich dicker werden lässt.

MITHILFE VON DRAHT VERDICKEN

Bilden die Risse in der Borke eher unregelmäßige Felder, kann man die Stammverdickung auch mittels Draht erzeugen. Dazu wird ein feiner Draht in unregelmäßigen Windungen um den zu verdickenden

Der Ginkgo mit mächtigem Stamm in einer historischen Schale zeigt erstes zartes Grün.

Stammteil gewickelt. Sobald sich der Stammbereich durch geringes Dickenwachstum auf den Draht zubewegt, wird der von oben nach unten verlaufende Baustoffstrom durch den Draht gestaut, und verstärktes Dickenwachstum setzt oberhalb des Drahtes ein.
Wir lassen den Draht nur ganz leicht einwachsen und entfernen ihn dann. Anschließend wird ein neuer Draht, diesmal aber in entgegengesetzter Winderichtung, angelegt und ebenso verfahren wie beim ersten Draht. Diesen Vorgang kann man beliebig oft wiederholen. Bei geschickter Drahtführung fügen sich die Drahteinschnitte in die normale Rindenstruktur ein und sind damit für den Betrachter nicht oder kaum wahrnehmbar.

BÄUME MIT GLATTER RINDE

Die beiden vorherigen Methoden sind aus optischen Gründen bei Bonsai mit glatter Rinde nicht anwendbar. Aber auch bei diesen Bäumen können wir den unteren Stammbereich gezielt verdicken. Beim Umtopfen binden wir knapp unterhalb der Erdoberfläche bzw. des Wurzelhalses einen Draht oder ein festes Band, eng anliegend, um den Stamm. In der Wachstumsperiode wird nach kurzer Zeit der von oben kommende Baustoffstrom gestaut, sodass sich der untere Stammbereich verdickt.
Hat man ein Band verwendet, welches in der feuchten Erde verrotten kann, braucht man es nicht zu entfernen. Draht oder ein Band aus schlecht verrottendem Material muss hingegen entfernt werden, sobald es deutlich in die Rinde einzuschneiden beginnt.

Die Gruppenpflanzung aus drei Baumschulpflanzen (Juniperus communis 'Hornibrooki') muss sich in den nächsten Jahren weiter entwickeln.

GESTALTEN GANZ OHNE DRAHT

Beim Betrachten von chinesischen Bonsai (Penjing), vor allem der Lingnan-Schule aus der Provinz Kanton, fallen die häufig recht abrupten Richtungsänderungen in der Stammführung und der Linienführung der Äste auf. Viele der aus China importierten und bei uns im Bonsai-Handel angebotenen Zimmer-Bonsai sind nach den Prinzipien dieser Schule geformt. Das Wesen dieser Gestaltungsrichtung beruht, auf einen einfachen Nenner gebracht, auf „stark wachsen lassen und drastisch zurückschneiden". Anders ausgedrückt, handelt es sich hierbei um eine Art langjähriger Aufbauarbeit des Bonsai. Zunächst wird die Ausgangspflanze, meist Bäume mit recht dickem Stamm, im Vorfrühling stark zurückgeschnitten. Die anschließende weitere Gestaltungsarbeit besteht im Wesentlichen aus zwei sich immer wiederholenden Arbeitsgängen:

1. Den nachfolgenden Austrieb lässt man ungehindert stark durchtreiben, bis der neue Trieb die gewünschte Dicke erreicht hat. Da die Wachstumshormone in den Triebspitzen gebildet werden, kommt es durch Zellteilung im Kambium zu einem enorm beschleunigten Dickenwachstum.
2. Jetzt werden die Triebe wieder stark beschnitten, wobei auf einen kürzeren Nebentrieb oder eine Knospe zurückgesetzt wird. Nebentrieb oder Knospe weisen in die Richtung, in die der folgende Austrieb vornehmlich gelenkt werden soll.

Der Neuaustrieb wächst nun in eine neue Richtung, sodass bei entsprechender Auswahl der Nebentriebe oder Knospen die weitere Linienführung des Astes oder Stammes mehr oder weniger abrupt geändert wird. Wieder lässt man die neuen Triebe ungehindert wachsen, bis sie eine Dicke erreicht haben, die geringfügig dünner ist als die des vorherigen Austriebs. Ein drastischer Rückschnitt führt wieder zum Zurücksetzen auf einen ausgewählten Nebentrieb oder eine entsprechende Knospe.

Zelkoven in Besenform werden meist ohne Draht geformt.

Wachsen die Äste zu steil nach oben, können sie bei diesem Stil durch Spanndrähte herabgebogen werden. Eine eigentliche Drahtung findet aber nicht statt.
Im Laufe der Jahre wird ein Bonsai aufgebaut, dessen Stamm- und Astbiegungen weniger weich verlaufen, als wenn der jeweilige Neuaustrieb, wie vorher beschrieben, gedrahtet worden wäre. Die Linienführungen erinnern mit ihren starkwinkeligen Richtungsänderungen an chinesische Landschaftsmalereien mit ihren teilweise bizarr geformten Bäumen.
Insgesamt braucht man mit dieser Methode viel länger als mit den vorher beschriebenen Techniken, bis der Bonsai die beabsichtigte Form erlangt hat. Das Ergebnis geduldiger Arbeit kann sich aber meist sehen lassen. Beschleunigen kann man die Wachstumsvorgänge durch einen Boden mit guter Drainagewirkung und ausreichend stickstoffbetonten Düngergaben. Während der Aufbauphase des Bonsai verwendet man entweder ein größeres Pflanzgefäß oder lässt den Baum im Garten frei wachsen.
Antwort auf die Frage, ob es sich dabei noch um nach der Natur geformte Bäume handelt, muss mit einem klaren „Ja" beantwortet werden. Hierzu braucht man sich nur Bäume in der freien Natur anzuschauen, die an Extremstandorten wie Felsklippen um ihre Existenz kämpfen. Immer wieder werden durch Stürme oder Steinschlag Stamm und Äste teilweise abgebrochen. Der nachfolgende Neuaustrieb wächst entsprechend in neuer Richtung weiter und verleiht dem Baum so seine manchmal recht bizarre, aber natürliche Form.

AUSFORMUNG DES WURZELBALLENS

Das Wurzelsystem erfüllt einige wichtige Aufgaben für die Lebensvorgänge des Baumes. Dicke Wurzeln verankern ihn im Bo-

Der Stammfuß der Mädchen-Kiefer muss etwas mehr herausgearbeitet werden.

den und stützen ihn gegen die Naturgewalten. Feine Wurzeln, und hier vor allem die Wurzelspitzen, entnehmen der Erde Wasser und Nährsalze.

Gleichzeitig erhalten die Wurzeln im Gegenzug die in den Blättern produzierten Nähr- und Baustoffe. Die Nährstoffe, beispielsweise verschiedene Zucker, liefern den Wurzelzellen die Energie für ihre Stoffwechselvorgänge. Baustoffe dienen dem Bau neuer Zellwände bei den Zellteilungsvorgängen.

All diese Vorgänge können nur dann optimal ablaufen, wenn Wurzelsystem und oberirdische Pflanzenteile in einem arttypischen Gleichgewicht zueinander stehen. Als Faustregel gilt, dass Blattmasse und Wurzelmasse einander in etwa entsprechen.

Neben diesen eher biologisch begründeten Aufgaben hat ein Teil des Wurzelsystems eines Bonsai auch wichtige künstlerische Funktionen. Nur mit einem entsprechend gut ausgebildeten Wurzelhals wirkt ein Bonsai in der Darstellung eines alten, würdigen Baumes überzeugend.

Unsere erste Sorge gilt natürlich einem gesunden Wurzelsystem, der Voraussetzung für einen Bonsai, der unsere oberirdischen Gestaltungsmaßnahmen erträgt und diese in der gewünschten Weise umsetzen kann. Hierzu tragen in erheblichem Maße Zusammensetzung und Struktur des Bodens bei. Die Erde muss einerseits genügend Wasser und Nährsalze für die Versorgung der oberirdischen Teile bereithalten können. Andererseits brauchen die Wurzelzellen für ihren Stoffwechsel auch Sauerstoff, der ungehindert ins Erdreich eindringen kann. Der Sauerstoffbedarf des Wurzelballens ist besonders hoch, wenn er in irgendeiner Weise geschädigt ist.

Grundsätzlich gilt: Je schwächer das Wurzelsystem ist, um so grobkörniger und damit durchlässiger für Wasser und Sauerstoff muss die Pflanzerde sein.

Bei der Umstellung einer Ausgangspflanze zum Bonsai müssen wir immer auch den Wurzelballen erziehen. In den seltensten Fällen finden wir einen Wurzelballen vor, der den Forderungen eines Bonsai ent-

Die grob geformte Tonschale unterstreicht die Leichtigkeit des roten Fächer-Ahorns.

spricht. Er sollte nicht nur einen guten Wurzelhals aufweisen, sondern sich bereits wenige Zentimeter unterhalb des Wurzelhalses fein und dicht verzweigen. Häufig genug finden wir gerade das Gegenteil vor, nämlich dünne und lange Wurzelbärte, die sich erst einige Zentimeter vom Stamm entfernt mehr oder weniger stark verzweigen. Und wenn dickere Wurzelansätze vorhanden sind, sind diese oft nur einseitig an dem Baum angeordnet.

Die ersten Ziele der Wurzel-Gestaltung lauten also: Herausarbeiten eines wohl proportionierten Stammfußes und eines dichten Wurzelballens. Da bei der Erstgestaltung der oberirdischen Baumteile sicher auch einiges an Ast- und Blattmasse entfernt wurde, können wir den Wurzelballen entsprechend stark beschneiden.

1. Alle dicken Wurzeln innerhalb des Wurzelballens werden entfernt, sofern dabei nicht zu viele feine Wurzeln mit verloren gehen.
2. Überlange, dünne Wurzeln werden auf Verzweigungen zurückgesetzt, die näher am Stamm sind.
3. Die Wurzeln, die sich für den Aufbau des Wurzelhalses eignen, werden nur mäßig beschnitten, denn je mehr feine Wurzeln sich an der dickeren Wurzel befinden, um so stärker ist ihr nachfolgendes Dickenwachstum.
4. Eventuell vorhandene feine Wurzeln, die sich zur Komplettierung des Wurzelhalses eignen, werden nach Möglichkeit nicht beschnitten.

ZUSÄTZLICHE VERBESSERUNGEN DES WURZELHALSES

Sich überkreuzende dicke Wurzeln werden entfernt oder vorsichtig neu angeordnet. Manchmal kann ein zwischengeklemmtes Steinchen oder Holzstück die Wurzeln in der neuen Lage fixieren.

Ist eine sehr dicke, einseitige Wurzel vorhanden, die nicht entfernt werden kann,

Ein echtes Meisterwerk der Bonsai-Gestaltung mit einem Dreispitz-Ahorn als Steinpflanzung

01

können wir diese Wurzel der Länge nach spalten. Auch hier muss ein Steinchen oder ein Holzstück zwischengelegt werden, da ansonsten die beiden Wurzelhälften wieder miteinander verheilen.
Manchmal beginnen sich die dicken Wurzeln erst mehrere Zentimeter vom Stamm entfernt fein zu verzweigen. Hier erreichen wir durch unterirdisches Abmoosen (siehe S. 113 ff.) eine frühe feine Verzweigung. Dazu wird in der beabsichtigten Abmoosungszone um die jeweilige Wurzel herum ein Rindenstreifen bis ins Holz hinein entfernt. Die Breite des Streifens sollte der Dicke der Wurzel entsprechen. Dünnes Bepudern mit einem Wachstumshormon und Umwickeln mit feuchtem Moos unterstützen die neue Bewurzelung. Nach dem Einpflanzen muss der Abmoosungsbereich immer ausreichend feucht gehalten werden, damit die sich bildenden feinen Wurzeln nicht absterben. Nach ein bis zwei Jahren können die Wurzeln bis zum Abmoosungsbereich abgeschnitten werden.
Anschließend pflanzen wir den Roh-Bonsai in ein größeres Pflanzgefäß. Als Pflanzerde verwenden wir eine gut durchlässige, grobkörnigere Erde. Einerseits darf auf keinen Fall Staunässe entstehen, andererseits brauchen die Wurzeln neben dem Wasser auch viel Sauerstoff für ein kräftiges Wachstum. Beim Einpflanzen ordnen wir die Wurzeln für den Wurzelhals an. Alle Wurzeln des Wurzelhalses, die sich noch deutlich verdicken sollen, müssen gut mit Erde bedeckt sein. Erfahrungsgemäß ist ihr Dickenwachstum unter der Erde viel ausgeprägter, als wenn sie freiliegen. Erst wenn die Wurzeln

02

die gewünschte Dicke erreicht haben, werden sie nach und nach an der Oberfläche freigelegt. Durch das Freilegen nehmen die verdickten Wurzeln etwas an Durchmesser ab, gleichzeitig setzt aber auch die Borkenbildung für einen harmonischen Übergang vom Wurzelballen zum Stamm ein.
In den ersten Entwicklungsjahren des Bonsai muss in jedem Frühjahr umgetopft und an der Verbesserung des Wurzelballens gearbeitet werden. Erst wenn der Wurzelballen eine gute Entwicklung genommen hat und den Baum in einer Schale optimal versorgen kann, wird dieser in eine Bonsai-Schale eingepflanzt.

Übrigens setzt bei vielen Baumarten die Reifung der arttypischen Rinde mit dem Umsetzen in einen Pflanzcontainer oder in eine Bonsai-Schale verstärkt ein. Während ein Baum in der freien Natur oder im Gartenboden mehrere Jahrzehnte für seine Borkenbildung benötigt, dauert dieser Vorgang in dem kleineren Pflanzgefäß nur wenige Jahre. Offensichtlich ist dieses Phänomen auf den durch Wurzel- und Triebschnitt veränderten Hormonhaushalt des Bonsai zurückzuführen.
Während des ganzen Lebens des Bonsai ist es sinnvoll, auch an der Verfeinerung des Stammfußes bzw. des Wurzelhalses immer wieder zu arbeiten. Diese wichtige Gestaltungsarbeit im Bereich des Wurzelsystems wird leider recht schnell nur auf den bloßen Wurzelschnitt reduziert.
So ist es beispielsweise notwendig, gerade dicke Wurzeln im Innern des Wurzelballens kräftig zurückzuschneiden, um zu vermeiden, dass sich die verschiedenen Wurzeln des Wurzelhalses unterschiedlich stark weiterentwickeln.

03

04

01 Der Wurzelhals des Dreispitz-Ahorns ist zur Stabilisierung unter dem ersten Hauptast stärker ausgeprägt.

02 Schlicht und dennoch würdevoll ist die Gestaltung der Japanischen Schwarz-Kiefer (Pinus thunbergii).

03 Ein besonderer Blickfang bei dieser Wacholdergruppe ist der komplett abgestorbene Baum im Vordergrund.

04 Dreispitz-Ahorn mit mächtigem, sich gleichmäßig verjüngendem Stamm und schönem Wurzelansatz

Dichtes, frisch grünes Moos bedeckt den Boden des Waldes aus Kerb-Buchen.

GESTALTUNG DER ERDOBERFLÄCHE

Zur Gesamtgestaltung eines Bonsai gehört auch eine möglichst natürlich gestaltete Erdoberfläche. Sofern machbar lassen wir das Bodenprofil von den Schalenrändern zum Baum oder zur Baumgruppe leicht ansteigen. Leichte Vertiefungen und sanfte Hügel vermitteln den Eindruck eines natürlich gewachsenen Bodens.

Dieser Eindruck wird verstärkt durch ein mehr oder weniger dichtes Moospolster. In der freien Natur finden wir im Prinzip jeden freiliegenden Boden nach kurzer Zeit von einem dichten Pflanzenteppich bedeckt. Im Wald sind das vor allem Gräser und Farne, aber auch viele verschiedene Moosarten siedeln sich gerade zwischen den Wurzeln des Stammfußes an. Gräser und Farne sind wegen ihrer Größenverhältnisse für die Bonsai-Gestaltung weniger gut geeignet. Hier übernehmen die verschiedenen Moosarten, aber auch Flechten, die Aufgabe der Bodenbedeckung.

Meist haben sich auf einer feucht gehaltenen Erdoberfläche schon nach kurzer Zeit Moose unter den Bonsai angesiedelt. Die feinen Moossporen werden vom Wind durch die Luft getragen und keimen auf dem feuchten Boden sehr schnell aus. Sobald wir das erste, noch spärliche Grün von Moosen auf der Erdoberfläche entdeckt haben, halten wir die Oberfläche ständig feucht.

Hat sich das Moos erstmal auf der ganzen Erdoberfläche ausgebreitet, verhindert es das Wegschwemmen der Bodenteilchen beim Gießen. Da die Moose große Wassermengen speichern können, vermindern sie auch die Austrocknung des Bodens, sodass Trockenschäden an unseren Bonsai weniger schnell auftreten. Zum Teil lassen die Bonsai ihre Wurzeln sogar in das Moospolster hineinwachsen, um sich hier mit Wasser zu versorgen.

Wir können die Besiedelung mit Moosen fördern. Dazu sammeln wir feine Moospolster von Steinen oder in Mauerritzen. Diese Moosarten sind für Bonsai deshalb so gut geeignet, weil sie daran gewöhnt sind, in der prallen Sonne zu wachsen und auch ein vollständiges Austrocknen vertragen. Waldmoose hingegen wachsen an schattigen Standorten und vertragen ein Austrocknen weniger gut. Solche Moosarten eignen sich also nicht als Unterpflanzung für Bonsai.

Die gesammelten Moospolster lassen wir austrocknen und zerreiben sie anschließend zwischen den Fingern. Die staubfeinen Bruchstücke der Moospolster streuen wir auf die feuchte Erdoberfläche. Schon nach kurzer Zeit wachsen auf der feucht gehaltenen Erde aus den Bruchstücken neue Moospflänzchen heran.

Sehr flache Moospolster können auch direkt auf die Erde aufgelegt werden. Mit dem Auflegen der Moospolster warten wir bei frisch umgetopftem Bonsai einige Zeit, bis sich die Erde durch das Gießen etwas gesetzt hat. Nun entfernen wir auf der Unterseite der Moospolster nach Möglichkeit alle anhaftende Erde. Da die Moose keine richtigen Wurzeln ausbilden, sondern nur sehr kurze Rhizoide (Haftstiele), können sie sich sonst nicht fest mit dem Boden in der Bonsai-Schale verbinden. Moospolster, die sich nicht gut mit dem darunterliegenden Boden verbunden haben, wellen sich bei Trockenheit auf und geben ein unschönes Bild ab. Die Moospolster sollten hauptsächlich zwischen die freiliegenden Wurzeln des Stammfußes gesetzt werden. Die natürliche Besiedelung der restlichen Fläche erfolgt von hier ausgehend durch das Moos selbst. Eine vollständig mit aufgelegten Moospolstern abgedeckte Erdoberfläche wirkt meist recht künstlich und sollte daher nicht gemacht werden. Unverzichtbar sind Moospolster, wenn wir einen Bonsai auf eine Pflanzplatte setzen, die keinen Schalenrand aufweist. Der nackte Erdwall um den Bonsai herum wird ansonsten beim Gießen sehr schnell abgeschwemmt. Gleiches gilt für die Grundstilart „Auf dem Stein“ (siehe S. 74). Auch hier verhindern aufgelegte Moospolster ein Wegschwemmen der Pflanzerde. Immer wenn Moospolster auf steil abfallende Bodenpartien aufgelegt werden, müssen sie durch Drahtkrampen fixiert werden. Dazu biegt man aus dünnem Bonsai-Draht unförmige Haken, die durch das Moospolster in das Erdreich gedrückt werden.

Das Moospolster wirkt dank seiner Strukturierung natürlich.

Spezielle Jin-Werkzeuge, Jin-Bleichmittel (Handschuhe tragen!) und Wundknetmasse

ENTRINDUNGSTECHNIKEN

Bei der Gestaltung eines Bonsai wollen wir das verkleinerte Abbild eines großen, alten Baumes erschaffen. Dabei können uns die Entrindungstechniken helfen.

ENTWICKLUNGS-STADIEN EINES BAUMES

Bäume erreichen im Allgemeinen ein sehr hohes Alter. Wie jedes Lebewesen durchwandert auch ein Baum im Laufe seines Lebens verschiedene Entwicklungsstadien. In der Jugend versucht er, in Konkurrenz mit anderen möglichst schnell zu wachsen. Auf der Suche nach lebensspendendem Wasser und Nährsalzen lässt er seine Wurzeln tief in die Erde eindringen. Um möglichst viel Wachstumsenergie zu erlangen, reckt er sich hoch in den Luftraum. Die jugendlichen Äste sind aufwärts gerichtet und seine Borke ist glatt. In der Mitte seines Lebens ist ein Baum stark, hält den Naturgewalten gut Stand und sorgt durch reichlich Nachkommenschaft für die Erhaltung seiner Art. Die Äste laden nun weit aus und biegen sich durch das Eigengewicht zunehmend nach unten. Die Borke nimmt die arttypische Färbung und Struktur der Reife an. Viele Laubbäume bekommen eine rissige Borke, während andere immer wieder die äußeren Borkenschichten abwerfen und dadurch eine scheckige Rinde erhalten. Die Borke der meisten Nadelbäume wird ebenfalls rissig, wobei die Risse mehr oder weniger unregelmäßige Felder bilden. Im Alter strahlt der Baum zunehmend Würde und Lebenserfahrung aus. Die vielen Jahrzehnte bis Jahrhunderte haben ihre Spuren hinterlassen. Unzählige Stürme haben in seinem Geäst gewütet, und, wo einstmals der eine oder andere Ast gewachsen war, prägen jetzt leblose Stümpfe das Bild. Vielleicht hat auch einmal ein Blitz eingeschlagen und eine tiefe Furche in seinem Stamm hinterlassen. Wind und Regen haben die toten Baumteile gebleicht, aber noch kann er seinem Tod widerstehen. Noch treibt er in jedem Frühjahr in seinem dünner gewordenen Geäst mit frischem, jugendlichen Grün aus.

ENTRINDETE BAUMELEMENTE – EIN ATTRIBUT DES ALTERS

Gerade das Bild des alten Baumes vermittelt das Wesen der Zen-Philosophie besonders eindrucksvoll. Hier wird das Prinzip von Wabi und Sabi (siehe S. 176) tief erfahrbar. Mit der Gestaltung eines Bonsai versucht man einen alten, lebenserfahrenen und würdevollen Baum verkleinert nachzuempfinden. Entsprechend benutzen wir die Attribute des Alters, um dieses Bild überzeugend darzustellen. Abgestorbene, entrindete, gebleichte Baumteile werden gestalterisch herausgearbeitet – ein mögliches Stilmittel. Teile eines Baumes zu entrinden, um das darunterliegende Holz freizulegen, schadet dem Baum nicht. Das Holz besteht fast ausschließlich aus bereits abgestorbenen Zellen, die sich zum Teil durch Auflösen der Zwischenwände zu langen, dünnen Röhren vereinigt haben. In den äußeren Holzjahresringen findet für einige Jahre der Transport von Wasser und Nährsalzen statt, wir nennen diesen Bereich Splintholz. Bei inneren älteren Holzjahresringen sind diese Leitungsbahnen verschlossen, und das tote Holz wird bei vielen Baumarten durch eingelagerte Gerbstoffe gegen eine Zerstörung durch Mikroorganismen geschützt.

Das Stamm-Shari des Igel-Wacholders vermittelt den Eindruck von Alter.

WARUM SCHADET DAS ENTRINDEN DEM BAUM NICHT?

Natürlich stellen die Entrindungstechniken gezielte Verletzungen des Baumes dar. Wird nun beispielsweise ein Rindenstreifen bis ins Holz entfernt, werden auch die hier verlaufenden Leitungsbahnen durchtrennt. Da aber die Leitungsbahnen teilweise miteinander verzweigt sind, können Stoffströme auch umgeleitet werden. So werden oberhalb von Shari-Bereichen liegende Baumteile weiterhin ausreichend mit Wasser und Nährsalzen versorgt.
Das freigelegte innere Holz ist bei vielen Baumarten durch eingelagerte Gerbstoffe für eine gewisse Zeit gegen Verrottung geschützt, muss aber auf jeden Fall durch regelmäßiges Auftragen des Jin-Mittels konserviert werden. Das sollte mindestens jedes halbe Jahr geschehen.

VORAUSSETZUNGEN FÜR DIE ENTRINDUNG

Will man die Entrindungstechniken in die Bonsai-Gestaltung miteinbeziehen, sollte der Baum einige grundsätzliche Voraussetzungen erfüllen:

1. Der Baum sollte ein gewisses natürliches Alter erreicht haben. Die Borke zeigt bereits ein für die Baumart typisches Altersaussehen.
2. Es sollten genügend Holzjahresringe vorhanden sein, damit sich bereits Kernholz gebildet haben kann. Die Kernholzbildung setzt bei den meisten Baumarten nach zehn bis 20 Jahren ein.
3. Weichholzarten wie Weiden, Pappeln oder Birken bilden kein Kernholz. Bei diesen Baumarten werden die Entrindungstechniken nicht angewendet.
4. Alte Nadelbäume zeigen auch in der freien Natur viel häufiger tote, gebleichte Baumbereiche als Laubbäume. Das liegt nicht zuletzt an der viel höheren Lebenserwartung von Nadelbäumen. Laubbäume erreichen je nach Art ein Maximalalter von 150 bis 1500 Jahren. Nadelbäume hingegen werden je nach Art zwischen 500 und 6000 Jahre alt. Hinzu kommt, dass totes Holz von Nadelbäumen weniger schnell verrottet als totes Holz der meisten Laubbaumarten. Das liegt daran, dass das Holz von Nadelbäumen meist von Harzkanälen durchzogen ist. So werden diese Stilmittel auch in der Bonsai-Gestaltung bei Laubbäumen seltener angewendet als bei Nadelbäumen.
5. Entrindete Baumteile müssen sich harmonisch in das Gesamtbild einfügen. Jeder abgestorbene Baumteil verändert die Aussage der Gestaltung nachhaltig und darf daher nicht zum Selbstzweck werden. Wird dieses Stilmittel ohne wichtige Gestaltungsgründe angewendet, wirkt es eher störend.

WERKZEUGE FÜR ENTRINDUNGSTECHNIKEN

Für die fachgerechte Bearbeitung von entrindeten Bereichen braucht man das richtige Werkzeug. Am wichtigsten ist ein sehr scharfes Messer mit einer spitz zulaufenden Klinge. Im Bonsai-Fachhandel wird zusätzlich ein in Japan entwickeltes spezielles Jin-Werkzeugset angeboten. Die unterschiedlichen Werkzeuge des Sets sind für die verschiedenen Arbeitsgänge bei der Bearbeitung des Holzes sehr sinnvoll. Da die Werkzeuge recht teuer sind und Sie die Techniken vielleicht nur selten anwenden wollen, ist Holzschnitzwerkzeug aus dem Hobbymarkt oder dem Bastelgeschäft eine preiswertere Alternative.

Eine wertvolle Hilfe bei der Bearbeitung größerer Entrindungsbereiche stellt eine Minikraft-Bohrmaschine mit verschiedenen Bohrköpfen zur Holzbearbeitung dar. Größere Geräte, sogenannte „power-tools", beispielsweise Motorsägen, halte ich persönlich für übertrieben und dem Bonsai-Gedanken zuwiderlaufend.

JIN – ZEICHEN DER GÖTTER

Werden die Spitze, Äste oder Zweige eines Baumes entrindet, so bezeichnet man diesen Baumteil als Jin, was so viel wie „Zeichen der Götter" bedeutet. Nach dem altjapanischen Shinto-Glauben wohnen in alten Bäumen die Götter, in denen sie auch ihre Zeichen hinterlassen.

Sicherlich ist die Jin-Technik die am einfachsten durchzuführende Entrindungstechnik, dennoch ist es recht schwierig, einen Jin so zu gestalten, dass er natürlich wirkt.

Damit das Abziehen der Rinde nicht weiter als beabsichtigt geht, schneidet man rund um den geplanten Übergang zwischen dem

Jin und dem lebenden Baumteil mit einem scharfen Messer die Rinde ein. Mit einer flachen Drahtzange wird die Rinde anschließend angequetscht Das saftige Kambium löst sich so leichter vom Holz ab und kann mit der Rinde abgezogen werden. Die Schnittwunde zur nicht entfernten Rinde sollte mit einem Wundverschlussmittel, zum Beispiel mit japanischer Wundknetmasse, abgedeckt werden, da ansonsten die Gefahr besteht, dass ein weiterer Teil der Rinde austrocknet und abstirbt. Schon nach kurzer Zeit wird Wundgewebe gebildet, welches einen natürlichen Abschluss des Jin bildet.

Das Abschälen der Rinde geht am leichtesten in der Zeit von Mitte Frühjahr bis zum Hochsommer, da in dieser Zeit das Kambium stark saftführend ist. Im Winter oder bei einem bereits abgestorbenen Ast die Rinde abzuziehen, ist schwieriger. Hier kann man die Borke des Astes für einige Zeit mit einem Lappen umwickeln, der mit heißem Wasser getränkt wurde. Anschließend kann man die aufgeweichte Rinde mit einem scharfen Messer leichter abschälen.

Hat man einen noch lebenden Ast entrindet und soll seine Linienführung geändert werden, kann man das noch feuchte Holz drahten. Während des anschließenden Trocknungsprozesses stabilisiert sich der Jin in der neuen Lage. Ist der Trocknungsprozess abgeschlossen, wird der Draht entfernt.

Erst nachdem der Jin vollkommen trocken geworden ist, wird das Holz weiterbearbeitet. Je nach Dicke des Jin dauert der Trocknungsprozess drei bis sechs Wochen. Natürlich achtet man während dieser Zeit darauf, dass der trocknende Jin nicht durch Regen oder Gießwasser wieder feucht wird.

Mit speziellem Jin-Werkzeug oder Holzschnitzwerkzeug, Sandpapier oder einer Glasscherbe wird der Jin nun so bearbeitet, dass er sich so natürlich wie möglich in das Gesamtbild der Gestaltung integriert. Vielfach ist es ratsam, auf die natürliche Mase-

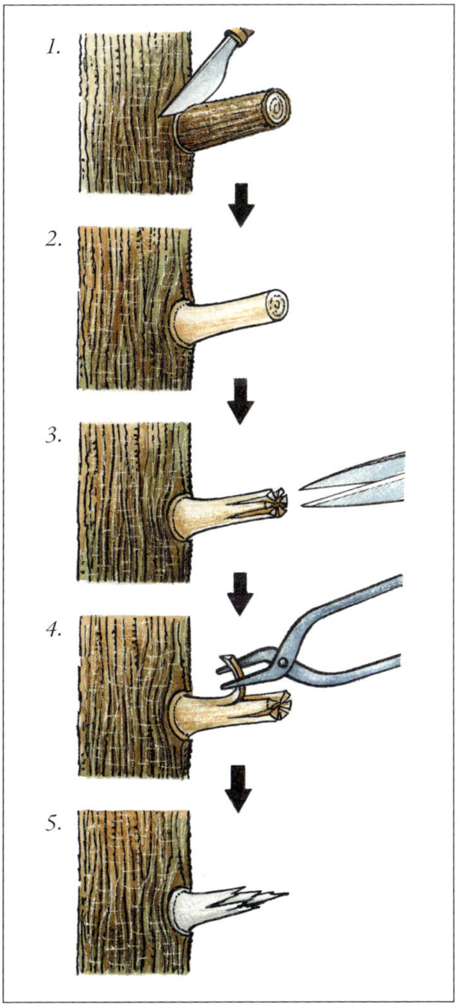

Jin

1. *Muss an einem Bonsai ein Ast entfernt werden, ist es manchmal sinnvoll, einen Stumpf mit Jin zu bearbeiten. Nachdem der Ast auf die gewünschte Länge eingekürzt ist, wird mit einem scharfen Messer die Rinde nah am Stamm durchtrennt.*
2. *Die Rinde schält man ganz ab.*
3. *Mit einer scharfen Schere werden sternförmige Einschnitte an der Spitze gemacht.*
4. *Mit der flachen Drahtzange greift man die Holzteile und zieht sie mit drehenden Bewegungen in Richtung auf den Stamm ab.*
5. *Das Ergebnis ist ein natürlich wirkender Astbruch, der mit einem Jin-Mittel konserviert wird.*

rung des Holzes zu achten und diese etwas herauszuarbeiten. Zwei bis drei Monate später trägt man auf das bearbeitete Holz ein spezielles Jin-Mittel auf. Es handelt sich hierbei um eine wässrige Mischung aus Kalk und Schwefelblüte und ist im Bonsai-Fachhandel erhältlich. Beim Auftragen des Jin-Mittels sollte man peinlich darauf achten, dass es nicht auf die lebenden Baumteile oder aufs Erdreich tropft. Hier kann die übel riechende Brühe zu Verbrennung führen. Das Jin-Mittel hat eine doppelte Funktion. Zum einen schützt es das tote Holz gegen Verrottung, zum andern bleicht es das Holz zu einer silbrig-weißen Färbung. Wenn Ihnen die Färbung zu hell erscheint, können Sie dem Jin-Mittel auch etwas schwarze Tusche oder schwarze Wasserfarbe zusetzen. Je nach Zusatzmenge erreichen Sie eine mehr oder weniger graue Färbung des Jin.
In den ersten Jahren trägt man das Jin-Mittel zweimal pro Jahr auf. In den darauffolgenden Jahren wird das Mittel nur einmal pro Jahr aufgetragen, und zwar zu Beginn des Sommers, weil zu dieser Jahreszeit die Gefahr eines Befalls von holzzerstörenden Pilzen am größten ist.

AST-JIN

Immer wenn an einem Nadelbaum ein dickerer Ast entfernt werden muss, ist zu überlegen, ob der gesamte Ast oder ein mehr oder weniger kleiner Teil des Astes als Jin erhalten bleiben sollte. Wird ein ganzer Ast zum Jin, sieht es natürlicher aus, wenn zumindest ein Teil seiner Zweige auch als Jin erhalten bleibt. Soll nur ein Teil des Astes als Jin geformt werden, gibt es zwei Möglichkeiten der Gestaltung:

1. Man kürzt den Ast zunächst ein, lässt aber etwas mehr Holz stehen, als später zum Jin geformt wird. Das Abziehen der Rinde erfolgt wie vorher beschrieben. Nun schneidet man mit einer Schere sternförmig in den Stumpf ein und zieht mit der Drahtzange Zungen des Holzes ab. Man erhält das Bild eines abgebrochenen Astes (siehe Zeichnung, S. 205).
2. Es wird nach dem Entrinden von unten bis etwa zur Hälfte seines Durchmessers in den Ast eingeschnitten. Nun ergreift man den Ast und reißt ihn mit einem kräftigen Ruck nach oben und gleichzeitig zum Stamm hin vollends ab. Das Ergebnis ist wiederum ein abgebrochener Ast.

SPITZEN-JIN

Manchmal soll ein sehr hoher (2 bis 3 m) Baum auf Bonsai-Größe eingekürzt werden. Schneidet man den Baum einfach auf die gewünschte Höhe zurück, erhält man eine sehr unnatürliche Schnittstelle mit großem Durchmesser. In vielen Fällen wirkt es viel natürlicher, wenn wir die Spitze als Jin gestalten. Nun bekommt man das Bild eines Baumes, dem beispielsweise ein Sturm seine Krone abgebrochen hat.

Für die Gestaltung dieses Wacholder-Waldes (Juniperus chinensis 'Foemina') wurden die hohen Bäume stark eingekürzt. Um natürliche Baumspitzen zu formen, wurde die Spitzen-Jin-Technik angewendet.

Bei der Gestaltung gehen wir im Prinzip so vor, wie beim Ast-Jin beschrieben. Nur sollte darauf geachtet werden, dass auch der Übergang vom Jin zum lebenden Baumteil sehr natürlich wirkt. Dazu sollte der Übergang auf keinen Fall glatt abgeschnitten aussehen. Eine natürlichere Anmutung erzielt man, wenn zumindest auf der Vorderseite des Bonsai noch eine Rindenzunge am Stamm zusätzlich nach unten spitz zulaufend abgezogen wird.

Meist wird unterhalb des Spitzen-Jin eine neue Krone aus den verbliebenen Ästen und Zweigen aufgebaut. Manchmal erfordert es auch die Gesamtgestaltung, dass die neue Krone den Jin überragt. Auf keinen Fall darf die neue Krone später in gleicher Höhe sein wie der Jin. Ein Jin, der durch die Krone verdeckt wird, macht keinen Sinn.

Shari

1. *Shari wird angewendet, um einem ansonsten langweilig wirkenden Bonsai (hier: Wacholder) eine künstlerischere Aussagekraft zu geben. An der Rindenstruktur kann man den Verlauf der Saftstrombahnen ermitteln, um die weitere Versorgung der lebenden Äste sicherzustellen.*
2. *Nach der Diagnose kann man ganze Rindenpartien entfernen und mit Jin-Mittel konservieren.*
3. *Das Abschälen muss bis ins Kernholz (1) erfolgen: Von außen nach innen werden Borke (5), Siebteil (4), Kambium (3) und Splintholz (2) entfernt. Hauptsächlich das Kernholz wird durch das Jin-Mittel auf Dauer erhalten.*

SHARI – BUDDHAS KNOCHEN

Das Wort „Shari" kommt aus dem altindischen Sanskrit und bedeutet so viel wie „Buddhas Knochen". Buddha hatte viele Jahre unter einem alten Boddhi-Baum mit dem Wunsch nach Erleuchtung meditiert und war dabei bis auf die Knochen abgemagert. In Hochachtung vor diesem Geburtsort des Buddhismus werden alte Bäume von den Buddhisten hochgeachtet. In der Bonsai-Gestaltung sind mit Shari vertikal teilentrindete Stämme und teilentrindete Äste gemeint.

STAMM-SHARI

In alte mächtige Bäume schlägt manchmal ein Blitz ein und sprengt dabei einen mehr oder weniger breiten Rindenstreifen von der Einschlagstelle bis zum Boden ab. Der Baum überlebt zwar den Angriff dieser Naturgewalt, kann aber die Wunde nicht mehr vollständig verheilen. Wind und Wetter formen und bleichen das ungeschützte Holz und geben dem Baum das Aussehen eines sturmerprobten Veteranen.

Auch hier werden zunächst die Ränder des Shari-Bereiches festgelegt und durch einen Einschnitt mit einem scharfen Messer gesichert. Anschließend zieht man die Rinde bis aufs Holz im Shari-Bereich ab. Der Übergang zur noch lebenden Rinde wird mit einem Wundverschlussmittel gegen unkontrolliertes Austrocknen geschützt.

John Naka hat diesen Wacholder von fast 2 m Höhe für das Bonsai-Meisterwerk in der Natur gefunden.

Häufig sieht ein Shari besonders natürlich aus, wenn es mit einem Jin beginnt. Der Anfang kann sowohl ein Spitzen-Jin als auch ein Ast-Jin sein.
Endet das Shari oberhalb des Wurzelhalses, sollte der Abschluss auf keinen Fall glatt sein. Hier erzielt man nur eine natürlich aussehende Wirkung, wenn das Shari zum Ende spitz zuläuft.
Geht das Shari bis zum Boden durch, muss der Bereich später immer gut beobachtet werden. Durch die Bodenfeuchtigkeit kommt es hier sehr leicht zu einem Pilzbefall des entrindeten Holzes und damit zu einer Verrottung des Holzes. Häufigeres, sehr penibles Auftragen des Jin-Mittels ist in diesem Fall unerlässlich.

EINE SHARI-SONDERFORM

Neben dem normalen Ausarbeiten eines Shari gibt es noch eine interessante Sonderform, ein Shari, welches sich spiralig um den Stamm windet. Hier beginnt man mit dem Anlegen von Draht um den Stamm. Die Drahtführung sollte ungleichmäßig und mit mehreren parallelen Strängen erfolgen. Anders als bei der Formkorrektur mithilfe des Drahtes ist bei dieser Methode eine Überwallung des Drahtes erwünscht. Durch den Druck des angelegten Drahtes wird der Baum gezwungen, seine saftführenden Bahnen umzulenken. Und zwar in einer Spirallinie vorgegeben durch den Draht. Sobald die Überwallung deutlich sichtbar ist (etwa nach einem Jahr), wird der Draht vorsichtig entfernt, ohne dabei den Kallus an der Oberkante des Drahtes zu verletzen. Nun wird vorsichtig die Rinde entfernt, wo vorher der Draht gesessen hat, also parallel dem Überwallungswulst folgend. Das Ergebnis ist ein Shari, das spiralig um den Stamm verläuft.

AST-SHARI

Ein Ast-Shari wird immer nur dann angelegt, wenn in einem Bereich ein dickerer Ast

Ein alter Schnittflieder mit ausgeprägtem Stamm-Shari.

Entrindete Bereiche und üppiges Grün bilden einen Kontrast.

wächst, als es erwünscht ist. Aus gestalterischen Gründen kann solch ein Ast nicht in jedem Fall entfernt werden. Häufig muss er stark eingekürzt werden, wodurch er sich in seinem Verlauf auch nicht harmonisch zur Spitze hin verjüngt. Der Ausweg aus diesem Dilemma heißt, den Ast optisch durch ein Shari zu verkleinern und so zu verjüngen. Das Abschälen der Rinde erfolgt immer auf der Unterseite des Astes, während die Oberseite des Astes weiterhin lebt. Meist zieht man aus optischen Gründen das Shari vom Ast ausgehend noch ein Stück am Stamm hinab und lässt ihn dann V-förmig auslaufen.

Ist das entrindete Holz getrocknet, wird die Holzmasse so reduziert, dass der Ast sich zur neuen Spitze hin verjüngt.

Igel-Wacholder mit ausgeprägtem Stamm-Shari

Bei der Zelkove (Zelkova serrata) musste auf der linken Seite ein dicker Ast entfernt werden. In der Sabamiki-Technik wurde der Stamm an dieser Stelle ausgehöhlt.

SABAMIKI – DER AUSGEHÖHLTE STAMM

Im Japanischen stehen die beiden Wortbestandteile „Saba“ für Makrele und „Miki“ für Baumstamm. Die Wortkombination „Sabamiki“ wurde von den Japanern gewählt, weil das Stilelement an einem Baum an gebleichte Fischgräten erinnert.
Sabamiki wird angewendet, wenn im unteren Bereich der Vorderseite des Bonsai ein sehr dicker Ast entfernt werden muss. Einerseits dauert die Verheilung einer so großen Wunde mehrere Jahre. Andererseits wird man auch das geschlossene Wundgewebe noch viele Jahre als solches erkennen können. Mit Sabamiki macht man quasi aus der Not eine Tugend, indem man die durch die Entfernung des Astes entstandene Wunde sogar noch erweitert. Für ein natürlicheres Aussehen und um eine ungewollte Wundverheilung zu verhindern, höhlt man zusätzlich den Stamm noch ein Stück mehr aus.
Wichtig ist, dass sich in der Aushöhlung später kein Wasser ansammeln kann, welches zu einer inneren Verrottung des Stammes führen würde. Der ausgehöhlte Bereich sollte nach unten hin so geformt sein, dass eventuell eingedrungenes Wasser ungehindert abfließen kann. Die Wundränder sollten anschließend mit der japanischen Wundknetmasse sorgfältig versorgt werden.

DIE HÄUFIGSTEN BONSAI

Tropische Feigen (Ficus retusa) eignen sich auch gut zur Gestaltung großer Zimmer-Bonsai.

MINIATURBÄUME

Grundsätzlich lassen sich aus allen verholzenden Pflanzen Bonsai gestalten. Bonsai bedeutet einfach nur „Baum in einer Schale“ und meint keine für diesen Zweck speziell gezüchtete Pflanzenarten.

Bonsai sind keine speziell für diesen Zweck gezüchteten Pflanzen. Der Name „Bonsai“ meint lediglich die Kunst, Bäume, die in der freien Natur zu teilweise imposanter Größe heranwachsen, in Miniaturgröße in Schalen nachzuformen. Entsprechend eignet sich grundsätzlich jede verholzende Pflanzenart für die Gestaltung zum Bonsai.

DIE AUSWAHL DER PFLANZEN

Bei der Auswahl der Gehölze ist es wichtig, einige Grundsätze zu beachten. Die Pflanzenart sollte eine zur Größe des Bonsai passende Blattgröße haben. Erfahrungsgemäß lassen sich auch große Blätter im Laufe der Zeit bei einem Bonsai verkleinern. Man schaue sich dabei die gleiche Baumart in der Natur an. Die Blätter lassen sich durch entsprechende Pflege auf etwa die Größe der kleinsten Blätter, die Sie an dem Baum in der freien Natur finden, reduzieren.
Blühende Bäume werden vielfach wegen ihres attraktiven Aussehens in der Blütezeit als Bonsai gestaltet. Hier werden vielfach auch größere Blätter akzeptiert, wenn die Blüten im Frühjahr vor den Blättern erscheinen oder diese verdecken.
Bei fruchtenden Arten sollten die Früchte der Kleinheit des Bonsai entsprechen. Hier weicht man entweder auf die Wildformen oder spezielle Zuchtformen aus, da diese meist kleinere Früchte haben. Durch die Pflege als Bonsai lassen sich die Früchte nicht verkleinern. So bekommt ein Bonsai aus einem Boskoop-Apfelbaum die typischen großen Früchte dieser Zuchtform.
In diesem Kapitel werden die für die Bonsai-Kunst geeignetsten Baum- und Straucharten vorgestellt. Die hier aufgelisteten Arten kann man meist problemlos auch als fertigen Bonsai käuflich erwerben. Die Liste erhebt keinen Anspruch auf Vollständigkeit. Natürlich gibt es noch viel mehr Arten, die sich für Bonsai eignen.

Sumpfzypresse in streng aufrechter Form

DREISPITZ-AHORN
Acer buergerianum

Freiland-Bonsai

Seine große Wuchskraft, die ihn jedes Jahr stark durchtreiben lässt, macht den Dreispitz-Ahorn (jap.: Kaede) besonders für Anfänger interessant. Ein vielleicht falsch herausgeschnittener Ast lässt sich meist innerhalb weniger Jahre wieder vollständig neu aufbauen.
Da die Wurzelbildung recht stark ist, kann man mit etwas Geschick einen schönen Wurzelhals herausarbeiten. Übereinanderliegende Wurzeln verwachsen nahe der Stammbasis sogar zu einem regelrechten Wurzelteller. Es gibt Exemplare, deren Wurzelteller fast die Hälfte der Schalenoberfläche bedecken.
Die Borke ist grau, nur wenig rissig und blättert nach einigen Jahren in unregelmäßigen Platten ab. Diese Erscheinung gibt dem älteren Stamm eine schöne Scheckung in verschiedenen Grautönen.
Als Alternative für die Bonsai-Gestaltung eignen sich Feld-Ahorn *(Acer campestre)* und Französischer Ahorn *(Acer monspessulanum)*. Der Feld-Ahorn ist mit bis zu 20 m Höhe die kleinste bei uns heimische Ahornart. Seine gute Schnittverträglichkeit zeigt sich in seiner häufigen Verwendung als Heckenpflanze. Die Rinde ist graubraun, gefeldert und besonders im Alter mit orangefarbenen Furchen versehen. Häufig bildet sich auch eine starkkorkige Rinde aus. Die Blätter sind drei- bis fünflappig mit abgerundeten Spitzen und 4 bis 12 cm lang. Der Französische Ahorn gleicht dem Feld-Ahorn, hat aber mit 3,5 cm Breite viel kleinere Blätter. Die Blätter sind dreilappig und bleiben bis zum Laubfall dunkelgrün.

STANDORT
Der Dreispitz-Ahorn sollte im lichten Schatten stehen. Im Winter sind die Wurzeln vor Frösten unter –5 °C zu schützen. Die oberirdischen Teile sollten vor kalten, trockenen Winden gesichert werden.

GIESSEN
Wegen der Laubfülle und der kräftigen Wurzelbildung benötigt der Dreispitz-Ahorn recht viel Wasser. An heißen Sommertagen kann ein mehrmaliges Gießen notwendig sein. Staunässe ist aber in jedem Fall zu vermeiden.

DÜNGEN
Das Düngen beginnt nach dem Austrieb im Frühjahr und endet mit einsetzender Herbstfärbung. Gedüngt wird alle zwei Wochen mit einem Flüssig- oder Kugeldünger.

UMTOPFEN
Wegen der starken Wurzelbildung sollte alle zwei bis drei Jahre im zeitigen Frühjahr umgetopft werden – in Grunderdmischung.

FORMGEBUNG
Ist der Baum noch jung, sollte er einen dickeren Stamm, kräftigere Äste und eine feinere Verzweigung bekommen. Die neuen Triebe lässt man auf sechs bis acht Blattpaare heranwachsen und schneidet dann auf zwei Blattpaare zurück, wobei die Blattflächen des letzten stehen gelassenen Blattpaares ebenfalls entfernt werden. Bald fallen die noch vorhandenen Blattstiele ab und aus den Blattachseln wachsen neue Triebe her-

Die kleinen, in drei kurze, zugespitzte Lappen auslaufenden Blätter gaben dieser Baumart ihren deutschen Namen.

vor. Auch diese lässt man lang auswachsen und verfährt dann wie beim ersten Schnitt. Stamm und Äste nehmen schon innerhalb einer Wachstumsperiode deutlich an Dicke zu. An großen Blättern werden während der ganzen Wachstumszeit die Blattflächen entfernt, die Blattstiele aber stehen gelassen. Auch hier erfolgt ein neuer Austrieb, diesmal aber mit kleineren Blättern.

Die Überarbeitung der Form erfolgt im zeitigen Frühjahr, noch bevor sich die Knospen regen. In dieser Zeit können gefahrlos auch dickere Äste entfernt werden.

Eventuell erforderliches Drahten erfolgt im späteren Frühjahr, wenn die Äste und Zweige wieder elastischer geworden sind, oder nach einem vollständigen Blattschnitt, etwa Mitte Mai. Der Draht muss meist bereits nach einem halben Jahr wieder entfernt werden, da er dann in der Regel einzuwachsen beginnt.

Zur Ausbildung eines stärkeren Wurzelhalses können in den Stamm mit einem scharfen Messer kleine Einschnitte kurz über der Erdoberfläche gemacht werden. Die Schnitte sollten zumindest bis ins Kambium reichen. Dieser Bereich wird mit feuchtem Moos und Erde abgedeckt und immer feucht gehalten. Nach etwa einem halben Jahr sind die Wunden verheilt und aus dem Wundgewebe sprießen neue Wurzeln. Das Gleiche kann man auch bei dickeren Wurzeln machen, um einen stärker ausgeprägten Wurzelteller zu erhalten.

Fächer-Ahorn in streng aufrechter Form

FÄCHER-AHORNE
Acer palmatum

Freiland-Bonsai

Der Fächer-Ahorn und die etwa 500 daraus abgeleiteten Zuchtformen (jap.: Momiji, Yama-momiji) gehören zu den schönsten Laub-Bonsai. Die gegenständigen Knospen bzw. Blätter und paarigen, geflügelten Samen sind die typischen Merkmale aller Ahorne. Die Blätter des Fächer-Ahorns sind bis tief unter die Mitte in fünf bis elf zugespitzte Lappen gespalten. Besonders schön sind beim Fächer-Ahorn der Frühjahrsaustrieb und die farbenprächtige Herbstfärbung mit ihrer großen Vielfalt an Rottönen, die je nach Sommersonnenstärke mehr oder weniger leuchtend sind. Je nach Sorte ist die Borke glatt oder tiefrissig. Bei der Art ist die Rinde glatt und dunkelgraubraun mit einem lederfarbigen Streifenmuster.

Besonders interessante Sorten:

— 'Atropurpureum': dunkelrote Blätter
— 'Bicolor' (jap.: Shigara yama): fünflappige Blätter, die im Austrieb blutrot sind; sie grünen später aus, haben aber große rote Flecke
— 'Corallinum' (jap.: Senkaki): korallenrote Rinde an jungen Trieben
— 'Osakazuki': rosabrauner Austrieb und Herbstfärbung in leuchtendem Orange und Karminrot

— 'Shishi-gashira': dicke, knotige Äste, aber kleine Blätter, deren Spitzen korallenförmig nach unten gebogen oder sogar schneckenförmig gewunden sein können
— 'Dissectum': schlitzblättrig – je feingeschlitzter die Blätter, umso langsamer und feintriebiger wächst die Sorte.

STANDORT

Fächer-Ahorne lieben den Halbschatten. Ist der Standort vollsonnig, kommt es leicht zu Verbrennungen an den Blattspitzen und -rändern. Im Winter ist ein frostfreier Standort zu empfehlen, der nicht wärmer als +8 °C wird.

GIESSEN

Wegen der Laubfülle ist die Wasserverdunstung im Sommer recht hoch. Die Erde ist immer feucht zu halten, Staunässe sollte aber vermieden werden. Im Winter ist der Wurzelballen gleichbleibend mäßig feucht zu halten. Die Erde darf niemals ganz austrocknen.

DÜNGEN

Nach dem Austrieb bis zur Herbstfärbung alle 14 Tage mit einem Flüssigdünger oder Kugeldünger versorgen. Beginnt man mit dem Düngen vor dem Austrieb, führt das zu großen Blättern.

UMTOPFEN

Bis zehn Jahre alte Bäume sollten jedes Jahr, ältere alle zwei bis drei Jahre im zeitigen Frühjahr in eine Grunderdmischung umgetopft werden, und zwar bevor die Knospen anschwellen.

FORMGEBUNG

Je nachdem, wie weit sich der Baum schon zum Bonsai entwickelt hat, werden verschiedene Methoden angewendet:
— Bei ganz jungen Bäumen ist es das Ziel, einen dicken Stamm mit starken Ästen und feiner Verzweigung anzustreben.

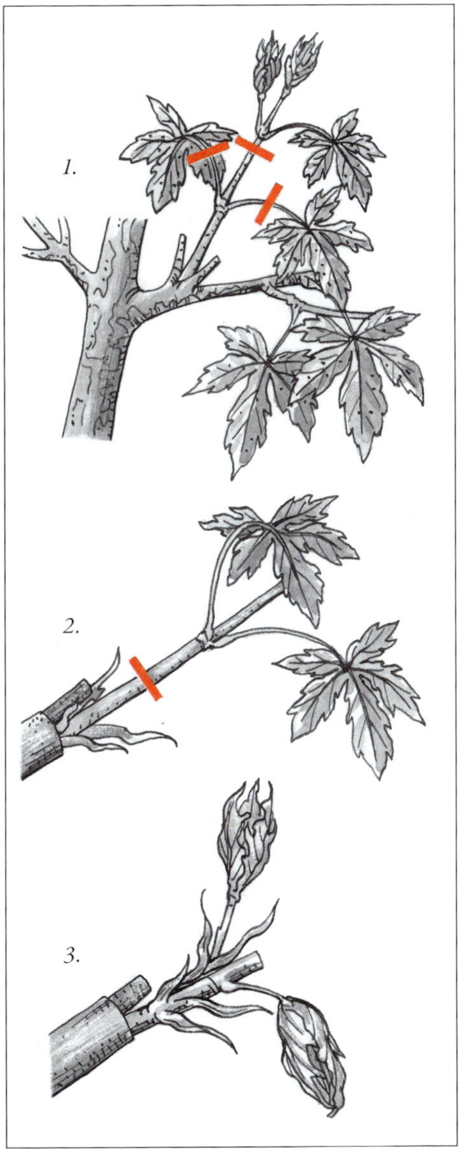

Blattschnitt

1. *Im Frühjahr werden die Triebe eingekürzt und die Blattflächen größerer Blätter entfernt. Bald werden deren Blattstiele trocken und fallen ab. Aus den Achselknospen wachsen neue Triebe mit diesmal kleineren Blättern.*
2. *Ist das Zweigstück bis zu den Blättern zu lang, wird der Zweig ganz entfernt.*
3. *Am Zweigansatz befinden sich Nebenknospen, die meist mit geringeren Blattabständen und kleineren Blättern austreiben.*

Dieser rote Fächer-Ahorn gehört zu den schönsten in Deutschland.

Dazu lässt man die neuen Triebe bis auf sieben oder acht Blattpaare wachsen und schneidet dann auf zwei bis drei Blattpaare zurück.

— Kommt der Bonsai seiner endgültigen Form schon recht nahe, lässt man auf sieben bis acht Blattpaare wachsen und schneidet dann auf ein bis zwei Blattpaare zurück. Sind die Abstände zwischen den Blättern zu groß, wird der Trieb vollständig entfernt. Aus schlafenden Augen treibt der Baum mit kürzeren Blattabständen und kleineren Blättern neu aus.

— Bei fertigen Bonsai wird nur noch die erreichte Form erhalten. Sobald sich die Knospen öffnen, werden zwischen den ersten beiden Blättern die jungen Triebspitzen mit einer Pinzette oder den Fingern herausgezupft. Die Blattabstände bleiben kurz und die Blätter klein. Alle vier bis fünf Jahre sollte der fertige Bonsai vor dem Anschwellen der Knospen ausgedünnt werden, um Licht und Luft in den Baum zu lassen. Dabei können auch die Form störende dickere Äste ohne Gefahr für den Baum entfernt werden.

Eventuell notwendiges Drahten führt man entweder im zeitigen Frühjahr, wenn die Äste wieder elastischer werden, oder nach einem Blattschnitt im Sommer durch. Der Draht muss bereits nach sechs bis zwölf Monaten wieder entfernt werden, da er sonst einzuwachsen beginnt. Einen vollständigen Blattschnitt kann man an gesunden Bäumen im Frühsommer vornehmen. Ich rate dazu, einen Blattschnitt nicht in jedem Jahr durchzuführen. Jeder vollständige Blattschnitt schwächt den Bonsai.

FUKIEN-TEE
Carmona microphylla

Zimmer-Bonsai

Bei den Freunden von Bonsai für das Zimmer erfreut sich dieser immergrüne kleine Laubbaum großer Beliebtheit. Die meisten der im Handel erhältlichen Pflanzen werden aus China, der Heimat des Fukien-Tees, importiert.
Die kleinen dunkelgrünen Blätter haben auf der Blattoberseite winzige weiße Haare. Das ganze Jahr über erscheinen zierliche weiße Blüten. Aus den befruchteten Blüten entwickeln sich zunächst grüne, später rote Beeren. Da die neuen Triebe immer ganz gerade wachsen, bekommt der kleine Baum recht schnell ein sparriges Aussehen. Schneidet man die aufeinanderfolgenden Triebe, so ergibt sich bald ein etwas unnatürliches Zickzackmuster. Für eine harmonischere Form kommt man nicht umhin, die Triebe zu drahten.

STANDORT

Der Fukien-Tee liebt einen hellen Standort, aber nicht in der prallen Sonne. Er kann zwar das ganze Jahr über in einem geheizten Zimmer stehen, ist jedoch im Hochsommer für einen Standort im Freien dankbar. Ein

Das glänzend grüne Laub des Fukien-Tee bringt Frische ins Zimmer.

Fukien-Tee mit kräftigem Stamm

halbschattiger Standort auf einem Balkon oder einer Terrasse ist ideal. In praller Sonne verbrennen die Blätter recht schnell.

GIESSEN

Die Erde sollte immer gleichmäßig feucht gehalten werden, wobei Staunässe zu vermeiden ist. Der Fukien-Tee übersteht zwar kürzere Trockenperioden, wirft aber dabei einen Teil seiner Blätter ab.

DÜNGEN

Vom Frühjahr bis zum Herbst sollte alle zwei Wochen, im Winter alle vier Wochen ein Flüssigdünger verabreicht werden.

ERDE

Häufig stehen die im Handel erhältlichen Bäume in einer chinesischen Tonerde, die sehr stark verdichtet. Ist diese Erde einmal richtig trocken geworden, muss man die Schale in ein Wasserbad stellen, damit sie sich wieder weitgehend mit Wasser sättigen kann. In jedem Fall ist es daher besser, die Bäume schnellstmöglich nach dem Erwerb in eine geeignetere Grunderdmischung umzupflanzen.

UMTOPFEN

Alle zwei Jahre ist der Baum im Frühjahr mit einem normalen Wurzelschnitt umzutopfen.

FORMGEBUNG

Die Gestaltung des Fukien-Tees ist nicht ganz einfach und nicht nur durch den Schnitt zu erreichen. Zunächst lässt man die neuen Triebe auf sechs bis acht Blätter wachsen und schneidet dann auf zwei bis drei Blätter zurück. Sind die Blattabstände recht weit, entfernt man den Trieb entweder ganz oder schneidet ihn auf ein Blatt zurück.

Sinnvollerweise drahtet man die Triebe, bevor sie richtig verholzt sind. Verholzte Triebe brechen recht leicht, weshalb man beim Biegen sehr vorsichtig vorgehen muss. Nach vier bis sechs Monaten muss der Draht meist wieder entfernt werden. Bleiben die Triebe nicht in der gegebenen Form, müssen sie eventuell neu gedrahtet werden.

HAINBUCHEN
Carpinus

Freiland-Bonsai

Die Familie der Hainbuchen ist mit etwa 35 Arten auf der gesamten Nordhalbkugel recht weit verbreitet. Hainbuchen sind mit den „echten“ Buchen nicht verwandt, obwohl sie leicht mit diesen zu verwechseln sind. Während die Blätter der „echten“ Buchen ganzrandig sind, weisen die Blattränder der Hainbuchen meist Zacken auf. Auch sind die Knospen der Hainbuchen rundlicher, während die Knospen der „echten“ Buchen länglich, spitz zulaufend sind. Alle Hainbuchen sind gut schnittverträglich, was auch ihre Verwendung als Heckenpflanzen zeigt. Geeignete Arten für die Bonsai-Gestaltung sind:

— **Gemeine Hainbuche** *(Carpinus betulus)*: Bei uns heimische Hainbuche. Ihre 5 bis 12 cm langen Blätter sind schmal und laufen mehr oder weniger in einer Spitze aus. Die Herbstfärbung ist goldgelb. Die Borke ist glatt, grau und ein wenig rippig.

— **Herzblättrige Hainbuche** (*Carpinus cordata*, jap.: Sawa shide): Eine der schönsten *Carpinus*-Arten. Sie wächst in Japan, Korea und der Mandschurei als langsam wüchsiger, mittelhoher Baum. Die Triebe sind im Austrieb fein behaart, werden aber bald kahl und bräunlich. Interessant ist die schuppige, braungraue Borke. Die Blätter sind 7 bis 12 cm lang, breit herzförmig und ungleich doppelt gesägt. Jeder größere Blattnerv (15 bis 20 Nervenpaare) läuft in einer borstenartigen, feinen Spitze aus.

— **Japanische Hainbuche** (*Carpinus japonica*, jap.: Kuma shide): Schön gemusterte, hell graubraune, rissige Borke, die in großen Stücken abschilfert. Die 5 bis 10 cm langen Blätter sind im Austrieb rötlich, beiderseits weich behaart, ungleich gesägt, recht klein und mit gelber Herbstfärbung. Diese beiden attraktiven Merkmale machen sie für die Bonsai-Gestaltung sehr geeignet.

— **Rotblättrige Hainbuche** (*Carpinus laxiflora*, jap.: Aka shide): Ähnelt sehr der Japanischen Hainbuche, hat aber

Die kleinen Bäume oder größeren Sträucher haben meist einen gedrehten Stamm mit hervorstehenden Rippen und sehr hartes Holz.

An einem hellen, halbschattigen Standort fällt die Herbstfärbung besonders leuchtend aus.

eine etwas hellere Rinde und vor allem eine leuchtend rote Herbstfärbung.

— **Seidenhaar-Hainbuche** (*Carpinus tschonoskii*, jap.: Inu shide): Hat schöne, 4 bis 9 cm lange, anfangs behaarte Blätter. Die Haare sind später nur noch auf den Blattnerven vorhanden. Die graue Borke ist gefurcht.

— **Felsen-Hainbuche** (*Carpinus turczaninowii*, jap.: Iwa shide): Wird in den Bergen Nord-Chinas und Koreas nur 5 m hoch. Junge Triebe und Blattstiele sind fein filzig behaart. Die 3 bis 5 cm langen Blätter sind rund bis fast eiförmig, in eine Spitze auslaufend und regelmäßig fein doppeltgesägt. Sie sind oberseits glänzend dunkelgrün mit seidigem Flaum auf beiden Seiten der Mittelrippe.

STANDORT

Hainbuchen wollen ganzjährig halbschattig, hell stehen. In der prallen Sonne neigen die Blätter zu Verbrennungen und werden dann schnell braun an den Rändern. Auch fällt an einem sonnigen Platz die Herbstfärbung weniger leuchtend aus. Im Winter ist der Wurzelballen vor dem Durchfrieren zu schützen.

GIESSEN

Der Wurzelballen sollte immer gut feucht gehalten werden. Die Wurzeln reagieren recht empfindlich auf Trockenheit und Staunässe.

DÜNGEN

Damit die Blätter klein und die Blattabstände gering bleiben, beginnt man mit dem Düngen erst nach dem Austrieb. Ab Mitte September wird nicht mehr gedüngt, was die Aushärtung für den Winter fördert.

UMTOPFEN

Alle zwei bis drei Jahre im Frühjahr, bevor sich die Knospen öffnen, wird in eine Grunderdmischung mit guter Drainage umgetopft.

Hainbuche als Doppelstamm gestaltet

FORMGEBUNG

Die Knospen an den Spitzen der vorjährigen Triebe sind meist recht dick und bringen beim Austrieb lange Triebe hervor. Gleichzeitig werden die anderen Knospen im Austrieb gehemmt. Daher sind dickere Endknospen vor dem Austrieb auszubrechen. Die neuen Triebe lässt man zunächst wachsen, bis sie auszuhärten beginnen, und schneidet sie erst dann auf zwei bis drei Blätter zurück. Mit jedem weiteren Neuaustrieb wird in gleicher Weise verfahren. Ab Ende August wird nicht mehr geschnitten, damit die Triebe zum Winter hin ausreichend aushärten können.
Gedrahtet werden die neuen Triebe vor dem Austrieb im Frühjahr, am besten im halbverholzten Zustand. Die Drahtung sollte gut beobachtet werden. Der Draht muss meist schon nach einem halben Jahr wieder entfernt werden, da er dann oft beginnt einzuwachsen.

ZIERQUITTE, ZWERGMISPEL, QUITTE *Chaenomeles, Cotoneaster, Cydonia oblonga*

Freiland-Bonsai

Die beschriebenen Arten zeichnen sich nicht nur durch ihre gute Gestaltbarkeit aus, sondern zeigen auch attraktive Blüten und Früchte.

— **Zierquitte:** *Chaenomeles* sind sommergrüne Sträucher mit meist dornigen Zweigen. Die Blätter sind wechselständig angeordnet. Blüten erscheinen nur am vorjährigen Holz. Beim Schnitt muss man darauf achten, dass immer ein Teil der vorjährigen Triebe erhalten bleibt. Die Japanische Zierquitte (*Chaenomeles japonica*, jap.: Ko boke) wird in Japan bis zu 1 m hoch und breit mit dichtem Wuchs. Die Triebe sind in der Jugend raufilzig. Die 3 bis 5 cm langen Blätter sind breit eiförmig, mit stumpfer Spitze und grob gesägt. Die ziegelroten Blüten stehen zu zweit bis viert beisammen und erscheinen im März und April. Die Früchte sind gelblichgrün, rundlich, 4 bis 5 cm dick und stark aromatisch. *Chaenomeles speciosa*, die Chinesische Bergquitte (jap.: Boke) wird in Japan ein bis zu 2 m hoher, ausladender Strauch. Bei dieser Art sind auch die jungen Triebe kahl. Die Blätter sind 3 bis 5 cm lang, eilänglich, spitz zulaufend und scharf gesägt. Die scharlachroten Blüten erscheinen im Frühling. Die länglichen, 4 bis 6 cm langen Früchte sind gelbgrün und duftend, sie bekommen in der Sonne einen rötlichen Schimmer.

— **Zwergmispel:** Die Gattung *Cotoneaster* umfasst 50 Arten, zum Beispiel *Cotoneaster horizontalis* (jap.: Benishitan), und eine Reihe daraus abgeleiteter Zuchtformen. Man findet sowohl sommergrüne als auch immergrüne dornenlose Sträucher oder kleine Bäume. Die Blätter sind wechselständig, ganzrandig, mit schmalen Nebenblättern. Die Blüten erscheinen einzeln oder zu mehreren bis hin zu vielblütigen Doldentrauben im Mai und Juni. Sie sind meist weiß, seltener auch hellrosa. Die Früchte sind erbsengroße, rote oder schwarze Apfelfrüchte.

— **Quitte:** *Cydonia oblonga* (jap.: Karin) ist ein bis zu 6 m hoher Strauch oder kleiner Baum. Die Zweige sind dornenlos und in der Jugend weißgraufilzig. Die ältere Rinde schilfert in Platten ab, was der Rinde eine interessante Färbung gibt. Die 5 bis 10 cm langen Blätter sind rundlich-eiförmig, oberseits tiefgrün, unterseits graufilzig und ganzrandig. Schön ist auch die gelbe Herbstfärbung der Bäume. Die weißen Blüten haben zartrosa Adern und erscheinen nach den Blättern an der Spitze der vorjährigen Triebe in den Monaten Mai und Juni. Die Frucht ist apfel- oder birnenförmig, gelb und aromatisch duftend. Da die Früchte mit 6 bis 10 cm recht groß sind, sollten an

Die erbsengroßen Früchte der Zwergmispel schmücken den Baum bis in den Winter.

einem Bonsai höchstens zwei bis drei Früchte zur Reife gelangen. Alle anderen Fruchtansätze werden frühzeitig entfernt.

STANDORT

Die Bonsai sollten im Sommer vollsonnig aufgestellt und im Winter gegen Fröste unter –5 °C geschützt werden.

GIESSEN

Das ganze Jahr über sollte die Erde gleichmäßig feucht gehalten werden. Staunässe ist zu vermeiden.

DÜNGEN

Zierquitten erhalten vom Frühjahrsaustrieb bis Mitte Juli alle 14 Tage eine Flüssigdüngung. Mitte September wird für eine bessere Blütenknospenbildung mit einem stickstoffarmen, aber phosphorkalireichen Dünger gedüngt.
Zwergmispeln und Quitten bekommen vom Austrieb bis zum Herbst alle zwei Wochen eine Flüssigdüngung. Während der Blüte und nach der Fruchtreife wird nicht gedüngt.

Die kleinen roten Beeren passen hervorragend zur Kleinheit dieses Mame-Bonsai.

UMTOPFEN

Alle drei Gattungen werden recht leicht von Wurzel- und Stammnematoden befallen. Natürlich gelangen die Nematoden durch die Wunden nach einem Wurzelschnitt in die Bäume. Da die Nematoden sich in warmer Erde recht gut vermehren können, viele im Winter aber absterben, machen wir einen Wurzelschnitt im Spätherbst oder im zeitigen Frühjahr und topfen in eine kalkhaltige Grunderdmischung um. Im darauffolgenden Frühjahr können die Bäume die Wurzelwunden verschließen, noch bevor die Nematoden sich wieder vermehrt haben und in die Bäume eindringen konnten.

FORMGEBUNG

Bei Zierquitten und Zwergmispeln lässt man im Frühjahr die neuen Triebe lang auswachsen. Ende Mai werden die Triebspitzen abgezupft und dadurch wird das Längenwachstum gebremst. Sobald die Rinde der neuen Triebe von dunkelgrün nach braun übergeht werden sie auf zwei bis drei Blätter zurückgeschnitten. Der nun folgende Austrieb bleibt unbeschnitten bis zum Laubabwurf im Herbst. Kurz vor einer rundlichen Blütenknospe werden die Triebe abgeschnitten. Nach der Blüte im nächsten Jahr wird die Form wieder überarbeitet und alle störenden Triebe werden entfernt.
Bis zum Frühsommer werden neue Triebe bei Quitten, sobald sie fünf bis sechs Blätter haben, auf zwei bis drei Blätter zurückgeschnitten. Da sich die Blütenknospen an den Spitzen der neuen Triebe entwickeln, wird vom Frühsommer an nicht mehr geschnitten. Im nächsten Jahr erscheinen die Blüten an den Spitzen der diesjährigen Triebe.
Mithilfe von mit Papier umwickeltem Draht können die hier besprochenen Arten vorsichtig gedrahtet werden. Vor allem die Triebe der Quitte sind recht sparrig und brechen leicht beim Drahten. Es ist daher sinnvoll, sie zu drahten, wenn sie gerade beginnen auszuhärten.

SCHEINZYPRESSEN
Chamaecyparis

Freiland-Bonsai

Die Scheinzypressen sind immergrüne, hohe Nadelbäume mit leicht überhängenden Triebspitzen. Die schuppenförmigen Blätter liegen den mehr oder weniger abgeflachten Zweigen eng an. Die Zweige sind zunächst dicht von den Blättern bedeckt. Erst nach dem Abwurf der Blätter, also nach zwei bis drei Jahren, erscheint der gewohnte Anblick eines Zweiges oder Astes.
Von den sieben Scheinzypressen-Arten sind für den Bonsai-Freund nur die Feuer-Scheinzypresse (*Chamaecyparis obtusa*, jap.: Hinoki), die Sawara-Scheinzypresse (*Chamaecyparis pisifera*, jap.: Sawara) und einige daraus abgeleitete Zuchtformen von Interesse. Bei beiden Arten stehen die Zweige mehr oder weniger horizontal ab. Zu unterscheiden sind sie durch die Blattstellung und die Zeichnung auf der Blattunterseite.

STANDORT
Im Sommer ist ein halbschattiger Standort zu wählen. Im Winter sollte dagegen für einen hellen, windgeschützten Standort gesorgt werden, da die Blätter bei eisigen, trockenen Winden dazu neigen, leicht braun zu werden. Der Wurzelballen ist vor dem Durchfrieren zu schützen.

GIESSEN
Scheinzypressen sind immer gut feucht zu halten, wobei Staunässe vermieden werden muss. Zur Erhöhung der Luftfeuchtigkeit werden die Bäume im Sommer regelmäßig übersprüht.

DÜNGEN
Vom Austrieb bis Ende August sollte alle vier Wochen mit einem Flüssigdünger oder Kugeldünger gedüngt werden.

UMTOPFEN
Im zeitigen Frühjahr wird alle zwei bis drei Jahre mit einem mäßigen Wurzelschnitt in eine kalkfreie Grunderdmischung umgetopft.

☞ UNTERSCHEIDUNGSMERKMALE

BLATTMERKMALE	*CHAMAECYPARIS OBTUSA*	*CHAMAECYPARIS PISIFERA*
Blattstellung	stets fest anliegend	stets locker anliegend
Blattunterseite	hervortretende weiße Linien	längliche weiße Flecken
Blattgröße	Kantenblätter sind viel größer als die Blätter auf der Zweigoberseite und -unterseite	Blätter sind fast gleich groß

Bei der Gestaltung der Scheinzypresse in streng aufrechter Form wurden die Äste, der natürlichen Wuchsform gemäß, waagerecht geformt.

FORMGEBUNG

Zur Erhaltung der fächerförmigen Gestalt der Verzweigung wird der Neuaustrieb bis Ende August regelmäßig um zwei Drittel zurückgezupft. Begonnen wird dabei mit dem Austrieb an der Spitze des Astes. Etwa nach einer Woche sind die Nebentriebe stärker gewachsen und werden nun zurückgezupft.

Auf keinen Fall werden grüne Triebe zurückgeschnitten. Mit der Schere würden immer einige der eng anliegenden Blätter angeschnitten und die Folge wären hässliche braune Triebspitzen. Beim Zupfen mit den Fingerspitzen werden keine Blätter verletzt und die Triebe sauber abgetrennt.

Lediglich dickere Triebe und Äste, die bereits ihre Blätter verloren haben, werden mit der Schere beschnitten. Die beste Zeit für einen Formschnitt ist das zeitige Frühjahr kurz vor dem Austrieb (siehe Zeichnung unten).

Zur Formkorrektur müssen die aufrecht wachsenden Triebe mit Draht in die waagerechte Form gebracht werden. Die belaubten Triebe werden dabei lockerer mit Draht umwickelt, um die Blätter nicht zu zerquetschen. Jedes fest eingedrahtete Blatt wird braun, sodass wir unansehnliche Drahtungsspuren bekommen.

Die beste Drahtungszeit ist im Februar und März, da die Äste jetzt schon biegsam sind. Der Draht wird nach etwa einem Jahr wieder entfernt. Wächst der Baum sehr stark, wird der Draht entfernt, sobald er einzudrücken beginnt.

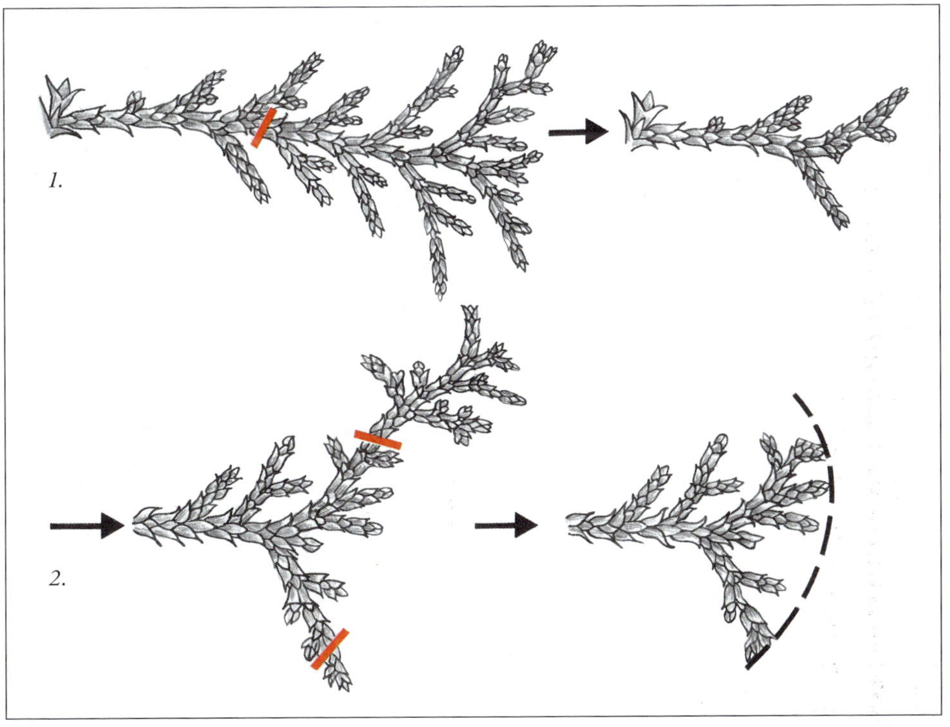

Vor und nach dem Schnitt

1. *Lange Triebe werden auf einen Nebenzweig zurückgeschnitten.*
2. *Die Nebenzweige treiben aus und werden wiederum auf kleinere Nebenzweige zurückgezupft. Nach dem Schnitt hat der Ast die typische halbkreisförmige Silhouette.*

BUCHEN
Fagus

Freiland-Bonsai

Buchen sind sommergrüne, meist hohe Bäume mit glatter grauer bis weißlicher Rinde. Die Blätter sind wechselständig, ganzrandig, am Rande gewellt oder fein gezähnt. Meist sind zumindest die jungen Blätter unterseits an der Mittelrippe fein behaart. Die Winterknospen sind mehr oder weniger schlank und laufen charakteristisch spitz zu. Die im Herbst sich braun färbenden Blätter verbleiben den ganzen Winter am Baum. Erst im nächsten Frühjahr, wenn die neuen Knospen anzuschwellen beginnen, werden sie abgeworfen.

Die Japanische Rot-Buche (Fagus crenata) hat eine viel hellere Rinde als die Europäische Rot-Buche.

Von den zehn bekannten Buchenarten, die alle auf der nördlichen Erdhalbkugel vorkommen, sind nur drei für den Bonsai-Freund von Interesse:

— Die **Europäische Rot-Buche** *(Fagus sylvatica)* hat eine graue Rinde, die im Alter etwas heller wird. Die Blätter sind eiförmig elliptisch, 5 bis 10 cm lang, etwas seidig behaart, auf der Oberseite frischgrün und auf der Unterseite hellgrün. Die Herbstlaubfärbung ist gelb bis hellbraun. Von der Europäischen Rot-Buche gibt es viele Zuchtformen, die auch für die Bonsai-Gestaltung geeignet sind.

— Die **Japanische Rot-Buche** (*Fagus crenata*, jap.: Buna) ist unserer Europäischen Rot-Buche recht ähnlich. Sie zeichnet sich aber durch die bereits in der Jugend silbergraue Rinde aus. Die Blätter sind eiförmig, am breitesten unter der Mitte und 5 bis 8 cm lang. In der Jugend sind die Blätter auf der Unterseite und die Blattstiele seidig behaart. Diese Art wird von allen Buchen am häufigsten im Bonsai-Handel angeboten.

— Die **Japanische Schwarz-Buche** (*Fagus japonica,* jap.: Inu buna) hat eine dunkelgraue Rinde und ist häufig von der Basis aus mehrstämmig. Die Blätter sind eiförmig, an der Basis häufig herzförmig und 5 bis 8 cm lang. Sie sind nur wenig behaart und auf der Unterseite bläulichgrün.

STANDORT

Im Sommer ist ein halbschattiger Platz zu wählen. In der prallen Sonne neigen die

Blätter dazu, braune Ränder zu bekommen. Im Winter ist ein frostarmer Standort zwischen −5 °C und +5 °C sinnvoll.

GIESSEN

Das ganze Jahr über gleichmäßig feucht halten und nur selten überbrausen.

DÜNGEN

Mit dem Düngen beginnt man erst nach dem Austrieb. So bleiben die Blätter kleiner und die Blattabstände gering. Bis Ende August bekommen die Bäume alle zwei Wochen eine Düngergabe.

UMTOPFEN

Alle zwei bis drei Jahre im Frühjahr, wenn die Knospen beginnen anzuschwellen, wird der Bonsai in eine leicht kalkhaltige Grunderdmischung umgetopft.

FORMGEBUNG

Die Gestaltung von noch nicht ausgereiften und bereits fertigen Buchen-Bonsai ist recht unterschiedlich.

Bei noch jungen Bonsai sind die Ziele eine reichere Verzweigung und größeres Dickenwachstum. Beide Ziele werden erreicht, indem man die jungen Triebe im Frühjahr lang auswachsen lässt und erst, wenn die jungen Zweige beginnen, braun zu werden, auf zwei bis drei Blätter zurückschneidet. Der häufig folgende Zweitaustrieb ist für die weitere Gestaltung meist nicht brauchbar. In der Regel haben diese Triebe große Blattabstände und die Zweige reifen nur ungenügend aus. Deshalb lässt man beim ersten Schnitt ein Blatt mehr stehen, als für die weitere Gestaltung benötigt wird. Der Zweitaustrieb beschränkt sich meist nur auf die Achselknospe des Spitzenblattes. So kann man im darauffolgenden Frühjahr den vorjährigen Zweitaustrieb abschneiden und dadurch die nächste Knospe zur Spitzenknospe machen (siehe Zeichnung, S. 234). Das Gestaltungsziel bei bereits ausgereiften

Europäische Rot-Buche in frei aufrechter Form

Buchen-Bonsai ist eine feine Verzweigung mit nur kurzen Blattabständen. Hierzu werden die Triebe schon zu einem sehr frühen Zeitpunkt eingekürzt. In einer Knospe befindet sich bereits der gesamte Trieb mit allen daran befindlichen Blättern, die eng zusammengedrängt sind. Beim Austrieb strecken sich die Zellen, wodurch sich der Zweig verlängert und die Blätter sich entfalten. Zupft man die Triebe zu Beginn des Streckungswachstums zurück, bleiben die Blattabstände geringer, als wenn man sie ungehindert wachsen ließe. Der richtige Zeitpunkt ist, wenn sich die Knospen gerade öffnen. Mit den Fingerspitzen greift man die noch nicht gestreckte Triebspitze und zupft sie ab, sodass nur zwei bis drei Blätter an dem Trieb verbleiben. Hat der Baum im Frühjahr seine vorjährigen Blätter abgeworfen, wird die Form des Bonsai überarbeitet. Häufig sieht man dicht gedrängte Ansammlungen von Knospen, die in alle möglichen Richtungen weisen. Da jede Knospe in die Richtung zeigt, in der auch der jeweilige Trieb wachsen wird, kann man brauchbare von die Gestaltung störenden Knospen unterscheiden. Alle Knospen, die man für die weitere Gestaltung nicht benötigt, werden

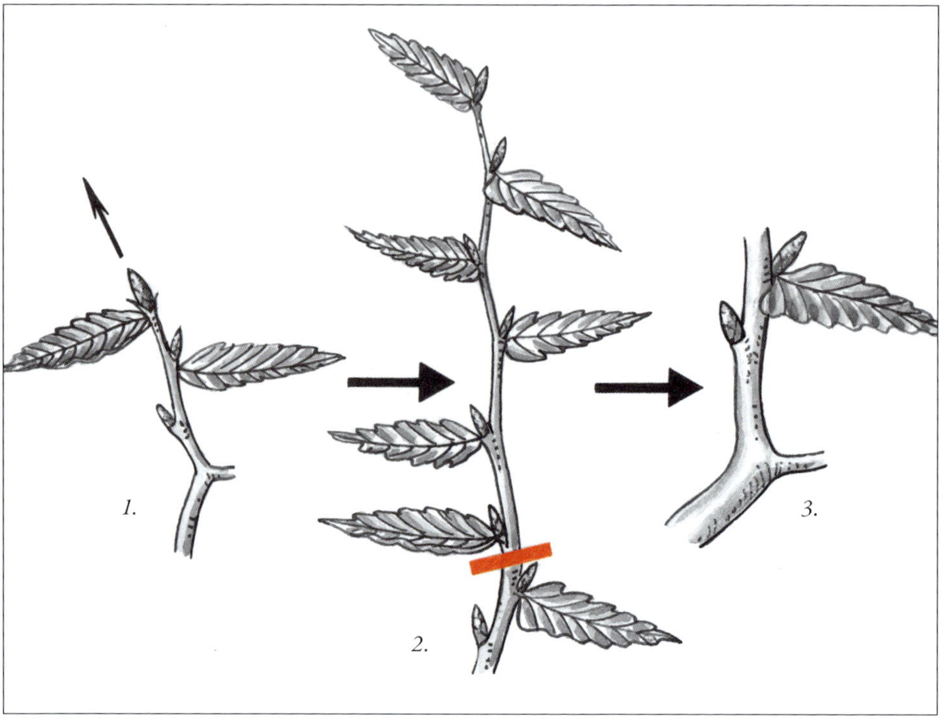

Rückschnitt bei Buchen

1. *Beim ersten Rückschnitt der neuen Triebe lässt man jeweils ein Blatt mehr stehen, als für die spätere Weitergestaltung erforderlich wäre.*
2. *Meist kommt nur aus der Spitzenknospe ein sogenannter Junitrieb hervor.*
3. *Im Spätherbst wird der Junitrieb ganz entfernt und der Ast auf die darauffolgende Knospe zurückgeschnitten.*

herausgebrochen. Gleiches gilt vor allem für sehr große Spitzenknospen.

Müssen Äste oder Zweige zurückgeschnitten werden, ist das zeitige Frühjahr die richtige Zeit. Beim Schnitt sollte man darauf achten, dass über der Knospe, auf die man zurückschneidet, ein etwa 1 cm langes Zweigstück stehen bleibt. So wird verhindert, dass die neue Spitzenknospe zurücktrocknet, was leicht geschieht, wenn man den Zweig unmittelbar oberhalb der Knospe abschneiden würde.

Im Frühjahr kann bei Bedarf gedrahtet werden. Ohne die letztjährigen Blätter kann jetzt die Baumkonstruktion gut beurteilt und die Drahtung vorgenommen werden.

Junge Triebe werden eingedrahtet, wenn sie beginnen auszuhärten. Bei der Aushärtung erhalten die jungen Triebe eine braune Rindenfärbung.

Sinnvoll ist es, den Draht vor dem Anlegen mit Krepppapierklebeband zu umwickeln. Umwickelter Draht schneidet nicht so schnell in die Rinde ein.

Alle eingedrahteten Baumteile müssen im Spätsommer gut beobachtet werden, da es zu dieser Zeit noch einmal zu verstärktem Dickenwachstum kommt. Innerhalb weniger Tage kann dann der Draht in die Rinde eindrücken. Sobald man den Beginn des Dickenwachstumsschubs bemerkt, muss eng angelegter Draht entfernt werden.

TROPISCHE FEIGEN
Ficus-Arten

Zimmer-Bonsai

Diese als Zimmer-Bonsai geeigneten Arten kommen ausnahmslos aus den Tropen. Es gibt etwa 800 bekannte tropische Feigen-Arten. Ein ihnen allen gemeinsames Charakteristikum sind die milchsaftführenden Leitungsbahnen in allen Pflanzenteilen, die ihnen die deutsche Bezeichnung Gummibaum einbrachte. Die tropischen Feigen wachsen als immergrüne große Bäume, Sträucher oder Kletterpflanzen.
Die Blüten befinden sich in hohlen Kelchbechern. Diese Kelchbecher sehen aus wie kleine Feigen und müssen von einer winzigen Gallwespe von innen befruchtet werden. Da diese Gallwespen bei uns nur selten sind, wird an unseren Zimmerfeigen keine Frucht heranreifen.
Es gibt einige für den Bonsai-Freund interessante tropische Feigen:

- Die **Birken-Feige** *(Ficus benjamina)* wird in ihrer Heimat ein großer und sehr breitkroniger Baum. Die Zweige laden weit aus und sind überhängend. Die Rinde ist ziemlich glatt. Die Blätter werden 5 bis 10 cm lang, sind dünn lederartig, elliptisch, werden gegen die Basis breiter und laufen in eine gebogene Spitze aus. Im Gewächshaus bildet diese Art bei erhöhter Luftfeuchtigkeit Luftwurzeln aus, die von den Ästen herabhängen. Erreichen die Luftwurzeln den Boden, wachsen sie zu stützenden Nebenstämmen heran. Im Zimmer ist dieser Effekt nicht zu erzielen.
- Der **Banyanbaum** *(Ficus bengalensis)* ist ebenfalls ein großer Baum, der mithilfe von Stützwurzeln den Eindruck eines kleinen Waldes erzielen kann. Die Blätter sind ledrig, 15 bis 25 cm lang, 12 bis 17 cm breit, eiförmig, an der Basis rund und in eine kurze Spitze auslaufend. Wegen der großen Blätter ist diese Feige nur für große Bonsai geeignet.
- Die **Chinesische Feige** *(Ficus retusa)* bildet ebenfalls einen dicken Stamm aus. Größere Bonsai haben häufig eng dem Stamm anliegende Luftwurzeln, die dem Stamm eine imposante Knorrigkeit verleihen – bei Bonsai eine gute Gestaltungshilfe. Die Blätter sind ledrig und etwas fleischiger als bei den anderen Arten. Sie sind elliptisch bis eiförmig und laufen am Ende in eine kurze Spitze aus.
- Die **Kongo-Feige** *(Ficus buxifolia)* wird in ihrer Heimat ein kleiner Baum oder großer Strauch. Die an der Spitze

Ficus retusa als Mehrfachstamm gestaltet

stumpfrunden Blätter sind verkehrt eiförmig. Aus der Kongo-Feige lassen sich sehr elegante Bonsai gestalten.

— Das Laub der **Weidenblättrigen Feige** *(Ficus sikkimensis)* erinnert an die Blätter der Trauer-Weide. Die Rinde ist mit einem interessanten Längsstreifenmuster versehen. Bei Bonsai, die aus Stecklingen gezogen wurden, bildet sich häufig ein schöner, flächiger Wurzelhals aus.

— Der heilige **Pepul-Baum** der Inder *(Ficus religiosa)* ist häufig mehrstämmig und bildet eine breite Krone mit dichter Verzweigung aus. Die Blätter sind herzförmig, dünn, 12 bis 17 cm lang und laufen in eine lange, schwanzförmige Spitze aus.

STANDORT

Wählen Sie ein helles Süd-, Ost- oder Westfenster. Hinter der Fensterscheibe platziert, ist es ratsam, Feigen vor praller Sonne zu schützen, da die Blätter sonst leicht verbrennen. Im Sommer sind die Bäume für einen Standort auf dem Balkon oder der Terrasse dankbar. Nach meiner Erfahrung verbrennen die Blätter nicht, die unter starker Sonneneinstrahlung gewachsen sind. Die Bäume können bei ausreichender Wasserversorgung also ohne Weiteres in der Sonne stehen. Im Winter kommen die Bäume in einen Raum mit Temperaturen zwischen 15 und 25 °C an einen hellen Fensterplatz.

GIESSEN

Der Wasserbedarf ist stark von der Temperatur und der Luftfeuchtigkeit im Raum abhängig. Vor dem nächsten kräftigen Wässern sollte die Erdoberfläche leicht antrocknen. Empfindlich können Feigen auf Staunässe und kaltes Gießwasser reagieren. Deshalb sollte das Gießwasser Zimmertemperatur haben.

DÜNGEN

Vom Frühjahr bis zum Herbst düngt man alle zwei Wochen mit einem Flüssigdünger, im Winter wegen des reduzierten Wachstums nur alle vier Wochen.

UMTOPFEN

Mit einem mäßigen Wurzelschnitt werden tropische Feigen alle zwei bis drei Jahre im zeitigen Frühjahr in eine Grunderdmischung umgetopft.

FORMGEBUNG

Das ganze Jahr über haben die tropischen Feigen mehrere Wachstumsschübe. Die neuen Triebe lässt man auf vier bis fünf Blätter wachsen und schneidet dann auf ein bis zwei Blätter zurück. Dabei werden auch zu große Blätter entfernt. Dazu schneidet man die Blattflächen ab, lässt aber die Blattstiele stehen. Nach einiger Zeit trocknen die Blattstiele und fallen ab.
Verholzte Triebe können das ganze Jahr über gedrahtet werden. Der Draht drückt sich häufig bereits nach etwa einem halben Jahr in die Rinde ein und sollte bei den ersten Anzeichen entfernt werden. Will man Luftwurzeln erzielen, ist ein Gewächshaus notwendig, da sich deren Wachstum nur bei stark erhöhter Luftfeuchtigkeit provozieren lässt.

Kraftvoll krallen sich bei diesem Ficus retusa die Wurzeln des Wurzelhalses in die Erde.

GINKGO
Ginkgo biloba

Freiland-Bonsai

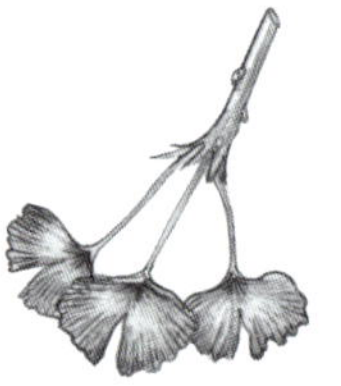

Der Ginkgo (jap.: Icho) ist die einzige noch lebende Art einer im Erdmittelalter weit verbreiteten und artenreichen Pflanzengruppe. Botanisch steht er den Nadelbäumen nahe, trägt aber auch Merkmale der Laubbäume in sich. Die 5 bis 8 cm breiten Blätter sind fächerförmig, fast lederartig, lang gestielt, an der breiten Seite oft eingeschnitten und haben parallele und gegabelte Blattnerven. Die graue Rinde wird an älteren Bäumen tief gefurcht. Der Wuchs geht von schmal kegelförmig bis weit ausgebreitet. Das Längenwachstum übernehmen sogenannte Langtriebe, an denen die Blätter wechselständig angeordnet sind. An diesen Langtrieben bilden sich Kurztriebe aus, an denen die Blätter in Büscheln zu drei bis fünf stehen.
Der Ginkgo ist zweihäusig: Die weiblichen Bäume bilden an mehrjährigen Kurztrieben Blüten aus, die wie kleine Eierpflaumen aussehen. Das Fruchtfleisch verströmt beim Zerdrücken einen unangenehmen Geruch nach ranziger Butter. Die männlichen Bäume entwickeln an mehrjährigen Kurztrieben kätzchenförmige Blüten. Das Geschlecht eines Ginkgo lässt sich erst mit der Blüte feststellen.

STANDORT
Im Sommer empfiehlt sich ein Platz in der vollen Sonne. Im Winter ist ein Frostschutz für die sehr fleischigen Wurzeln notwendig.

GIESSEN
Vom Frühjahr bis zum Herbst gut feucht halten, aber Staunässe vermeiden. Im Winter ist die Erde mäßig feucht zu halten.

DÜNGEN
Nach dem Austrieb bis zum Beginn der Herbstfärbung alle drei Wochen einen Flüssig- oder Kugeldünger verabreichen.

UMTOPFEN
Je nach Alter des Baumes wird alle zwei bis fünf Jahre im zeitigen Frühjahr mit einem mäßigen Wurzelschnitt in eine Grunderdmischung umgetopft.

FORMGEBUNG
Aus den Spitzenknospen der letztjährigen Triebe wachsen Langtriebe heran. Diese Langtriebe lässt man auf sechs bis sieben Blätter heranwachsen und schneidet dann auf ein bis zwei Blätter zurück.
Kurztriebe, die aus weiter innen am Baum liegenden Knospen wachsen, lässt man unbeschnitten. Lediglich Kurztriebe, die die Wuchsform stören, werden im zeitigen Frühjahr entfernt.
Müssen längere Triebe entfernt werden, lässt man zunächst einen etwa 1 cm langen Stumpen stehen. Wenn dieser Stumpen zurückgetrocknet ist, wird er ganz nah am Stamm entfernt. Die frische Wunde wird mit Wundknetmasse abgedeckt. Nach einiger Zeit hat der Wundkallus die Wunde vollständig verschlossen.
Bei Bonsai, die eher eine ausladende Wuchsform haben, können die Triebe, sobald sie beginnen auszuhärten, gedrahtet werden. Wegen der recht weichen Rinde muss man beim Drahten vorsichtig sein, sonst wird die Rinde leicht weggedrückt. Nach etwa einem Jahr wird der Draht wieder entfernt.

Die dunkelgrünen Blätter färben sich vor dem Laubfall im Herbst goldgelb. Die meisten Ginkgo-Bonsai sind kegelförmig gestaltet, was ihnen die Form einer züngelnden Flamme verleiht.

CHINESISCHER WACHOLDER *Juniperus chinensis*

Freiland-Bonsai

In der freien Natur kommt der Chinesische Wacholder (jap.: Shinpaku), je nach Standort, in den verschiedensten Wuchsformen vor. Er kann ein bis zu 20 m hoher Baum mit kegelförmiger Krone werden oder auch nur strauchig wachsen. Die unterschiedlichen Wuchsformen werden häufig verschiedenen Unterarten des *Juniperus chinensis* zugeordnet. In Japan wird für die Bonsai-Gestaltung meist der in Höhen zwischen 1000 und 1500 m vorkommende Berg-Wacholder verwendet. In dieser Höhe entwickelt sich meist eine etwa 1 m hohe Strauchgestalt mit bis zu 3 m ausladenden, weit überhängenden Ästen, die in weiten Bereichen auf dem Boden liegen.

Die Zweige sind dünn und tragen je nach Alter zwei unterschiedliche Nadelarten:

— Die bis zu 12 mm langen Nadelblätter sind stachelspitz und stehen je zu dreien in Quirlen. Die Nadelblätter wachsen an jungen Wacholdern oder nach einem starken Rückschnitt an den sich bildenden jungen Trieben.

Auch relativ junge Wacholder kann man in Landschaftspflanzungen verwenden.

— Die nur 1,5 mm langen Schuppenblätter liegen dem Zweig dicht angedrückt und sind stumpf.

Alle Blätter sind bläulichgrün und auf der Oberseite leicht gefurcht. Im Austrieb sind die Blätter hellgrün, sodass der Baum im Frühjahr ein strahlendes Aussehen zeigt. Die dunkelbraune Rinde ist erst zu sehen, wenn die Schuppenblätter nach einigen Jahren abgefallen sind.

Am Stamm und an den Ästen löst sich die Borke in Streifen ab. In Japan wird die äußerste, streifige Borkeschicht meist abgezogen, wodurch die Rinde heller und glatter wird. Dabei sollte man sehr vorsichtig vorgehen, damit die lebenswichtigen unteren Rindenschichten nicht verletzt werden. Auf keinen Fall darf das unter der Rinde liegende Kambium zerstört werden, sonst können ganze Partien des Baumes absterben.

STANDORT

Der Chinesische Wacholder mag einen hellen, sonnigen und vor allem luftigen Standort. Im Schatten neigt er verstärkt dazu, nadelartige Blätter auszubilden. Auch wird er hier eher anfällig für Schädlinge, zum Beispiel Spinnmilben.

Obwohl der Wacholder in großen Höhen vorkommt, muss der Wurzelballen im Winter gegen Frost geschützt werden. Die oberirdischen Pflanzenteile vertragen die Kälte im Allgemeinen gut. Lediglich kalte, trockene Winter können zu einem Braunwerden der Blätter führen. Auch im Winter sollte der Standort hell und luftig sein.

GIESSEN

Wegen der großen Gesamtblattfläche ist der Wasserbedarf recht hoch. Im Sommer wie auch im Winter sollte auf eine gleichmäßige Bodenfeuchtigkeit geachtet werden. Die Erde sollte weder ganz austrocknen, noch verträgt der Wacholder Staunässe. Ist der Boden ständig zu feucht, vergilben die Blätter und sterben ab.

DÜNGEN

Der Chinesische Wacholder gehört zu den hungrigen Bäumen. Bei Düngermangel vergilben die Blätter und es bilden sich verstärkt nadelartige Blätter.

Sobald sich im Frühjahr die grasgrünen neuen Triebspitzen zeigen, beginnt man mit dem Düngen. Gedüngt wird in der Wachstumszeit alle zwei Wochen mit Flüssig- oder Kugeldünger. Ende August/Anfang September beendet man die Düngergaben. Im Winter nicht düngen!

UMTOPFEN

Alle zwei bis drei Jahre topft man mit einem Wurzelschnitt um. Der Grunderdmischung wird etwas Kalk hinzugefügt, wodurch der pH-Wert ganz leicht alkalisch wird. Die Erde sollte gut wasserdurchlässig sein und eine gute Drainagewirkung haben.

FORMGEBUNG

Alte Wacholder bilden auf ihren Ästen dichte, flache Zweigpolster aus. Bei der Bonsai-Gestaltung werden diese Polster durch Zurückzupfen der dicht mit Blättern umgebenen Zweige erreicht. Das Einkürzen der jungen Triebe erfolgt nur mit den Fingerkuppen. Sowohl der Einsatz von Fingernägeln als auch einer Schere führt zu braunen Triebspitzen.

Im späten Frühjahr kürzt man den Neuaustrieb um ein bis zwei Drittel ein. Sind längere Triebe gewachsen, sind diese zunächst einzukürzen. Zwei bis drei Tage später werden die kürzeren Triebe gezupft. Auf keinen Fall werden im Winter die Triebe zurückgezupft. Das winterliche starke Einkürzen führt unweigerlich zu verstärkter Bildung von Nadelblättern.

Haben sich Triebe mit nadelförmigen Blättern gebildet, die für die weitere Gestaltung wichtig sind, werden sie genauso wie Triebe mit Schuppenblättern gezupft. Nach zwei bis drei Jahren bilden sich dann auch an diesen Zweigen Triebe mit den weichen Schup-

Mithilfe eines Spanndrahtes wird der linke Ast des Chinesischen Wacholders in seiner Form korrigiert.

penblättern. Die Gestaltung störende dickere Äste werden im zeitigen Frühjahr beschnitten. Auch ist das Frühjahr die richtige Zeit zum Drahten. Innerhalb eines Jahres dürften sich die Formkorrekturen stabilisiert haben, und der Draht kann wieder entfernt werden. Wacholder werden in der freien Natur sehr alt. Schneebruch und starke Winde führen immer wieder zum Abbrechen von Ästen. Häufig werden dabei auch ganze Rindenpartien vom Stamm abgezogen. Wind und Wetter bleichen das Holz und geben dem Baum ein wettererprobtes Aussehen. In der Bonsai-Gestaltung wird dieses Phänomen nachgeahmt, indem man überflüssige Äste nicht ganz abschneidet, sondern als entrindete und gebleichte Teile in die Gestaltung mit einbezieht.

IGEL-WACHOLDER
Juniperus rigida

Freiland-Bonsai

Der Igel-Wacholder (jap.: Tosho) ist unserem Gemeinen Wacholder *(Juniperus communis)* sehr ähnlich. Während bei dem Gemeinen Wacholder die Äste streng nach oben wachsen, sind die Äste des Igel-Wacholders bogig überhängend. Der kleine Baum hat 13 bis 25 mm lange und 1 mm breite, scharf spitze, stechende, dunkelgrüne Nadeln, die jeweils zu dritt den Zweig quirlig umstehen. Die Äste und der Stamm haben eine braunrote bis gelbbraune Borke. Der Igel-Wacholder ist zweihäusig, das heißt, um Früchte zu erhalten, braucht man sowohl eine weibliche als auch eine männliche Pflanze.
In der Bonsai-Gestaltung gleicht die Form dem Chinesischen Wacholder, wobei ein gut gestalteter Igel-Wacholder ausdrucksstärker wirkt.

Der kräftige Igel-Wacholder (Juniperus rigida) erhält durch seinen ausgeprägten Stamm-Shari eine besonders intensive Aussagekraft.

STANDORT

Der Igel-Wacholder liebt im Sommer einen hellen, sonnigen Standort. Ein schattiger Platz führt zu größeren Blattabständen und lässt die Blätter heller werden. Im Winter sollten der Wurzelballen gegen Frost und die oberirdischen Teile gegen trockene, eisige Winde geschützt werden.

GIESSEN

Der Igel-Wacholder sollte das ganze Jahr über einen gleichmäßig feuchten Boden haben. Staunässe ist aber auf jeden Fall zu vermeiden.

DÜNGEN

Vom Beginn des Austriebs bis Ende August wird alle drei Wochen ein Flüssig- oder Kugeldünger verabreicht.

Der Igel-Wacholder harmoniert perfekt mit der grob geformten Platte aus gebranntem Ton.

UMTOPFEN

Alle zwei bis drei Jahre im zeitigen Frühjahr topft man in eine gut wasserdurchlässige Grunderdmischung um. Die unterste Erdschicht sollte eine gute Drainagewirkung haben.

FORMGEBUNG

Auch hier ist wie beim Chinesischen Wacholder das Gestaltungsziel, dichte Astpolster, anzustreben. Im Frühjahr lässt der Igel-Wacholder lindgrüne Triebe austreiben. Sobald diese Triebe etwa 2 cm lang sind, zupft man die Spitze mit den Fingerkuppen aus. Dadurch wird das Längenwachstum gestoppt. Aus den Achseln der Blätter treiben bald neue Triebe mit nun kürzeren Nadeln aus. Auch diesen Trieben zupft man die Spitze aus, sobald sie 2 cm Länge erreicht haben. Gleichzeitig zupft man die längeren Nadeln des Erstaustriebes ab. In gleicher Weise verfährt man mit allen folgenden Wachstumsschüben.

Von Zeit zu Zeit müssen alle zu dicht wachsenden Triebe mit der Schere ausgedünnt werden. Man schneidet auch alle zu hoch gewordenen Polster wieder auf eine geringere Dicke zurück. Ebenso sollten alle senkrecht nach unten wachsenden Triebe mit der Schere entfernt werden.

Dickere, die Gestaltung störende Äste werden im zeitigen Frühjahr herausgeschnitten. Hierbei sollte man sich überlegen, ob diese Äste nicht als entrindete Baumteile in die Gestaltung mit einbezogen werden können. Bei dickeren Stämmen lassen entrindete Stammbereiche den Bonsai imposanter erscheinen.

Die richtige Zeit zum Drahten ist ebenfalls das zeitige Frühjahr, sobald die Äste durch den beginnenden Saftstrom wieder elastischer werden. Der Draht wird nach etwa einem Jahr entfernt.

LÄRCHEN
Larix

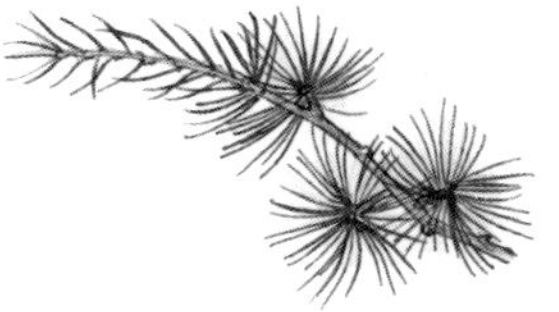

Freiland-Bonsai

Die Lärchen gehören zu den wenigen Nadelbäumen, die im Herbst ihre Blätter abwerfen. Die waagerechten Äste sind um den Stamm herum schraubig angeordnet. An den Langtrieben wachsen die nadelförmigen, weichen Blätter spiralig und in Abständen, an Kurztrieben hingegen in dichten Büscheln. Langtriebe dienen dem Längenwachstum, Kurztriebe erhöhen die Anzahl der Nadeln einer Lärche. Die Anzahl der Nadeln pro Büschel ist ein Unterscheidungsmerkmal bei der Bestimmung der Arten:

- Die **Europäische Lärche** *(Larix decidua)* ist ein bis zu 35 m hoher Baum mit geradem Stamm und schlanker, kegelförmiger Krone. Die abblätternde Borke ist in jungen Jahren grau und wird im Alter braun. Die Äste sind fast waagerecht oder nach unten gebogen, wobei die Astspitzen stets nach oben gerichtet sind. Die Langtriebe tragen eine gelbliche Rinde, während die Kurztriebe schwarzbraun sind. Die 1 bis 3 cm langen, hellgrünen Nadeln färben sich im Herbst goldgelb. An den Kurztrieben stehen 30 bis 40 Nadeln in einem Büschel.
- Die **Japanische Lärche** (*Larix kaempferi,* jap.: Kara matsu) wird in unseren Wäldern häufig forstlich angebaut. Der bis zu 30 m hoher Baum hat nur waagerecht abstehende Äste. Wir finden keine überhängenden Äste wie bei der Europäischen Lärche. Im Alter wird die Krone breit kegelförmig. Die rotbraune Borke blättert in schmalen Streifen ab. Die jungen Langtriebe sind rötlichbraun, während die Kurztriebe rötlich gefärbt sind. An einem Kurztrieb findet man 40 bis 50 Nadeln. Die Blätter sind 2 bis 3,5 cm lang, weich und blaugrün. Im Herbst verfärbt sich das Laub goldgelb.
- Die **Bastard-Lärche** *(Larix eurolepis)* ist eine natürlich entstandene Kreuzung aus Europäischer und Japanischer Lärche. Von der Europäischen Lärche hat sie die gelben Langtriebe, die aufgerichteten Astenden und die kürzeren Nadeln. Von der Japanischen Lärche kommen die bläulichgrüne Färbung der Nadeln und die allgemeine Wuchsform.

Alle drei Arten eignen sich wegen ihrer Schnittverträglichkeit gut für die Bonsai-Gestaltung. Aber auch die hier nicht besprochenen Arten sind es wert, als Bonsai gestaltet zu werden. Ich pflege zum Beispiel seit Jahren mit Erfolg eine Sibirische Lärche *(Larix sibirica)* als Bonsai.

STANDORT

Während der Wachstumszeit sollten die Lärchen einen vollsonnigen Standort bekommen. Im Winter wird der Wurzelballen gegen Durchfrieren geschützt.

GIESSEN

Vor dem Austrieb nur mäßig feucht halten, damit die Nadeln nicht zu lang werden. Nach dem Austrieb den Boden gleichmäßig gut feucht halten, aber Staunässe vermeiden.

DÜNGEN

Nach dem Austrieb gibt man bis Ende August alle drei bis vier Wochen einen Flüssig- oder Kugeldünger.

Aus Lärchen lassen sich eindrucksvolle Bonsai in fast allen Grundstilarten gestalten. Auch für Nadelwälder sind sie gut geeignet.

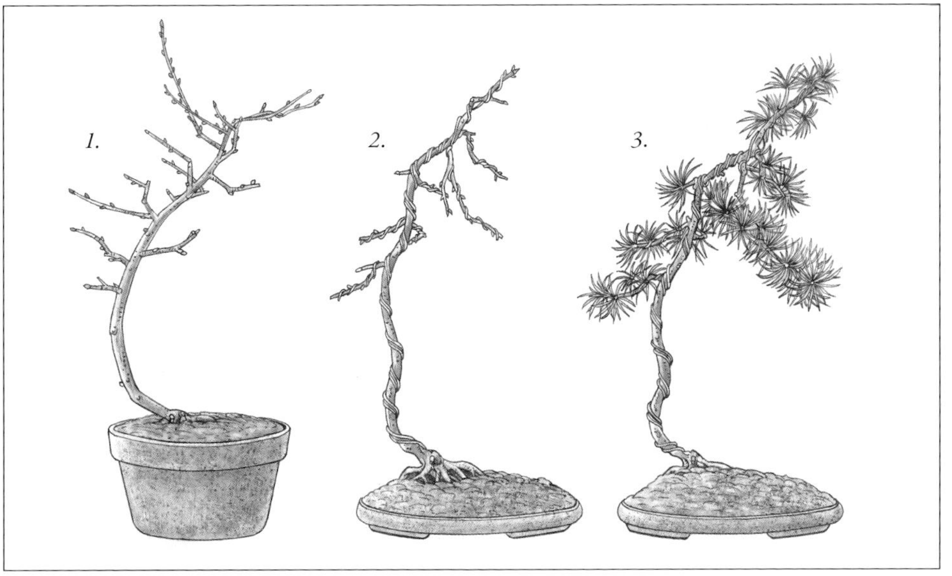

Von der Baumschulpflanze zum Bonsai

1. *Eine Lärche, wie man sie in jeder Baumschule finden kann.*
2. *Nach dem Schneiden, Drahten und Einsetzen in eine Bonsai-Schale haben wir bereits einen kleinen Bonsai. Wichtig ist auch hier das Vorhandensein eines schönen Wurzelhalses.*
3. *Mit dem Austrieb im Frühjahr beginnt die Verfeinerung der Form. Neue Triebe dienen der feineren Verästelung und dichteren Belaubung unseres Bonsai.*

UMTOPFEN

Je nach Alter und Reifegrad des Bonsai topft man alle zwei bis drei Jahre im zeitigen Frühjahr mit normalem Wurzelschnitt in eine Grunderdmischung um.

FORMGEBUNG

In Abhängigkeit von der verwendeten Lärchenart sollte man bei der Gestaltung die typische Wuchsform herausarbeiten, meist die streng aufrechte Form. An Extremstandorten kann man in der Natur aber auch Lärchen in frei aufrechter Form, ja sogar als Kaskade, finden. Wichtig ist in jedem Fall, dass die Form der Äste dem natürlichen Wachstumsbild der Art entspricht.
Aus den Spitzenknospen der Äste und Zweige wachsen in der Regel Langtriebe heran. Sobald die grüne Färbung dieser Triebe beginnt, die typische Rindenfärbung zu bekommen, schneidet man sie auf ein bis zwei Knospen zurück. Die Knospen erkennt man als kleine braungrüne Hügelchen in den Achseln einiger Blätter. Nach dem Schnitt wachsen häufig Kurztriebe zu Langtrieben aus. Will man eine dichtere Verzweigung erzielen, verfährt man mit diesen neuen Langtrieben wie mit dem Erstaustrieb. Ansonsten schneidet man diese sekundären Langtriebe auf nur eine Knospe zurück. Alle Langtriebe, die auf einem Ast senkrecht nach oben oder unten wachsen, werden ganz entfernt. Im zeitigen Frühjahr wird die Form überarbeitet. In dieser Zeit werden die Form störende dickere Äste entfernt oder bei Bedarf eingedrahtet. Das Drahten ist jetzt besonders leicht, da man nicht darauf achten muss, dass keine Nadeln mit eingedrahtet werden. Nach etwa einem Jahr kann der Draht entfernt werden.

ZIER-ÄPFEL
Malus

Freiland-Bonsai

Für die Bonsai-Gestaltung eignen sich nur kleinfrüchtige Arten. Man kann zwar die Größe des Baumes und seiner Blätter beeinflussen, nicht aber die Größe der Früchte. Die Früchte erreichen immer die art- bzw. sortentypische Größe. Entsprechend sind alle Speiseapfelsorten für die Bonsai-Gestaltung unbrauchbar, es sei denn, man entfernt alle Früchte frühzeitig.

Apfelbäume sind sommergrüne Bäume oder Sträucher. Die Blätter sind wechselständig am Zweig angeordnet und meist am Rand gesägt.

Die je nach Art weißen oder rosa bis karminroten Blüten stehen in Doldentrauben beieinander, das heißt, aus jeder Blütenknospe kommen mehrere Blüten.

Apfel-Bonsai haben zwei besonders attraktive Jahreszeiten, das Frühjahr mit seiner Blütenpracht und den Spätherbst, wenn die Früchte, ohne durch die Blätter verdeckt zu werden, noch an den Zweigen hängen.

Es gibt zahlreiche geeignete *Malus*-Arten:

- Der **Beerentragende Apfelbaum** *(Malus baccata)* ist ein Großstrauch mit 5 m Höhe. Die jungen Zweige sind purpurbraun, kahl und dünn. Die eiförmigen Blätter sind zugespitzt, fein gesägt, olivgrün und werden 3 bis 8 cm lang. Die 3 bis 3,5 cm großen, reinweißen Blüten bilden drei- bis achtblütige Doldentrauben und erscheinen im April und Mai. Die mehr oder weniger kugelrunden Früchte sind etwa 1 cm dick und gelb mit roter Backe. Besonders gut eignet sich die Sorte 'Gracilis' für die Bonsai-Gestaltung. Sie ist sehr schwachwüchsig, dünnzweigig und dicht bewachsen mit ziemlich kleinen Blättern. Die Blüten sind klein, weiß und sternförmig.
- Der **Vielblütige Apfelbaum** *(Malus floribunda)* ist äußerst reichblühend. Mit 4 bis 10 m Höhe kann man ihn als Großstrauch oder kleinen Baum einstufen. Die schlanken, weit abstehenden Zweige hängen leicht über, sind in der Jugend behaart und an der Sonnenseite rötlich. Die Blätter werden 4 bis 8 cm lang, sind zugespitzt, scharf gesägt und auf der Oberseite lebhaft grün. Die überaus zahlreichen, 2,5 bis 3 cm breiten Blüten sind in der Knospe tiefkarminrot, blühen Anfang Mai rosa auf und verblassen langsam zu Weiß. Sie stehen längs des ganzen Zweiges. Die Früchte sind erbsengroß, gelb, an der Sonnenseite etwas rötlich und bleiben bis in den Dezember hinein am Baum.
- Der **Halls-Apfel** (*Malus halliana*, jap.: Hana ringo) ist auch in unseren Gärten ein beliebter Zier-Apfel. Der 2 bis 4 m hohe Strauch oder kleine Baum hat eine lockere, ausladende Krone. Die dunkelgraue Rinde löst sich im Alter plattig ab. Die jungen Triebe sind kahl und braunrot. Die 4 bis 8 cm langen, glänzend dunkelgrünen Blätter sind im Austrieb rötlich, eilänglich, ledrig und kerbig gesägt. Blattnerven und Blattstiel sind häufig rötlich gefärbt. Aus den dunkelroten Knospen kommen im Mai vier bis sieben dunkelrosa Blüten. Die Früchte sind eiförmig, bis zu 8 mm dick, rotbraun und erst spät im Herbst reif.

— Der **Zwerg-Apfel** (*Malus × micromalus*, jap.: Hime ringo) ist ein bis zu 4 m hoher kleiner Baum oder Strauch mit fast ebenso breiter Krone. Die dunkelbraune Rinde wird im Alter längsrissig. Die lang auswachsenden Zweige sind im Austrieb behaart, werden aber bald kahl und dunkelbraun. Mit 5 bis 10 cm sind die elliptisch länglichen, fein gesägten Blätter recht groß. Aber die nicht verblassenden rosa, zu drei bis fünf zusammenstehenden Blüten lassen den Zwerg-Apfel dennoch zu einem eindrucksvollen Bonsai werden. Die leicht kantigen, kugeligen Früchte sind 1,5 cm dick und gelb.

— Der **Toringo-Apfel** (*Malus sieboldii*, jap.: Miyama kaido) ist ein 4 m hoher, ausladender Strauch mit überhängenden, schwarzbraunen Ästen. Die Zweige sind zunächst filzig behaart, werden aber später kahl. Die 3 bis 6 cm langen Blätter sind eiförmig, spitz zulaufend, grob gesägt, sattgrün und beiderseits verstreut behaart. Im Herbst färben sie sich auffällig gelb und rot. Die nur 2 cm breiten Blüten erscheinen im Mai zunächst in Hellrosa, werden bald aber weiß. Die erbsengroßen Früchte sind kugelig, rot bis gelbbraun und bleiben bis in den Dezember hinein am Baum. Die Art ist gut für Mame-Bonsai geeignet.

— Der bei uns heimische **Holz-Apfel** *(Malus sylvestris)* ist der Stammvater der meisten Kulturäpfel. Bis in 1500 m Höhe findet man den bis zu 7 m hohen, dichtbuschigen, breitkronigen Baum. Die blütentragenden Kurztriebe sind mehr oder minder stark mit Dornen versehen. Schwach behaart sind im Austrieb die 4 bis 8 cm langen, eirunden, kerbig gesägten Blätter. Im April und Mai erscheinen die außen rosaweißen und innen weißen Blüten. Die gelbgrünen Früchte sind 2 bis 4 cm breit und kugelig. Kurz- wie auch Langtriebe sind kahl und purpurbraun.

STANDORT

Im Sommer ist ein heller bis vollsonniger Platz optimal, im Winter sind die Bäume vor stärkeren Frösten zu schützen.

GIESSEN

Blüten und Früchte werden bei Trockenheit und Staunässe sehr schnell abgeworfen. Entsprechend sollten die Apfelbäume immer gut feucht gehalten, aber auch gegen Staunässe geschützt werden.

DÜNGEN

Erst nach der Blütezeit sollte mit dem Düngen begonnen werden, da die Blüten sonst sehr schnell verblühen. Danach gibt man bis Anfang August alle drei bis vier Wochen einen Flüssig- oder Kugeldünger. Eine kali- und phosphorbetonte Schlussdüngung im Laufe des Septembers sorgt für eine gute Aushärtung und reichen Blütenansatz im nächsten Frühjahr.

Werden die Blüten nicht durch Insekten befruchtet, kann man mit einer abgezupften Blüte die Befruchtung selbst vornehmen.

Apfelbäume mit Fruchtansatz sehen sehr attraktiv aus. Da aber ein allzu reicher Fruchtansatz dem Baum recht viel an Wuchskraft raubt, sollte man eventuell einen Teil der Früchte frühzeitig entfernen.

UMTOPFEN

Alle ein bis zwei Jahre topft man Apfelbäume nach der Blüte oder im Frühherbst mit mäßigem Wurzelschnitt in eine Grunderdmischung um.

FORMGEBUNG

Der erste Schnitt erfolgt nach der Blüte. Alle Triebe werden auf zwei bis drei Blattansätze oder auf die Fruchtansätze zurückgeschnitten. Die folgenden Triebe lässt man bis Mitte Juni ungehindert wachsen und zupft (pinziert) dann die Triebspitzen ab. Nun können in den Blattachseln die Blütenknospen gebildet werden. Unerwünschter Folgeaustrieb wird recht früh ausgezupft, da sonst die Bildung der Blütenknospen beeinträchtigt wird. Blütenknospen sind rundlicher, während reine Blattknospen spitzer zulaufend sind.
Beginnen die Triebe auszuhärten, werden sie waagerecht gedrahtet. Nun können die langen Triebe auch auf das gewünschte Maß zurückgeschnitten werden.

FICHTEN
Picea

Freiland-Bonsai

Die Fichten gehören zu den immergrünen Nadelbäumen. Ihre Gestalt ist kegelförmig, mit schuppenartiger Rinde und in Quirlen angeordneten Ästen. Häufig werden Fichten mit Tannen verwechselt. Es gibt jedoch unverwechselbare Merkmale:

1. Die Nadeln der Fichten sitzen immer auf Nadelkissen, die nach dem Nadelabwurf erhalten bleiben und den Zweig rau wie eine Feile machen. Die Zweige der Tannen sind hingegen nach dem Nadelabwurf glatt.
2. Die Zapfen der Fichten hängen an den Zweigen und fallen nach der Samenreifung als Ganzes ab. Tannenzapfen stehen auf den Zweigen. Nach der Samenreifung lösen sich die Schuppen ab und geben die Samen frei. Im Wald finden wir niemals abgeworfene, reife Tannenzapfen.

Von den rund 50 Fichtenarten gibt es nur wenige, die sich als Bonsai eignen. Es gibt aber zwergwüchsige Zuchtformen mit dichtgedrängten, kurzen Nadeln, die sich hervorragend zu einem Bonsai gestalten lassen.

— Die **Europäische Fichte** *(Picea abies)* wird ein 30 bis 50 m hoher Baum mit geradem Stamm. Ihre rotbraune bis graue, in dünnen Schuppen abblätternde Rinde brachte ihr auch den irreführenden, volkstümlichen Namen Rottanne ein. Die Äste sind bei älteren Bäumen bogig abwärts stehend mit ansteigender Spitze. Die 1 bis 2 cm langen Nadeln sind vierkantig, spitz zulaufend und dunkelgrün.

— Von der **Weiß-Fichte** *(Picea glauca)* kennen die meisten Menschen eine Zuchtform, die Zuckerhut-Fichte (*Picea glauca* 'Conica'). Ihr Wuchs ist langsam, ganz dicht und regelmäßig kegelförmig. Die nur 10 mm langen Nadeln sind im Austrieb hellgrün und werden später leicht bläulichgrün. Durch vorsichtiges Ausdünnen der dicht stehenden Zweige lässt sich aus einer Zuckerhut-Fichte ein schöner Bonsai gestalten. Leider ist sie recht anfällig für Spinnmilben, was sich am frühzeitigen Vergilben der Nadeln zeigt.

Ein Wald aus in der Natur gesammelten Fichten hat eine besonders natürliche Ausstrahlung.

— Die **Sachalin-Fichte** (*Picea glehnii*, jap.: Ezo matsu) wird in Japan seit Anfang dieses Jahrhunderts in der Bonsai-Kunst sehr erfolgreich verwendet, da sie im Gegensatz zu vielen anderen Fichtenarten auch auf weniger guten Böden gedeiht. Sie wird ein bis zu 40 m hoher Baum mit schmal kegelförmiger Krone. Die Rinde ist dunkelbraun und rissig. Was die Sachalin-Fichte interessant macht, sind die kurzen Zweige und die 6 bis 12 mm langen, dichtgedrängten Nadeln, die auf der Oberseite mattgrün und auf der Unterseite leuchtendgrün sind. Sie zeigt bei der Nadelbildung eine Besonderheit: Bei jungen Pflanzen sind die Nadeln stechend spitz, während ältere Pflanzen stumpfe Nadelenden haben.

STANDORT

Im Sommer halbschattig bis vollsonnig. Im Winter müssen der Wurzelballen gegen Durchfrieren und die Nadeln gegen trockene, eisige Winde geschützt werden.

GIESSEN

Der Boden sollte gleichmäßig feucht gehalten werden, wobei Staunässe zu vermeiden ist. Lediglich *Picea glehnii* verträgt auch mal etwas „nassere Füße".

DÜNGEN

Nach dem Austrieb bis Ende August sind die Bonsai alle vier Wochen mit Flüssig- oder Kugeldünger zu versorgen.

UMTOPFEN

Alle zwei bis vier Jahre wird im zeitigen Frühjahr oder Mitte August mit einem mäßigen Wurzelschnitt in eine Grunderdmischung mit erhöhtem Sand- und Lehmanteil umgetopft. Pflanzt man im August um, sollte die Pflanze für etwa vier Wochen schattiger aufgestellt werden.

FORMGEBUNG

Die natürliche Anordnung der Äste bei den Fichten ist in Quirlen, das heißt, in einer Astetage entspringen mehrere Äste in gleicher Höhe. So entsteht eine Anordnung, die den Speichen eines Rades entspricht. Da diese Zweigstellung bei Bonsai aber sehr künstlich wirkt, sollte man das nach Möglichkeit durch einen entsprechenden Schnitt korrigieren: Von einem Quirl lässt man nur ein bis zwei Äste in der Etage stehen. Diese Regel muss vor allem im unteren Drittel des Baumes eingehalten werden. Die verbliebenen Äste werden bogig abwärts geneigt gedrahtet, wobei die Spitzen der Äste leicht nach oben zeigen. Die Zweiganordnung an einem Ast entspricht, von oben gesehen, einem ungleichschenkligen Dreieck. Alle Zweige, die streng nach oben oder unten zeigen, werden entweder entfernt oder in die Fläche eingedrahtet. Während des Austriebs werden die sich streckenden Triebe, noch bevor sich die Nadeln abspreizen, zurückgezupft. Die Triebe aus den großen Spitzenknospen zupft man als erste um etwa zwei Drittel zurück. Triebe aus mittelgroßen Knospen werden auf die Hälfte eingekürzt und Triebe aus kleinen Knospen um ein Drittel zurückgenommen. Im Laufe der Zeit erhält man so eine dichte, gleichmäßige Verzweigung.

Das Frühjahr, vor dem Austrieb, ist die richtige Zeit für eventuell notwendiges Drahten. Da alle Nadeln, die mit eingedrahtet wurden, absterben, muss man sehr vorsichtig vorgehen. Nach etwa einem Jahr kann der Draht wieder entfernt werden.

MÄDCHEN-KIEFER
Pinus parviflora

Freiland-Bonsai

Die Bonsai-Kiefer schlechthin ist die Mädchen-Kiefer (jap.: Goyo matsu). Selten wird sie in Bonsai-Fachgeschäften als Sämling angeboten, die meisten Mädchen-Kiefern sind auf eine Japanische Schwarz-Kiefer *(Pinus thunbergiana)* aufgepfropft. Die Pfropflinge haben die typische tiefrissige Rinde der Japanischen Schwarz-Kiefer und sind weniger empfindlich als Sämlinge. Beim Kauf ist darauf zu achten, dass die Pfropfstelle so unauffällig wie möglich ist. Außerdem sollte der Wurzelballen gut mit Symbiosepilzen durchzogen sein: Achten Sie auf weißliche Fäden, die deutlich nach Pilz duften. Dieser Symbiosepilz ist für die Mädchen-Kiefer ein Garant für gesundes Wachstum und Widerstandsfähigkeit.

Die Mädchen-Kiefer ist ein 5 bis 12 m hoher Baum mit einer sich flach ausbreitenden Krone. In der Jugend wächst sie dicht pyramidal. Die Borke ist graubraun, bleibt lange Zeit glatt und löst sich später in dünnen Schuppen ab. Die Äste sind reich und dicht verzweigt.

Die Nadeln stehen zu fünft beisammen, das heißt, aus einer gemeinsamen Blattscheide kommen fünf Nadeln hervor. In der Natur bleiben die Nadeln drei bis vier Jahre am Baum, bevor die älteren Nadeln im Herbst braun werden und abfallen. An den Triebenden sind die Nadeln pinselförmig gedrängt, stark gekrümmt und in sich verdreht. Die grasgrünen bis blaugrünen Nadeln sind 4 bis 6 cm lang, etwa 1 mm breit und mit stumpfer Spitze.

Die japanischen Botaniker teilen die Art in zwei Varietäten auf:

— *Pinus parviflora* var. *pentaphylla* hat mehr grasgrüne, weichere Nadeln und ist empfindlicher gegen Spätfröste.

— *Pinus parviflora* var. *himekomatsu* ist robuster und hat blaugrüne Nadeln, die härter sind. Von dieser Varietät gibt es verschiedene Zuchtformen, die auch in der Bonsai-Gestaltung verwendet werden: 'Adock's Dwarf' ist eine Zwergform mit sehr langsamem, gedrungenem Wuchs und 1,5 bis 2,5 cm langen blaugrünen Nadeln. Die langsam wachsende 'Gimborn's Pyramide' hat einen gedrun-

Die Äste der Mädchen-Kiefer entspringen ganz natürlich an den Außenseiten der Stammbiegungen.

genen Wuchs mit sehr dicht stehenden Ästen. Die Nadeln sind intensiv blaugrün und ähnlich kurz wie bei 'Adock's Dwarf'. Die japanische Zuchtform 'Negishi' hat 3,5 bis 4,5 cm lange, graugrüne bis blaugrüne Nadeln.

STANDORT

Vom Frühjahr bis zum Herbst bietet sich ein heller, vollsonniger Platz an. Im Vorfrühling sollten die Bonsai gegen Spätfröste geschützt werden, vor allem, wenn der Austrieb schon begonnen hat. Sämlinge sind im Winter gut gegen Frost zu sichern, während bei Pfropflingen nur der Wurzelballen gegen Durchfrieren und das Laub gegen trockene, eisige Winde geschützt werden sollten.

GIESSEN

Ebenso wie im Winter ist die Erde im Frühjahr nur mäßig feucht zu halten, damit die Nadeln nicht zu lang werden. Im Sommer sollte man die Erde feucht halten, aber Staunässe vermeiden, da sonst der Symbiosepilz geschädigt wird.

DÜNGEN

Kiefern treiben aus, indem sie aus den Knospen kerzenartige Triebe wachsen lassen. Haben die Kerzen fast ihre endgültige Länge erreicht, werden die Nadeln aus den Blattscheiden geschoben. Sind die Nadeln zur Hälfte aus den Blattscheiden herausgeschoben, beginnt man mit dem Düngen. Bei früherer Düngung werden die Kerzen sehr lang und die Nadeln länger als erwünscht. Bis etwa Mitte August wird alle vier Wochen gedüngt.

UMTOPFEN

Alle zwei bis drei Jahre im zeitigen Frühjahr oder Mitte August wird mit einem Wurzelschnitt umgetopft. Der Augusttermin hat sich nach meinen Erfahrungen bewährt, da der Baum bis zum Winter wieder neue Wurzeln bilden kann. Als Erde ist eine Grunderdmischung mit erhöhtem Sandanteil zu empfehlen. Alle staubfeinen Erdteilchen müssen gut ausgesiebt werden. Der feine Staub sammelt sich sonst am Schalenboden und erhöht das Risiko von Staunässe. Aus dem gleichen Grund ist eine ausreichend starke untere Drainageschicht notwendig. Auf alle Fälle sollten der neuen Pflanzerde einige Handvoll alter Erde beigemengt werden. Die neue Erde wird so mit dem Symbiosepilz geimpft.

FORMGEBUNG

Man bemüht sich in jedem Fall auf den Ästen und in der Krone um dichte Nadelpolster. An allen Triebspitzen bilden sich im Herbst einzelne oder Gruppen von zwei und mehr Knospen für den Austrieb des nächsten Jahres aus. Die Knospen sind eiförmig, etwa 5 mm lang und bräunlich gelb. Die austreibenden Kiefernkerzen stehen aufrecht, neigen sich aber, wenn sie schwer genug werden, zur Seite und nehmen ihre endgültige Form ein.

Hat der Bonsai noch nicht seine geplante Größe oder haben seine Äste noch nicht die gewünschte Dicke erreicht, lässt man die jeweiligen Spitzenknospen lang auswachsen und kürzt erst mit der Schere auf das gewünschte Maß ein, wenn sie ihr Längenwachstum beendet haben. Je mehr der Baum durchtreiben darf, umso stärker ist sein Größen- und Dickenzuwachs.

Hat der Bonsai hingegen seine endgültige Größe erreicht, werden die Kerzen vor dem Herausschieben der Nadeln eingekürzt. Das Einkürzen erfolgt durch Herausdrehen der Kerzenspitze mit den Fingern. In der Regel werden die Kerzen um ein bis zwei Drittel eingekürzt. Da diese Triebe nicht so schwer werden, dass sie sich von selbst zur Seite neigen können, müssen sie eventuell nach dem Aushärten seitwärts gedrahtet werden. Die jeweilige Triebspitze sollte dabei nach oben gebogen werden.

Mithilfe einer umfangreichen Drahtung erhält die Mädchen-Kiefer eine neue, interessantere Gestaltung.

Das Einkürzen der Kerzen erfolgt je nach Entwicklungsstand und Lage. Die äußersten Knospen sind am kräftigsten entwickelt und haben die größte Wachstumsrate. Diese Triebe werden als erste und am stärksten eingekürzt (siehe S. 256, Bereich A). Weiter innen liegende Knospen treiben weniger stark aus und werden erst zurückgenommen, wenn sie etwa gleich stark entwickelt sind, wie es die äußeren Triebe vor dem Einkürzen waren (siehe S. 256, Bereiche B und C). Stehen mehrere Knospen beisammen, entwickeln auch sie sich im zeitlichen Abstand. Zunächst wird der stärkste Trieb eingekürzt und einige Tage später die anderen Triebe. Zusätzlich werden noch vor dem Austrieb überschüssige Knospen herausgebrochen. Von jeder Gruppe lässt man in der Regel nur ein bis zwei stehen.

Ende August oder Anfang September werden die letztjährigen Nadeln entfernt: Man zupft sie ab, um so den Baum auszulichten. Sollen auf längeren Astabschnitten Knospen entstehen, die zu einem dichteren Bewuchs führen, werden die Nadelbüschel mit der Schere abgeschnitten. Im Zentrum mancher Nadelbüschel befinden sich Knospenanlagen, die so zur Reifung angeregt

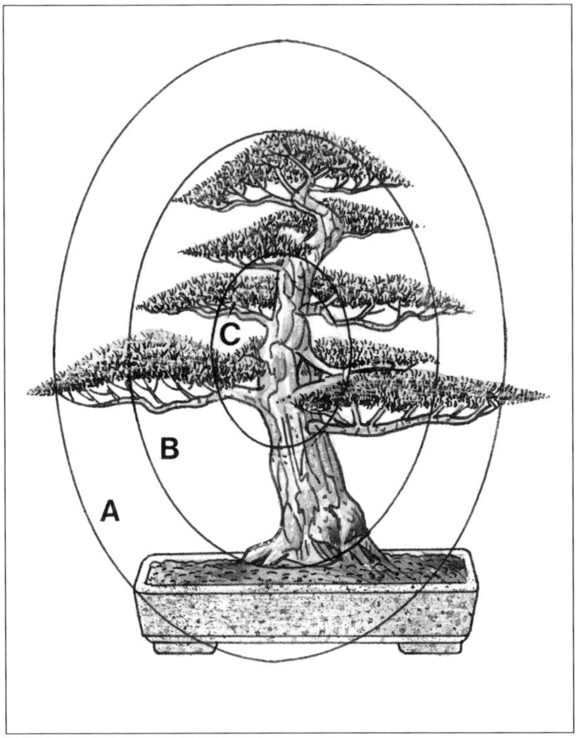

Die Krone der Mädchen-Kiefer wird in einen äußeren (A), einen mittleren (B) und einen inneren Bereich (C) eingeteilt.

werden. Wichtig beim Schneiden der Nadelbüschel ist, dass einige Millimeter der Nadeln stehen bleiben. Diese trocknen nach einiger Zeit zurück und fallen schließlich ab. Nur so bleibt bei dieser Aktion die Knospenanlage unverletzt.

Gedrahtet werden Mädchen-Kiefern im zeitigen Frühjahr, wenn größere Formkorrekturen nötig sind. Neue Triebe können gedrahtet werden, sobald sie ausgehärtet sind. Dickere Äste werden ebenfalls im zeitigen Frühjahr – in Etappen – entfernt, weil jetzt der Saftstrom noch nicht so stark ist. Im ersten Jahr wird der Ast bis auf einen kleinen Stumpen abgeschnitten. Im nächsten Jahr ist der Stumpen zurückgetrocknet und kann nun vollständig entfernt werden.

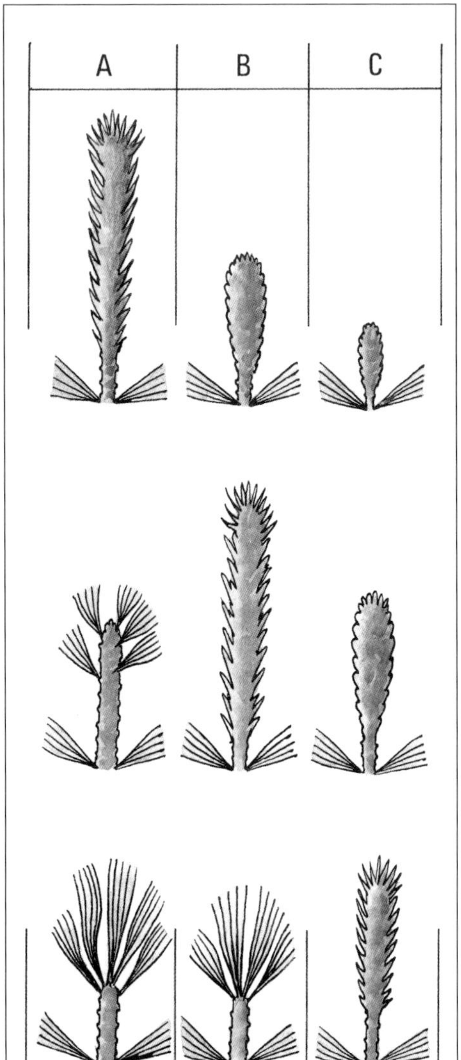

Einkürzen der Kerzen

Die Kerzen des äußeren Kronenbereiches (A) treiben als erste und am stärksten aus. Sie werden um zwei Drittel eingekürzt. Einige Zeit danach sind die Kerzen des mittleren Bereiches (B) herangewachsen und werden um ein Drittel eingekürzt. Die Kerzen des inneren Bereiches (C) lässt man in der Regel ungehindert wachsen (jeweils von oben nach unten).

GEMEINE KIEFER
Pinus sylvestris

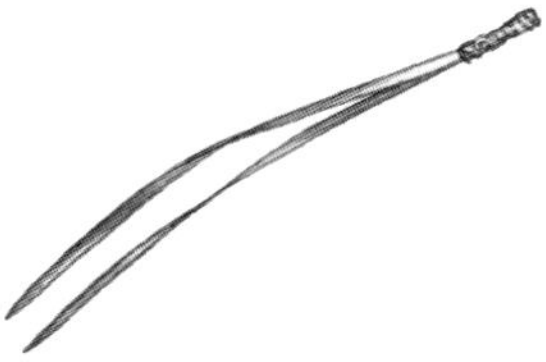

Freiland-Bonsai

Die Gemeine Kiefer oder Föhre kommt in verschiedenen Unterarten in ganz Europa und Nord-Asien vor. Sie ist die Kiefer unserer Wälder und wird häufig forstlich angebaut.
Die Föhre wird 20 bis 40 m hoch und hat meist einen geraden, schlanken Stamm. An extremen Standorten kann sie aber auch einen knorrigen und gedrehten Stamm ausbilden. Je nach Standort ist die Krone länglich oder schirmförmig. Die Borke ist an jungen Bäumen fuchsrot und abblätternd, an alten Bäumen wird sie dann rissig und rostrot.
Die jungen Triebe sind zunächst grünlich, werden im zweiten Jahr aber graubraun. Die Nadeln kommen immer zu zweit aus einer Blattscheide, sind 4 bis 7 cm lang und bis zu 2 mm breit. Sie sind spitz, blau- oder graugrün, steif und häufig auch leicht gedreht.
Nicht nur die Baumart selbst, sondern auch einige zwergwüchsige Zuchtformen sind für den Bonsai-Freund von Interesse:

— 'Beuvronensis' wächst sehr langsam und ist dicht verzweigt. Die blaugrünen Nadeln sind nur 1,5 cm lang.
— 'Hibernia' hat auffallend rote Winterknospen. Sie wächst sehr langsam, hat blaue, kurze Nadeln und setzt schon als junge Pflanze Zapfen an.
— 'Watered' zeigt pro Jahr nur einen Zuwachs von 5 cm. Der Wuchs ist breit kegelförmig. Die Nadeln sind 2,5 bis 4 cm lang, blaugrau, schmal, steif und gedreht. Die drei Sorten lassen sich wegen der kurzen Nadeln gut mit sehr dichten Nadelpolstern, wie die Mädchen-Kiefer, gestalten.

STANDORT
In der Wachstumszeit wird ein heller, sonniger Standort bevorzugt. Im Winter sind die Wurzeln vor Durchfrieren und die Nadeln vor trockenen, eisigen Winden zu schützen.

GIESSEN
Im Sommer sollte man die Erde gleichmäßig feucht halten, aber Staunässe vermeiden. Im Winter und im Frühjahr ist die Erde mäßig feucht zu halten, sie darf nicht trocken werden.

DÜNGEN
Mit Düngergaben wird erst nach dem Austrieb im späten Frühjahr begonnen, da sonst die Nadeln zu lang werden. Bis Ende August sollte man alle vier Wochen einen ausgewogenen Flüssig- oder Kugeldünger verabreichen.

UMTOPFEN
Alle zwei bis drei Jahre wird die Gemeine Kiefer im zeitigen Frühjahr oder Mitte August in eine Grunderdmischung mit erhöhtem Sandanteil umgetopft. Eine gute Drainageschicht als unterste Erdschicht ist wichtig. Aus der Pflanzerde sollten die feinen Staubanteile ausgesiebt werden, um ein Versumpfen am Schalenboden zu vermeiden. Da die Gemeine Kiefer häufig mit dem Fliegenpilz in Symbiose lebt, sollten der Pflanzerde einige Handvoll alter, mit Symbiosepilzen durchzogener Erde zugefügt werden, um sie zu impfen.
Nach dem Umtopfen im August ist der Bonsai halbschattig aufzustellen, da die Wasseraufnahme vermindert ist.

Bei der Sorte 'Hibernia' erhält man dichte Nadelpolster.

FORMGEBUNG

Bei noch jungen Gemeinen Kiefern aus der Baumschule sind die Äste häufig in Quirlen angeordnet. Bis auf einen oder zwei Äste pro Etage sollten alle anderen entfernt werden. Die häufig noch relativ steil aufwärts wachsenden Äste werden leicht abwärts geneigt gedrahtet.

Die Gemeine Kiefer hat eigentlich für Bonsai recht lange Nadeln. Die Nadeln können aber verkürzt werden. Dazu entfernt man etwa Ende Juli alle lang ausgewachsenen Triebe mit der Schere. Von dem Austrieb lässt man dabei ca. 1 cm stehen. An dem verbliebenen Triebstück bilden sich kleine Knospen, die im nächsten Jahr weniger lang und vor allem mit kürzeren Nadeln austreiben. Hieraus länger auswachsende Triebe können ähnlich wie bei der Mädchen-Kiefer mit den Fingern auf bis zu ein Drittel zurückgenommen werden. Im dritten Jahr verfährt man dann wieder wie im ersten Jahr. Alle kürzeren Triebe lässt man unangetastet.

Zusätzlich können Ende August oder Anfang September ältere Nadeln abgezupft werden. Der stärkere Lichteinfall führt zum Austreiben von schlafenden Augen, wodurch der Baum dichter verzweigt wird. Nicht entfernte Nadeln bleiben etwa drei Jahre am Baum, bevor sie im Herbst braun werden und abfallen.

Gedrahtet werden kann die Gemeine Kiefer im zeitigen Frühjahr. Junge Triebe können gedrahtet werden, sobald sie auszuhärten beginnen. Dabei ist darauf zu achten, dass keine Nadeln mit eingedrahtet werden. Eingedrahtete Nadeln sterben ab und werden braun, was unschön aussieht. Nach etwa einem Jahr wird der Draht entfernt.

JAPANISCHE SCHWARZ-KIEFER
Pinus thunbergiana

Freiland-Bonsai

Die Japanische Schwarz-Kiefer (jap.: Kuro matsu) wird in Japan recht häufig zum Bonsai gestaltet und auch nach Europa importiert. In unseren Baumschulen ist sie hingegen selten zu finden.
Wie die Gemeine Kiefer gehört sie zu den zweinadeligen Kiefern, das heißt, auch bei ihr kommen immer zwei Nadeln aus einer gemeinsamen Blattscheide hervor. Die dunkelgrünen, steif abstehenden Nadeln sind zwar mit 6 bis 12 cm recht lang, dennoch lassen sich aus diesem Baum sehr imposante Bonsai gestalten. Vor allem der schnell dick werdende Stamm mit der rissigen schwarzgrauen Borke macht ihn für Bonsai sehr interessant. Die Risse bilden in der Borke unregelmäßige Felder.
Eine sehr eindrucksvolle Borke bildet *Pinus thunbergiana* var. *corticosa* aus. Bei ihr haben Stamm und Äste eine besonders tiefrissige, dicke Borke. In ihrem Aufbau erinnert die Borke an die der Kork-Eiche.
Wie viele andere Bäume leben auch die Schwarz-Kiefern mit einem Wurzelpilz in Symbiose. Der Symbiosepilz verbessert die Wasser- und Nährsalzaufnahme durch die Wurzeln entscheidend. Ohne den Symbiosepilz stirbt der Baum vorzeitig ab.

Eindrucks- und würdevoll zeigt sich die alte Schwarz-Kiefer, deren Astanordnung einen Dreifachstamm bildet. Die Entscheidung, ob Dreifachstamm oder Einzelstamm in frei aufrechter Form fällt hier schwer.

STANDORT

Schwarz-Kiefern lieben einen hellen, vollsonnigen Standort. Im Winter sollten der Wurzelballen gegen Durchfrieren und das Laub vor eisigen, trockenen Winden geschützt werden.

GIESSEN

Im Winter und Frühjahr sparsam gießen, die Erde aber nicht austrocknen lassen. Im Sommer gleichmäßig feucht halten, aber Staunässe vermeiden. Staunässe schädigt den Symbiosepilz und damit auch den Baum.

DÜNGEN

Mit dem Düngen wird erst begonnen, wenn der Neuaustrieb Ende Mai fast abgeschlossen ist. Danach verabreicht man bis Ende August alle vier Wochen einen Flüssig- oder Kugeldünger.

UMTOPFEN

Alle drei bis fünf Jahre topft man im zeitigen Frühjahr oder Ende August mit einem Wurzelschnitt in eine Grunderdmischung mit erhöhtem Sandanteil um. Feine Staubteile sollten gut ausgesiebt werden, da durch sie die Drainageschicht versumpfen kann. Auf jeden Fall sollte die unterste Erdschicht aus gröberem Material bestehen, das eine gute Drainagewirkung hat. Die Pflanzerde wird mit einigen Handvoll alter Erde mit Symbiosepilzen geimpft. Schon nach kurzer Zeit hat sich der Pilz im ganzen Erdreich verbreitet.
Alte Schwarz-Kiefern erhalten nur noch einen geringen Wurzelschnitt, da sie ein deutlich geringeres Wurzelwachstum haben.

FORMGEBUNG

Die Äste sollten leicht abwärts geneigt gedrahtet werden, wobei die Triebspitzen nach oben zu richten sind.
Muss die Form bei einer Japanischen Kork-Schwarz-Kiefer, *Pinus thunbergiana* var. *corticosa*, korrigiert werden, arbeitet man vorsichtshalber mit Spanndrähten. Auf diese Weise wird die schöne Borke am besten geschont.
Die richtige Zeit für das Eindrahten ist kurz vor dem Austrieb im Frühjahr. Zu diesem Zeitpunkt können auch dickere Äste zurückgeschnitten werden.
Ein Problem sind die langen Nadeln der Japanischen Schwarz-Kiefer. Schnell wirkt sie als Bonsai unförmig. Man kann natürlich zu lange Nadeln mit der Schere einkürzen, aber die braunen Nadelspitzen sind doch sehr störend. Besser ist die sogenannte Zweijahres-Methode (siehe S. 261): Bis etwa Ende Mai lässt man die neuen Triebe durchwachsen. Deutlich sind die sehr langen Nadeln zu sehen. Nun werden alle neuen Triebe, die länger als 3 cm sind, mit einer Schere abgeschnitten. Gleichzeitig zupft man die älteren Nadeln bis auf wenige Zweierpaare in der Nähe der neuen Triebspitze ab. Man kann die Nadeln auch bis kurz vor der Blattscheide abschneiden. Die Reste werden bald braun und fallen ab.
Rund um die Schnittstelle bilden sich mehrere kleine Knospen, aus denen im nächsten Jahr kleinere Kerzen mit kürzeren Nadeln wachsen. In Japan erfolgt dieser Zweitaustrieb noch im selben Jahr, was bei uns aus klimatischen Gründen meist nicht geschieht.
Werden die neuen Triebe zu lang, können sie um bis zu drei Viertel ihrer Gesamtlänge eingekürzt werden. Das Einkürzen geschieht, bevor sich die Nadeln aus ihren Blattscheiden zu strecken beginnen.
Im darauffolgenden Jahr kommen aus den Knospen wieder sehr kräftige Triebe mit langen Nadeln hervor. Jetzt verfährt man wie im ersten Jahr.

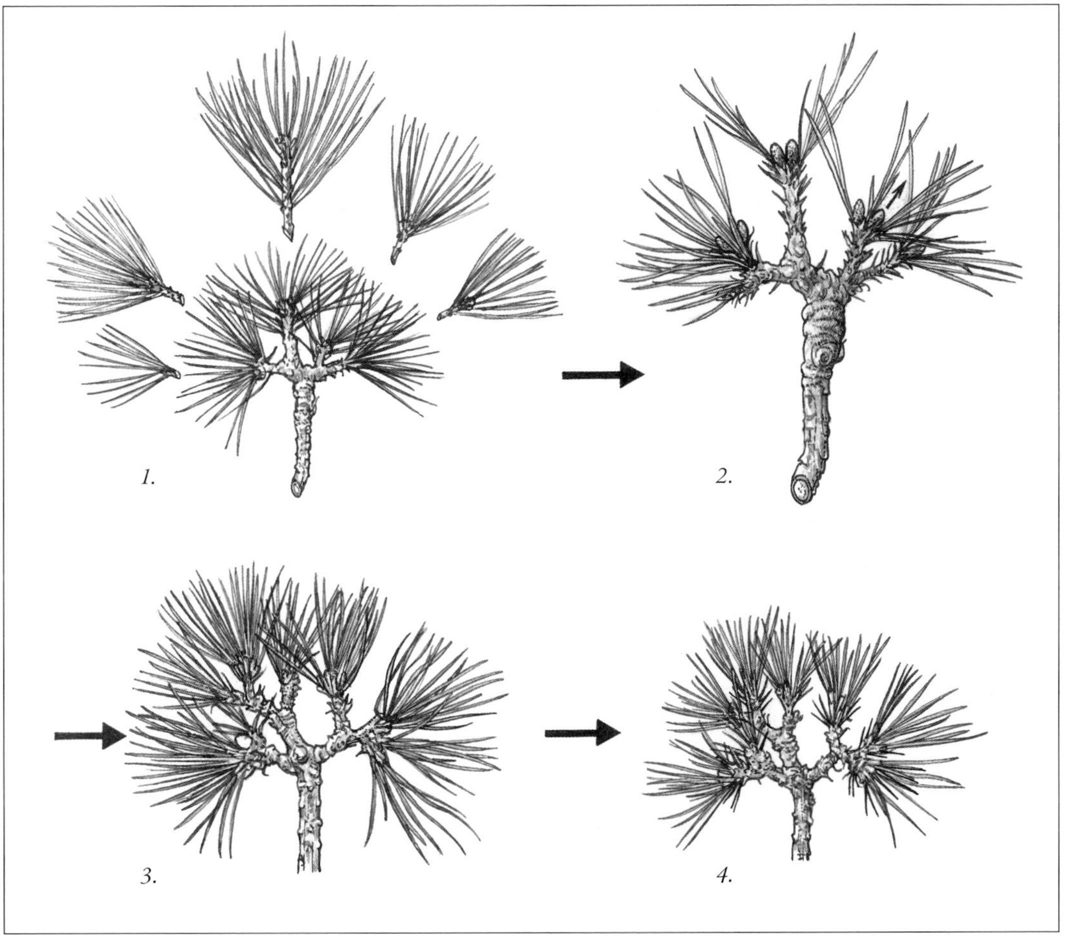

Formerhaltung bei Schwarz-Kiefern

1. *Ende Mai werden die neuen, sich gerade streckenden Triebe ganz abgeschnitten.*
2. *Bis auf wenige Zweierpaare werden die alten, vorjährigen Nadeln abgezupft.*
3. *Um die Schnittstelle herum haben sich mehrere kleine Knospen gebildet, die entweder im selben Jahr oder im nächsten Frühjahr mit kürzeren Nadeln austreiben. In Europa erfolgt der Zweitaustrieb meist im Folgejahr.*
4. *Die restlichen alten Nadeln werden nach dem Zweitaustrieb ebenfalls abgezupft.*

JAPANISCHE APRIKOSE, ZIER-KIRSCHEN
Prunus

Freiland-Bonsai

Die Gattung *Prunus* umfasst etwa 430 Arten wie Pflaumen, Kirschen, Pfirsiche, Mandeln und unzählige Zuchtformen. Im Prinzip sind fast alle *Prunus*-Arten für die Bonsai-Gestaltung geeignet. Ich will nur die wichtigsten Arten für die Bonsai-Gestaltung vorstellen. Für andere Arten gelten meist auch die hier beschriebenen Pflegehinweise.

- Die **Japanische Aprikose** (*Prunus mume*, jap.: Ume) ist ein breitkroniger Baum von bis zu 10 m Höhe mit rötlichbrauner glänzender Rinde und grünen dünnen Zweigen. Die frischgrünen Blätter werden 4 bis 10 cm lang, sind eiförmig und scharf gesägt. Auf der Unterseite bleiben sie zumindest längs der Blattnerven fein behaart. Vor den Blättern erscheinen im April weiße bis dunkelrosa Blüten. Meist sitzen die Blüten zu zweit beisammen und duften vor allem abends stark. Die reifen Früchte sind bis zu 3 cm dick, gelb bis bräunlich rot und nicht essbar.
- Die **Berg-Kirsche** *(Prunus sargentii)* ist ein bis zu 20 m hoher Baum mit geradem Wuchs und breiter Krone. Die Rinde ist rötlichbraun und glatt. Ebenfalls rötlich sind die jungen Triebe im Austrieb. Die 6 bis 12 cm langen Blätter sind elliptisch mit langer Spitze und grob gesägt. Aus jeder Blütenknospe kommen kurz vor den Blättern zwei bis vier rosa Blüten. Aus ihnen entwickeln sich 1 cm lange, eiförmige, glänzend dunkelrote Früchte, die nicht essbar sind.
- Berühmt durch das alljährliche Kirschblütenfest ist die **Japanische Blüten-Kirsche** *(Prunus serrulata)*, von der es viele Zuchtformen gibt. Am häufigsten wird die Berg-Blütenkirsche (*Prunus serrulata* var. *spontanea*) in der Bonsai-Gestaltung verwendet. Sie wird 12 bis 14 m hoch und hat häufig stark abstehende Äste.

Der gewünschte reiche Blütenansatz zwingt in der Bonsai-Gestaltung teilweise zu Kompromissen.

Stamm und Äste haben eine schöne bräunliche Rindenfärbung. Junge Triebe haben im Austrieb eine dunkelkupferrote Färbung, die später grünlich wird. Die bis zu 8 cm langen Blätter sind eiförmig mit langer Spitze und doppelt gesägt. Gemeinsam mit den Blättern erscheinen die weißen oder rosa Blüten, die meist zu dritt beisammenstehen. Aus ihnen entwickeln sich 7 mm dicke, fast kugelige, dunkelrote Früchte.

STANDORT

Vom Frühjahr bis zum Herbst sind die Bonsai vollsonnig aufzustellen. Im Winter ist der Wurzelballen gegen Durchfrieren zu schützen.

GIESSEN

Vor allem während der Blütezeit gut feucht halten. Nicht überbrausen, da sonst die Blüten geschädigt werden. Staunässe vermeiden! In der übrigen Zeit gleichmäßig feucht halten.

DÜNGEN

Mit Düngergaben ist erst nach der Blüte zu beginnen, da Düngung zu frühzeitigem Blütenabwurf führt. Danach werden die Bäume bis Ende August alle zwei Wochen mit einem ausgewogenen Flüssigdünger versorgt. Als Abschlussdüngung im September verwendet man einen kaliphosphorbetonten Dünger.

UMTOPFEN

Alle zwei Jahre topft man nach der Blüte mit nur mäßigem Wurzelschnitt in eine Grunderdmischung um.

FORMGEBUNG

Nach der Blüte wird der Bonsai in die beabsichtigte Form geschnitten. Nur wenige Fruchtansätze bleiben erhalten. Zu viele Früchte schwächen den Baum unnötig. Man schneidet bei einem ausgereiften Bonsai

Bei der Japanischen Aprikose (Prunus mume) erfolgt ein starker Rückschnitt nach dem Blütenabwurf.

auf ein bis drei Triebknospen zurück. Soll der Baum sich noch entwickeln, lässt man entsprechend mehr Triebansätze stehen. Sobald die neuen Triebe einen Wachstumsstillstand zeigen, werden am Triebansatz die ersten drei Blätter abgezupft. Hier sollen sich nun neue Blütenknospen für das nächste Jahr bilden. Nach der Blütenknospenbildung schneidet man den Trieb bis auf drei Blätter zurück.

Alle Triebe, die auf einem Ast streng nach oben oder unten wachsen, werden frühzeitig ganz entfernt oder, sobald sie auszuhärten beginnen, mit papierumwickeltem Draht in die Astetage gebogen. Im Spätherbst, nach dem Laubabwurf, wird der Draht wieder entfernt.

Im zeitigen Frühjahr können dickere Äste entfernt oder die Form störende Äste eingekürzt werden. Dabei achtet man darauf, dass die rundlichen Blütenknospen nicht entfernt werden.

GRANATAPFEL
Punica granatum

Kalthauspflanze

Der Apfel, den Paris in einer griechischen Sage einer der drei Grazien übergeben haben soll, war ein Granatapfel. Tatsächlich ist die Frucht aber kein Apfel, sondern eine Scheinbeere mit vielen von Fruchtfleisch umgebenen Samen.

Der Granatapfel (jap.: Zakuro) ist ein 2 m hoher, stark verästelter Strauch mit teilweise dornenbesetzten Trieben und graubrauner Rinde. An Langtrieben stehen die Blätter entweder gegen- oder auch wechselständig. An Kurztrieben bilden sie häufig kleine Blattbüschel. Die Blätter sind 3 bis 8 cm lang, länglich elliptisch und hellgrün.

Die trichterförmigen, korallenroten Blüten entwickeln sich an den Triebspitzen und erscheinen in Gruppen aus bis zu fünf Einzelblüten von Juni bis September.

Für die Bonsai-Gestaltung besser geeignet als die Art ist die Sorte 'Nana', eine Zwergform mit kürzeren Blättern und kleineren Blüten. Auch ihre Früchte bleiben deutlich kleiner und passen daher besser zu der Form eines Bonsai.

STANDORT

Vom Frühjahr bis zum Herbst ist ein heller, vollsonniger Fensterplatz geeignet oder noch besser eine Platzierung im Freien. Nach dem Laubabwurf im Spätherbst wird eine frostfreie Überwinterung notwendig. Als optimaler Standort während der Win-

Der Granatapfel (Punica granatum) eignet sich auch sehr gut für Mame-Bonsai.

termonate bietet sich ein helles, kühles Zimmer an mit Temperaturen von etwa 10 °C.

GIESSEN

Das ganze Jahr über gleichmäßig, aber nur mäßig feucht halten. Während der Blüte und eventuellen Fruchtbildung kann etwas mehr gegossen werden. Der Boden sollte niemals sehr nass sein, da sonst die Gefahr von Staunässe besteht.

DÜNGEN

Vom Laubaufbruch bis zum Herbst ist der Granatapfel alle zwei Wochen mit einem ausgewogenen Flüssigdünger zu versorgen. Im Winter wird im laublosen Zustand nicht gedüngt.

UMTOPFEN

Alle zwei bis drei Jahre sollte der Bonsai im zeitigen Frühjahr mit einem Wurzelschnitt umgetopft werden, entweder in eine Grunderdmischung oder in spezielle Granatapfelerde (siehe S. 131).

FORMGEBUNG

Mithilfe von Draht formt man den Baum in frei aufrechter oder streng aufrechter Form. Die Äste werden leicht abwärts geneigt gedrahtet. Die Verzweigung sollte jeweils flache Astetagen bilden. Die beste Zeit für das Drahten ist das Frühjahr, sobald die Knospen beginnen auszutreiben. Vorher sind die Triebe noch sehr unflexibel und daher brüchig. Junge Triebe können während der gesamten Wachstumszeit gedrahtet werden, sobald sie auszuhärten beginnen. Nach spätestens einem Jahr wird der Draht wieder entfernt.

Langtriebe lässt man bis Mitte Juni regelmäßig bis auf sechs oder acht Blattpaare wachsen und schneidet dann auf zwei bis drei Blattpaare zurück. Kurztriebe lässt man unbeschnitten, wenn sie die Form nicht stören. Vor allem Triebe, die senkrecht nach oben wachsen, hält man durch rechtzeitigen

Der Stamm von älteren Granatäpfeln wächst häufig in sich verdreht, wodurch der Stamm interessanter geformt ist.

Rückschnitt kurz. Haben sich erst einmal dichte Astetagen gebildet, kann man den Granatapfel durch reinen Rückschnitt in Form halten.

Die attraktiven Blüten erscheinen immer an den Triebspitzen, weshalb man ab Mitte Juni wachsende Triebe besser unbeschnitten lässt. Erst nach der Blüte wird die gewünschte Form wieder durch einen kräftigen Rückschnitt herausgearbeitet.

EICHEN
Quercus

Freiland-Bonsai

Die Eichen sind mit 450 Arten auf der gesamten nördlichen Erdhalbkugel verbreitet. Sie sind eng verwandt mit den Buchen und bilden häufig gemeinsam mit ihnen Mischwälder.

Für den Bonsai-Freund sind eigentlich nur die Vertreter der sogenannten Borken-Eichen von Interesse. Wie ihr Name schon sagt, haben sie eine tiefrissige Borke und stellen alle eine imposante Baumgestalt dar.

- Die **Trauben-Eiche** *(Quercus petraea)* ist ein bis zu 45 m hoher Baum mit meist bis zum Wipfel gerade durchgehendem Stamm. Die Rinde ist längsrissig, gerippt und dunkelgraubraun. Ihre jungen Triebe sind glänzend olivgrün bis braun. Die Blätter haben zu beiden Seiten fünf bis sieben Buchten, werden 8 bis 12 cm lang und haben einen ein bis 1,6 cm langen Blattstiel. Die Eicheln sitzen zu mehreren an ganz kurzen Stielen.
- Die **Stiel-Eiche** *(Quercus robur)* ist ein mächtiger, starkästiger Baum mit unregelmäßiger Gestalt. Der Stamm geht meist nicht gerade bis zum Wipfel durch, sondern verzweigt sich bereits recht weit unten, wodurch er breitkronig wird. Die Borke ist dick, längsrissig gefeldert, tiefgefurcht und dunkelgrau. Junge Zweige sind graugrün bis graubraun und riefig gefurcht. Die Blätter haben zu beiden Seiten fünf bis sechs rundliche Buchten, werden 5 bis 14 cm lang und etwa halb so breit. Sie sitzen auf einem nur wenige Millimeter langen Blattstiel. Ihren deutschen Namen hat die Stiel-Eiche aufgrund ihrer langgestielten Eicheln bekommen.

Stiel-Eiche als Mehrfachstamm: Die einzelnen Stämme entwickeln sich aus einem gemeinsamen Wurzelbereich.

STANDORT

Eichen sind sehr lichtbedürftig. Nur an einem hellen, vollsonnigen Standort können sie sich gut entwickeln und ihre typische dichte Verzweigung aufbauen. Im Schatten neigen sie dazu, die Äste verkahlen zu lassen. Im Winter sollten der Wurzelballen gegen Durchfrieren und die oberirdischen Teile gegen strenge Fröste (ab –5 °C) geschützt werden.

GIESSEN

Eichen lieben zwar einen gut feuchten Boden, sind aber sehr empfindlich gegen Staunässe. Um beiden Forderungen gerecht zu werden, sollte auf eine gute Drainagewirkung der Erde geachtet werden. Überschüssiges Wasser muss ungehindert abfließen können.

DÜNGEN

Vom Frühjahr, nach dem Laubaufbruch, bis Ende August gibt man alle vier Wochen einen Flüssigdünger mit vermindertem Stickstoffanteil. Bei hohem Stickstoffanteil werden die Blätter sehr groß.

UMTOPFEN

Alle drei bis fünf Jahre im Frühjahr erfolgt das Umtopfen mit einem Wurzelschnitt. Als Erde empfiehlt sich eine Grunderdmischung mit gröberem Sandanteil. Feine Sandanteile müssen gut ausgesiebt werden. Wichtig ist eine gute untere Drainageschicht.

FORMGEBUNG

Um dem imposanten Charakter dieser Bäume gerecht zu werden, sollten Eichen als größere Bonsai mit ausladender Krone gestaltet werden.

Bei der ersten Gestaltung kommt man meist nicht umhin, die Äste und Zweige mithilfe von Draht in die für Eichen typische hin- und herwindende Form zu bringen. Die Äste sind im unteren Stammbereich leicht nach unten bis waagerecht angeordnet. Je weiter man in den Wipfelbereich kommt, umso stärker weisen die Äste fächerartig nach oben.

Während sich die Trauben-Eiche mehr für die streng aufrechte Form eignet, wird die Stiel-Eiche eher in frei aufrechter Form gestaltet. Beide Eichen-Arten eignen aber auch hervorragend für die Besenform. In dieser Gestalt gewachsene Eichen findet man häufig freistehend.

Bei einem bereits gut gestalteten Eichen-Bonsai lässt man die neuen Triebe auf sechs bis acht Blätter wachsen und schneidet sie dann auf zwei bis drei Blätter zurück. Sind die ersten Blätter sehr groß, kann man etwa vier Wochen nach dem Austrieb einen Blattschnitt vornehmen. Die nachfolgenden Blätter sind meist kleiner als die erste Garnitur.

Mit etwas Glück findet man in der Natur eine klein gewachsene Eiche, die sich, wie hier, zu einem imposanten Bonsai gestalten lässt.

Häufig werden Eichen von Gallwespen befallen, die ihre Eier in die Blattunterseiten legen. Die Larven regen den Baum zur Bildung kleiner rundlicher Gebilde an, in denen sie leben. Befallene Blätter sollten entfernt werden, um Neuinfektionen anderer Blätter zu verhindern.

AZALEEN
Rhododendron

Freiland-Bonsai

Azaleen gehören zur Gattung *Rhododendron*. Unter ihnen gibt es sowohl immergrüne als auch laubabwerfende Arten. Die Blüten erscheinen immer an den Spitzen der vorjährigen Triebe.

Obwohl alle Azaleen eher als Sträucher anzusehen sind, kann man durch geeignete Schnittmaßnahmen eine Baumform mit einem schönen Einzelstamm oder Mehrfachstamm herausarbeiten. In Japan gestalten viele Bonsai-Freunde ausschließlich aus Azaleen-Bonsai in allen Grundstilarten.

Die Borke aller Azaleenarten ist rotbraun bis graubraun und glatt. Dennoch wirken die Stämme nicht langweilig, da die Stammsilhouette längs der Hauptleitungsbahnen im Alter knotig vortritt.

Satsuki-Azalee in frei aufrechter Form

Geeignete Arten für die Bonsai-Gestaltung sind:

- Die **Satsuki-Azaleen** (*Rhododendron indicum*, jap.: Satsuki) werden in Japan sehr häufig zu Bonsai gestaltet. Man kann sagen, dass die vielen Zuchtformen der Satsuki-Azalee geradezu zum Inbegriff für Azaleen-Bonsai geworden sind. Die Blätter sind 2,5 bis 3 cm lang, oval mit einer Spitze und beiderseits borstig behaart. Die breit trichterförmigen Blüten stehen allein oder zu zweit zusammen und erscheinen in den Monaten Mai bis Juni. Die Blütenfarben reichen je nach Zuchtform von Scharlachrot über Hochrot bis hin zu Rosa. Es gibt sogar Zuchtformen mit zweifarbigen Blüten.
- Gut geeignet ist auch die **Berg-Azalee** (*Rhododendron kaempferi*, jap.: Yama tsutsuji). Sie ist je nach Klima sommergrün oder immergrün. Entsprechend wirft sie in kälteren Gegenden im Herbst ihr Laub ab. In wärmeren Gegenden bleiben die Blätter mehr oder weniger den Winter über erhalten. Die jungen Triebe sind zunächst rosafarbig behaart, später kahl und grau.

— Die immergrüne **Stumpfblatt-Azalee** (*Rhododendron obtusum*, jap.: Kurume tsutsuji) erfreut sich in Japan ebenfalls großer Beliebtheit. Die jungen Triebe liegen zunächst dicht an und sind behaart. Die Frühjahrsblätter sind bis zu 4 cm lang, eiförmig und werden im Herbst abgeworfen. Die Sommerblätter sind deutlich kleiner und schmaler, sie verbleiben den Winter über an der Azalee. Die Blütezeit ist im Mai. Die einzeln oder in Gruppen zu dritt stehenden Blüten sind tiefrot oder karminrot.

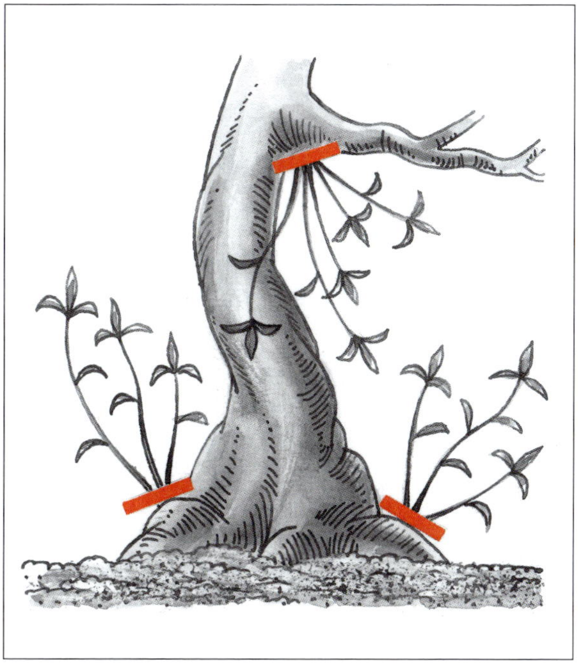

Häufig bilden sich am Wurzelhals oder an Astansätzen unerwünschte Triebe. Diese Triebe werden schnellstmöglich direkt am Ansatz ganz entfernt.

STANDORT
Im Sommer vollsonnig bis halbschattig. Im Winter vor Frost unter –5 °C schützen.

GIESSEN
Nach dem ausgiebigen Wässern warten, bis die Erde leicht antrocknet, dann wieder gut wässern. Vor allem in der Blütezeit sollte die Erde nie ganz trocken werden.

DÜNGEN
Nach der Blüte bis Ende August mit einem Azaleendünger alle drei bis fünf Wochen.

UMTOPFEN
Alle zwei bis drei Jahre nach der Blüte mit einem Wurzelschnitt – in Azaleenerde (siehe S. 131) – umtopfen.

FORMGEBUNG
Nach der Blüte werden alle verwelkten Blütenstände und entstandenen Fruchtansätze mit den Fingern abgezupft. Jetzt ist auch die richtige Zeit für einen Formschnitt. Alle überlangen Triebe werden wieder in Form gebracht, die Astetagen durch Ausdünnen und Drahten neu ausgeformt und die Nebentriebe auf der Oberseite der Äste stark beschnitten. Auch Triebe, die nach dem Beschneiden keine Blätter mehr tragen, treiben aus schlafenden Augen neu aus. Am Grund des ehemaligen Blütenstands treiben zwei bis fünf neue Triebe aus. Bis auf die zwei Triebe, die in der Ebene der Etage liegen, werden alle anderen entfernt. Das gilt vor allem für die Triebe, die steil nach oben oder unten wachsen.
Die verbleibenden Triebe lässt man auf sechs bis acht Blätter wachsen und kürzt dann auf zwei bis drei Blätter ein. Die Triebe sollten zu diesem Zeitpunkt noch so weich sein, dass sie mit den Fingerspitzen gezupft werden können.
Die Drahtung der Triebe sollte vorgenommen werden, sobald die neuen Triebe auszuhärten beginnen. Bei dickeren Ästen ist beim Drahten Vorsicht geboten, da sie leicht an ihrer Ansatzstelle abknicken. Bei größeren Formkorrekturen ist es ratsam, die Gesamtbiegung des Astes über mehrere Jahre zu verteilen. In jedem Jahr wird der Ast ein klein wenig stärker gebogen, bis er schließlich seine endgültige Form erreicht hat.

SAGERETIE
Sageretia theezans

Zimmer-Bonsai

In ihrer Heimat wächst die Sageretie als 2 bis 3 m hoher, reich verzweigter Strauch. Die zunächst braune oder graue, glatte Borke löst sich nach einigen Jahren in unregelmäßigen Platten ab, was dem Stamm eine lebhafte Färbung gibt. Die kleinen Blätter sind auf beiden Seiten glänzend hellgrün, recht dünn elliptisch bis oval und leicht gezähnt. Die Blätter verbleiben das ganze Jahr über am Baum. Die weißen Blüten erscheinen von August bis November an den Spitzen diesjähriger Triebe in Form einer Rispe.

STANDORT
Das ganze Jahr über ist ein heller Fensterplatz zu wählen, der vor der prallen Mittagssonne geschützt ist. Im Sommer ist ein halbschattiger Standort im Freien geeignet. Im Herbst, wenn die Außentemperaturen in der Nacht unter 15 °C liegen, erhält sie wieder ihren Zimmerplatz. Während des Winters sind Temperaturen zwischen 18 und 24 °C einzuhalten.

GIESSEN
Das ganze Jahr über gleichmäßig gut feucht halten und zur Erhöhung der Luftfeuchtigkeit regelmäßig übersprühen. Bei Staunässe wirft die Sageretie schnell ihr Laub ab.

DÜNGEN
Man beginnt mit einem zweiwöchigen Düngerhythmus im Frühjahr. Von September bis zum Frühjahr bekommt die Sageretie nur alle vier Wochen Flüssigdünger.

UMTOPFEN
Alle zwei Jahre im zeitigen Frühjahr mit normalem Wurzelschnitt – in eine Grunderdmischung – umtopfen.

FORMGEBUNG
Im Frühjahr wird ein Formschnitt durchgeführt. Die Äste sollten horizontal bis leicht abwärts geneigt geformt werden. Der obere Kronenbereich wird halbrund beschnitten. Den Neuaustrieb lässt man auf sechs bis acht Blattpaare wachsen und schneidet dann auf zwei bis drei Blattpaare zurück. Sind Blüten erwünscht, muss man Mitte Juli mit dem Schneiden aufhören. An den Spitzen der nun wachsenden neuen Triebe erscheinen dann im August/September die Blüten. Nach der Blüte werden die Triebe wieder stark zurückgeschnitten.
Diesjährige Triebe können bei Bedarf im Frühjahr gedrahtet werden, sobald sie auszuhärten beginnen. Nach etwa einem halben Jahr wird der Draht entfernt.

Diese Sageretie in frei aufrechter Form besitzt einen eindrucksvollen Stammfuß und einen knorrigen Stamm mit einer Rindenfärbung in verschiedenen Schattierungen.

Chinesische Ulme (Ulmus parvifolia) in streng aufrechter Form in einer für chinesische Importpflanzen typischen Schale mit grüner Glasur

CHINESISCHE ULME
Ulmus

Kalthauspflanze

In China, Korea und Japan wird die Chinesische Ulme (jap.: Aki nire) ein bis zu 15 m hoher Baum mit breiter Kugelkrone und ist unempfindlich gegen die Ulmenkrankheit. Die Borke ist auch bei alten Bäumen grau und glatt. Sie löst sich aber in großen, runden Platten ab und lässt die braune Innenseite sichtbar werden. Die 2 bis 3 cm langen Blätter sind elliptisch bis eiförmig, ziemlich derb ledrig und glänzend grün. Sie bleiben, je nach Überwinterungstemperatur, bis tief in den Winter grün an den Trieben. Die Zuchtformen 'Frosty' und 'Chessins' haben weißbunte, nur 1 cm lange Blätter.
Die Chinesische Kork-Ulme (*Ulmus parvifolia* var. *suberosa*, jap.: Nire keyaki) ist eine natürlich vorkommende Mutation der Art. Sie hat eine starke, tiefrissige Borke, die häufig schon an jungen Trieben zu erkennen ist.

STANDORT
Im Sommer sollte die Chinesische Ulme entweder an einem hellen Fenster im Zimmer oder vollsonnig im Freien stehen, im Winter entweder in einem kühlen Zimmer bei 6 bis 10 °C oder bei 18 bis 20 °C. Bei warmer Überwinterung verliert der Baum sein Laub häufig nicht.

GIESSEN
Im Sommer gut wässern, dabei die Erde leicht antrocknen lassen und erst dann erneut wässern. Im Winter bei kühler Überwinterung mäßig feucht halten; bei warmer Überwinterung wie im Sommer wässern.

DÜNGEN
In der Wachstumszeit alle vier Wochen mit Flüssigdünger. Im Winter nicht düngen.

UMTOPFEN
Alle zwei bis drei Jahre im Frühjahr mit normalem Wurzelschnitt in eine Grunderdmischung umtopfen.

FORMGEBUNG
Im zeitigen Frühjahr wird ein Formschnitt durchgeführt. Alle überlangen oder trockenen Zweige werden eingekürzt oder entfernt. Jetzt können auch dickere Äste bei Bedarf entfernt oder gedrahtet werden.
Junge Triebe lässt man jeweils auf sechs bis acht Blätter heranwachsen und schneidet dann auf zwei bis drei Blätter zurück. Zur besseren Verzweigung kann gleichzeitig ein Teilblattschnitt durchgeführt werden (siehe S. 277). Gestaltet man die Chinesische Ulme in Besenform, werden die Triebe im Spätherbst bei kühler Überwinterung wie bei den Zelkoven zusammengebunden (siehe S. 30). Wird sie in frei aufrechter oder streng aufrechter Form gestaltet, werden die Triebe, sobald sie verholzen, gedrahtet und in die Astetagen eingefügt.

WISTARIE
Wisteria floribunda

Freiland-Bonsai

Die Wistarie (jap.: Fuji) wird auch unter den Namen Blauregen und Glyzine geführt. Sie wächst von Natur aus als Kletterpflanze, der man durch entsprechenden Schnitt dennoch den Charakter eines Baumes geben kann.
Der Stamm hat eine graubraune Borke, die im Alter feinstrukturiert rissig wird.
Jedes Blatt besteht aus 13 bis 19 ganzrandigen Einzelblättchen. Man nennt solche Blätter unpaarig gefiedert. Die Teilblättchen sind 4 bis 8 cm lang, im Austrieb kurz behaart, beiderseits hellgrün und dünnhäutig.
Die Blüten sind violett und bilden 20 bis 50 cm lange, hängende Trauben. Diese erblühen nach und nach von der Basis zur Spitze hin. Die Blütezeit ist in den Monaten Mai und Juni, dann verströmen die Blüten einen starken, süßlichen Duft.

STANDORT
Im Sommer sollte die Wistarie an einem vollsonnigen Standort stehen. Im Winter ist der Wurzelballen vor dem Durchfrieren zu schützen.

GIESSEN
Im Sommer ist der Wasserbedarf am größten. Deshalb stellt man die Wistarie in ein flaches Wasserbad. Der Wasserspiegel sollte den Schalenboden gut erreichen. Im Frühjahr bis zum Ende der Blütezeit ist der Boden durch Gießen gut, im Winter nur mäßig feucht zu halten.

DÜNGEN
Wie alle Leguminosen hat die Wistarie an ihren Wurzeln kleine Knöllchen, in denen Bakterien leben, die sie mit Stickstoff versorgen. Daher verwendet man nur alle vier Wochen einen stickstoffarmen Dünger. Im Winter wird nicht gedüngt.

UMTOPFEN
Alle zwei Jahre wird nach der Blütezeit mit mäßigem Wurzelschnitt umgetopft – in Wistarienerde (siehe S. 131).

FORMGEBUNG
Nach der Blüte treibt die Wistarie meist mit recht langen Klettertrieben aus. Bis Ende Juli lässt man diese Triebe ungehindert wachsen und schneidet dann auf ein bis zwei Knospen zurück. Der Zweitaustrieb ist meist kürzer und bleibt unbeschnitten.
Häufig bilden sich auch kürzere Nebentriebe, an denen sich vorzugsweise Blütenknospen für das nächste Jahr bilden. Diese Nebentriebe bleiben ebenfalls unbeschnitten.
Lange, unverzweigte Äste können nach der Blüte stark zurückgeschnitten werden. Aus schlafenden Augen verzweigen sich die Äste dichter am Stamm.
Sobald die jungen Triebe verholzen, können sie bei Bedarf gedrahtet werden. Verholzte, mehrjährige Triebe müssen vorsichtig gebogen werden, da sie recht unflexibel sind.
Nach etwa einem Jahr kann der Draht entfernt werden.

Wistarien bilden im Laufe der Jahre einen kräftigen Stamm aus. An den Ästen entwickeln sich die hängenden Blütentrauben.

ZELKOVEN
Zelkova

Freiland-Bonsai

Die Zelkoven gehören der Familie der Ulmengewächse an und sind den Ulmen recht ähnlich. Beide Arten werfen nach einer schönen Herbstfärbung die Blätter ab. Geeignete Arten sind:

- Die **Chinesische Zelkove** *(Zelkova carpinifolia)* wird ein bis zu 25 m hoher, häufig mehrstämmiger Baum mit eiförmiger Krone. Die graue Borke erinnert an die der Rotbuche, blättert aber in kleinen Schuppen ab. Die Blätter haben sechs bis acht Nervenpaare, sind 2 bis 5 cm lang, spitz zulaufend, am Rand grob gesägt und dunkelgrün. Im Austrieb sind sie zunächst rau, werden aber später glatt.
- Die **Japanische Zelkove** (*Zelkova serrata*, jap.: Keyaki) hat einen kurzen Stamm, der sich bald reich verzweigt. Die Krone nimmt häufig von sich aus die typische Besenform an. In der freien Natur wird der Baum bis zu 30 m hoch. Die Borke ist grau und ebenfalls viele Jahre rotbuchenartig glatt. Im Alter blättert sie klein und querschuppig ab. Die Zweige haben eine braunrote, glatte Rinde. Die Blätter werden 2 bis 6 cm lang, sind

Im Herbst färben sich die Blätter der Japanischen Zelkove leuchtend gelb.

Die Chinesische Zelkove hat deutlich kleinere Blätter und eine feinere Verzweigung als die Japanische Zelkove.

schmal eiförmig, scharf gesägt mit spitzen Zähnen und saftig grün. Sie haben acht bis 14 Nervenpaare und einen leicht rötlichen Blattstiel. Lässt man die Triebe lang austreiben, können die Blätter bis zu 14 cm lang werden.

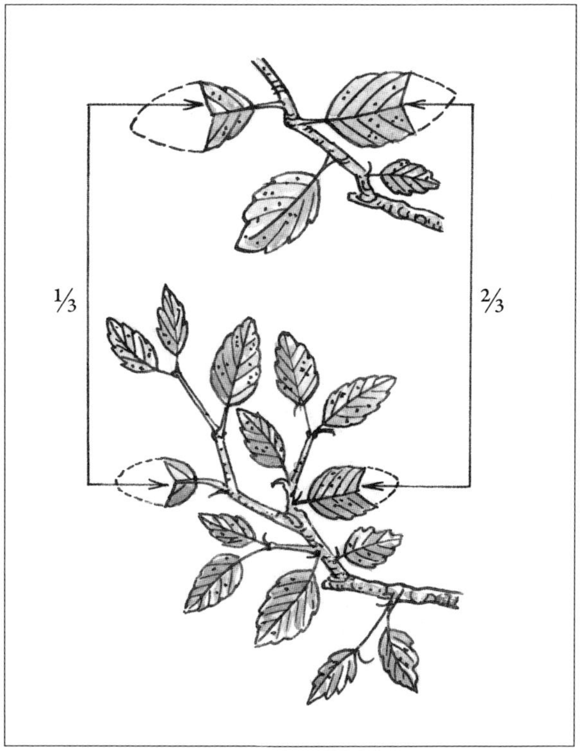

Beim Teilblattschnitt werden die Blattflächen von vorne nach hinten verkleinert. So treiben alle Achselknospen gleichmäßig aus. Die Angaben 1/3 und 2/3 beziehen sich auf die am Baum verbleibenden Blattflächen.

STANDORT

In der Wachstumszeit halbschattig bis vollsonnig aufstellen. Im Winter sollte der Wurzelballen vor dem Durchfrieren geschützt werden.

GIESSEN

Das ganze Jahr über gut feucht, aber nicht nass halten.

DÜNGEN

Vom späten Frühjahr bis Ende August alle zwei Wochen mit Flüssigdünger oder Kugeldünger versorgen.

UMTOPFEN

Alle zwei bis fünf Jahre mit einem normalen Wurzelschnitt in eine Grunderdmischung umtopfen.

FORMGEBUNG

Im zeitigen Frühjahr wird mit einem Formschnitt die Gestaltung überarbeitet. Alle überlangen Triebe werden kurz zurückgeschnitten. Tote Zweige schneidet man heraus. Jetzt können auch dickere Äste bei Bedarf herausgeschnitten werden. Große Spitzenknospen werden bei dem Formschnitt ebenfalls entfernt.

Den jungen Austrieb lässt man auf sechs bis sieben Blätter heranwachsen und schneidet dann auf zwei bis drei Blätter zurück. Für eine gleichmäßigere und feinere Verzweigung kann gleichzeitig ein Teilblattschnitt durchgeführt werden. Dazu schneidet man von dem großen Spitzenblatt zwei Drittel der Blattfläche ab, von dem zweiten Blatt wird ein Drittel der Blattfläche abgeschnitten, das hinterste, kleinste Blatt bleibt unbeschnitten (siehe Zeichnung oben). Nach drei bis vier Wochen treiben aus den Achselknospen neue Triebe aus, mit denen wir gleich verfahren wie mit dem Erstaustrieb. Nach dem Laubfall im Spätherbst werden bei Zelkoven in Besenform die Äste und Zweige mithilfe von Bast zu einem Reisigbesen zusammengebunden (siehe S. 30). Im Frühjahr, vor dem Formschnitt und Austrieb, wird der Bast wieder entfernt. Die Krone nimmt durch diese Maßnahme immer wieder die Besenform ein.

Alle vier bis fünf Jahre werden die Zelkoven stärker beschnitten. Man schneidet die Äste dann deutlicher zurück als bei einem normalen Formschnitt. Dadurch wird die innere Verzweigung der Krone aus schlafenden Augen wieder neu aufgebaut.

☞ VERMEHRUNG DER BAUMARTEN IM ÜBERBLICK

ART	AUSSAAT	STECKLINGSVERMEHRUNG
Acer (Ahorn)	direkt nach der Reife im September/Oktober oder nach trockener Lagerung im Frühjahr, zur Frühjahrsaussaat die Samen sechs Wochen stratifizieren	Juni/Juli
Betula (Birke)	im Frühjahr	Juli/ August
Carmona retusa (Fukien-Tee)	–	Kopf- und Triebstecklinge das ganze Jahr über, die Bodentemperatur sollte etwa 25 °C betragen
Carpinus (Hainbuche)	direkt nach der Samenreifung von Oktober bis Dezember oder nach acht Wochen Stratifikation im Frühjahr, manchmal keimen die Samen erst im zweiten Jahr	Juni/Juli
Chaenomeles (Zierquitte)	Früchte reifen von Oktober bis Dezember, nach dem Auswaschen der Samen entweder sofort aussäen oder nach Stratifikation im Frühjahr	Juli/August
Chamaecyparis (Scheinzypresse)	im Frühjahr unter einer Glasabdeckung	Juli bis März durch Schnittlinge am Astring oder durch Risslinge; die weichen Triebspitzen sollten entfernt werden
Cotoneaster (Zwergmispel)	Früchte reifen von August bis Oktober reif, nach dem Auswaschen die Samen entweder direkt aussäen oder nach Stratifikation im Frühjahr	während der ganzen Wachstumszeit
Cydonia oblonga (Quitte)	Anfang Oktober aus reifen Früchten die Samen herausholen und im Frühjahr aussäen	im Spätherbst verholzte, etwa bleistiftstarke Triebe schneiden, im Winter vor Frost schützen
Fagus (Buche)	nach der Ernte der Bucheckern im Oktober Samen in mäßig feuchtem Sand kühl lagern, Aussaat im April	–
Ficus (Gummibaum, Feige)	–	Kopfstecklinge in gut temperierter Erde (25 bis 30 °C)
Ginkgo biloba (Ginkgo)	Befruchtung und Samenbildung erst nach der Fruchtreife, zum Teil keimt ein ausgesäter Samen erst im zweiten Jahr; vor der Aussaat werden die Samen stratifiziert	im Juni: ausgereifte, leicht verholzte Triebe, die am Astring abgeschnitten werden

ART	AUSSAAT	STECKLINGSVERMEHRUNG
Juniperus (Wacholder)	Samen im Frühjahr stratifizieren und aussäen	ab Juli ein- bis zweijährige Triebe am Astring abschneiden
Larix (Lärche)	nach trockener Lagerung im April/Mai unter Glas	Juli und August
Malus (Zier-Apfel)	direkt nach der Fruchtreife (Fruchtfleisch zerstampfen und Samen auswaschen) oder nach Stratifikation im Frühjahr	–
Picea (Fichte)	April und Mai	Juni bis August am Astring schneiden; die Bewurzelung dauert häufig ein Jahr und länger
Pinus (Kiefer)	vier bis acht Wochen stratifizieren, Aussaat im April/Mai	Juni bis August, sehr langwierig und nur von geringem Erfolg
Prunus (Aprikose, Zier-Kirsche)	stratifizierte Samen im Frühjahr	von leicht verholzten Trieben im Juni/Juli; die noch weiche Triebspitze entfernen
Punica granatum (Granatapfel)	aus vollreifen Früchten (die Samenschale ist dann aufgeplatzt) Samen gewinnen und im Frühjahr aussäen	Februar/März, unbelaubte, verholzte Zweige
Quercus (Eiche)	Samen kühl und in feuchtem Sand lagern, im April/Mail aussäen	Juni/Juli bei hoher Bodentemperatur (ca. 30 °C)
Rhododendron (Azalee)	im Mai unter Glas, Samen nicht mit Erde abdecken	Ende Juni/Anfang Juli nur dünne Seitentriebe verwenden, bei Bodentemperatur um 25 °C bewurzeln die Stecklinge relativ schnell in einer Mischung aus Torf und Sand (1:1)
Sageretia theezans (Sageretie)	–	Kopf- und Triebstecklinge während der Hauptwachstumszeit bei Bodentemperaturen von ca. 20 °C
Ulmus (Ulme)	gleich nach der Ernte oder im Frühjahr	im Sommer aus leicht verholzten Trieben
Wisteria (Wistarie)	im Frühjahr	Juli/August aus ausgereiften, leicht verholzten Trieben
Zelkova (Zelkove)	im Frühjahr, vorher für zwei bis drei Monate stratifizieren	Juni/Juli

SERVICE

FACHZEITSCHRIFTEN & MEHR

BONSAI ART – deutsche Fachzeitschrift:
www.bonsai-art.com

Bonsai-Club Deutschland e. V.:
www.bonsai-club-deutschland.de

Bonsai Focus – internationale Fachzeitschrift:
www.bonsaifocus.com

Bonsaikunst – das Schweizer Bonsaimagazin:
www.bonsaikunst.ch

Bonsaizone – Internetportal:
www. bonsaizone.de

FACHHÄNDLER (NACH PLZ)

Bonsaigarten Linda
Uwe Krötenheerdt
Hauptstr. 21
07580 Linda/Gera
www.bonsais.de

Japan Bonsai Berlin
Todd Grand
Kantstraße 124 b
10625 Berlin
www.japanbonsaiberlin.de

Bonsai Garten Tunnat
Wolf Tunnat
Lokstedter Steindamm 55 c
22529 Hamburg
www.bonsaigarten-hamburg.de

Bonsai Centrum Hannover
Horst Daute
Göttinger Landstr. 73
30966 Hemmingen
www.bonsai-centrumhannover.de

Genki-Bonsai
Thorsten Pohl
Celler Str. 24
31275 Lehrte/Röddensen
www.genki-bonsai.de

Bonsaischule Enger
Michaela und Tobias Pieper
Feldstr. 21
32130 Enger
www.bonsaischule.de

Bonsai-Werkstatt
Werner Busch
Hammer Dorfstr. 167
40221 Düsseldorf
www.bonsaiwerkstatt.de

BonsaiPark Remscheid
Monika und Frank Busch
Blume 3
42899 Remscheid
www.bonsaipark.de

Bonsai Zentrum
Wilfried Geßner
Daheimstr. 17
47447 Moers
www.bonsai-zentrum.com

Bonsai-Shop-Köln
Rolf Handsley
Teichstr. 16 e
50827 Köln
www.bonsai-shop-koeln.de

Bonsai-Zentrum Münsterland
Wolfgang und Ingo Klemend
Raiffeisenstr. 22
59387 Ascheberg
www.bonsai.de

Bonsai Centrum Wiesbaden
Wolfgang Hohensee
Friedrich-Naumann-Str. 18 a
65195 Wiesbaden
www.bonsai-wiesbaden.de

Bonsai-Gestaltung Sturm
Martin Sturm
Dudenhofer Str. 10
67354 Römerberg
www.bonsai-sturm.de

Bonsai Zentrum Heidelberg
Edis Ziegler
Mannheimer Str. 401
69123 Heidelberg
www.bonsai-heidelberg.de

Bonsai Design
Udo Fischer
Oberdorfstr. 33
69245 Bammental
www.bonsai-design.de

Bonsai-Zentrum Armbruster
Joachim Armbruster
Edelmannsweg 28
72116 Mössingen
www.bonsai-armbruster.de

Beck-Bonsai
Günther Beck
Josef-Schmitt-Str. 27
76187 Karlsruhe
www.beck-bonsai.de

Bonsai-Stube
Manfred Roth
Antogaster Str. 11
77728 Oppenau
www.bonsai-roth.de

Kuck-Bonsai
Gerhard Kuck
Karpfsee 5
83670 Bad Heilbrunn
www.kuck-bonsai.de

Bonsai Winkler
Herbert Winkler
Unkofen 8
84098 Hohenthann
www.bonsai-winkler.com

Bonsai-Centrum München
Peter Czapka
Hauptstr. 20 a
85777 Fahrenzhausen
www.bonsai-centrum-muenchen.de

Chiisana-en
Harald Lehner
Seedorfstr. 23
86928 Hofstetten
www.bonsaigarten.de

Bonsai Garten Allgäu
Dieter Jablonski
An der Staig 1
87549 Rettenberg
www.bonsai-garten-allgaeu.de

Bonsai Centrum Nürnberg
Elke Roth
Höfleser Hauptstr. 5
90427 Nürnberg
www.bonsai-zentrum-bamberg.de

Österreich
Bonsaimuseum
Günther Klösch
Schlossau 44
9871 Seeboden am Millstätter See
www.bonsai.at

Schweiz
Zulauf – Die grüne Quelle
Christian und Johannes Zulauf
Bonsaicenter (Michael Rehmann)
Degerfeldstr. 4
5107 Schinznach-Dorf
www.zulauf.ch

Italien
Bonsai in Brixen
Othmar Auer
Pustertalerstr. 2/1
39040 Neustift-Vahrn
www.bonsai-auer.com

Keramik
Bonsaischalen Peter Krebs
Oststr. 9
35745 Herborn
www.bonsaischalen-toepfer-peterkrebs.de

REGISTER

Hervorgehobene Seitenzahlen verweisen auf Abbildungen.

A

B

C

D

E

F

DER AUTOR

Es war im Jahr 1976, als mir während meines Biologiestudiums der Prospekt eines Bonsai-Händlers in die Hände fiel. Damals konnte ich nicht ahnen, was sich daraus entwickeln würde. Ich war einfach nur fasziniert von der Ausstrahlung der abgebildeten Bonsai. Ich wollte mehr wissen und suchte nach Literatur über diese schöne Kunst. Das einzige damals im Handel erhältliche Buch war ein japanisches Buch, ins Englische übersetzt und das wiederum ins Deutsche übertragen. Das Buch enthielt wichtige Basics, aber auch einige Übertragungsfehler. Die Zeit des Ausprobierens begann – Versuch und Irrtum, aber auch immer mehr Erfolge waren die Begleiter. Dabei half mir mein Wissen in Botanik. Manche Pflegehinweise mussten auf unsere klimatischen Verhältnisse übertragen und damit verändert werden. Die grundlegenden Gestaltungsarbeiten hingegen waren natürlich unverändert anwendbar. Nun galt es, die Gestaltungstechniken immer wieder zu üben und damit zu perfektionieren. Ganz langsam gelangen mir die ersten eigenen Gestaltungen, und der jeweilige Baum reagierte im Wesentlichen wie beabsichtigt.
Bonsai eröffnete mir langsam eine Welt, in der ich Ruhe fand. Nach einem anstrengenden Tag in meinem Beruf als Lehrer an einem Gymnasium war einer meiner ersten Wege, zu Hause angekommen, zu meinen Bonsai. Schon nach kurzer Zeit fühlte ich mich neu gestärkt und geerdet.

Bei der Bundesgartenschau 1981 in Kassel wurde ich zum ersten Mal zum Preisrichter für Bonsai berufen. Es folgten viele andere Bundesgartenschauen, aber auch Internationale Gartenschauen, bei denen ich als Preisrichter tätig war. Im Jahr 1989 habe ich mit dem Kosmos Verlag das erste Buch zum Thema Bonsai herausgebracht. Eine lange und sehr erfolgreiche Zeit der Zusammenarbeit mit dem Kosmos Verlag und vielen Büchern begann. Beim SWR in Baden-Baden bin ich seit 2000 häufiger im Fernsehen als Experte für Bonsai zu sehen gewesen.
Bonsai hat also auf verschiedene Weise mein Leben bereichert.

Die faszinierende Welt — der Bäume

Bonsai zu kaufen ist teuer, sie selbst zu ziehen ein faszinierendes Hobby. Hier erfahren Einsteiger alles über die Gestaltung der Zwergbäume aus heimischen Gehölzen. Die Autoren erklären, welche Gehölze geeignet sind, und beschreiben die Formgebung Schritt für Schritt. Bewährte Pflegetipps garantieren optimales Gedeihen und praktische Anleitungen zeigen die richtige Technik beim Schneiden, Drahten, Wurzelschnitt und Umtopfen.

96 Seiten

Der Kosmos-Naturführer zur Bestimmung von über 350 Bäumen und Sträuchern aus ganz Europa. Durch den Kosmos-Farbcode ist die schnelle Orientierung garantiert. Pro Art werden mehrere Bilder und Zeichnungen gezeigt, Detailwissen wird direkt am Bild vermittelt. Das Plus zum Buch: Die kostenlose KOSMOS-PLUS-App mit einzigartigen Erklärfilmen direkt aus der Natur und Expertentipps für eine noch einfachere Bestimmung. Empfohlen vom NABU.

256 Seiten

BILDNACHWEIS

Mit 217 Farbfotos von
Helmut Rüger, Karben: 65, 126 li., 127 (beide), 128 (beide), 129 (beide) 266;
Horst Stahl, Haltern: alle übrigen.

Mit 141 Illustrationen von
Marianne Golte-Bechtle, Stuttgart: 184, 189, 190;
Shutterstock/azurhino: 136 u.;
Horst Stahl, Haltern: 98, 130, 131, 149;
Miloš Váňa, Prag: alle übrigen.

IMPRESSUM

Umschlaggestaltung von Gramisci Editorialdesign/Isabelle Fischer unter Verwendung eines Farbfotos von Shutterstock/Irina Demenkova (Umschlagvorderseite) und eines Farbfotos von Horst Stahl, Haltern (Umschlagrückseite).

Mit 217 Farbfotos und 141 Zeichnungen.

Gedruckt auf chlorfrei gebleichtem Papier

ISBN 978-3-440-17118-9

Projektleitung: Carolin Küßner
Redaktion: Carolin Küßner
Gestaltungskonzept: Peter Schmidt Group GmbH, Hamburg
Gestaltung und Satz: Katrin Kleinschrot, Stuttgart
Produktion: Klaus Jost
Druck und Bindung: Westermann Druck Zwickau GmbH, Zwickau
Printed in Germany / Imprimé en Allemagne

FSC® www.fsc.org MIX Papier | Fördert gute Waldnutzung FSC® C110508